Schriftenreihe
der Studiengesellschaft
für Zeitprobleme e. V.
Bad Godesberg

11 Zeitpolitik

Harald
Laeuen

Polen nach dem Sturz Gomulkas

Seewald Verlag

Umschlag von Aiga Rasch
Grundschrift: Linotype Aldus-Buchschrift
Satz und Druck der Druckerei Scheel,
Oeffingen
Gebunden bei Heinr. Koch, Tübingen
ISBN 3 512 00219 6
Printed in Germany

Inhalt

Aufruhr an der Küste

Eine Erhebung, die niedergeschlagen wird, aber politisch zu einem begrenzten Erfolg führt, obwohl sie keine politischen Ziele auf ihr Panier geschrieben hat, ist in dieser Art wohl nur unter totalitären Bedingungen möglich. Jedes Regime, das seiner Natur nach auf einer täglichen Demonstration der Stärke beruht, verbirgt dahinter eine innere Unsicherheit, ist hochempfindlich gegenüber allen Symptomen der Abneigung oder gar der Auflehnung. Zwar wird Widerstand, ob Streik oder Kundgebung, eilig im Keim erstickt; sobald er aber ein größeres Ausmaß annimmt und vor aller Welt sichtbar wird, regt sich innerhalb des Apparats Opposition gegenüber einer Führung, die ihre Schwäche aus dogmatischen Gründen nicht zugeben kann.

Diese innerparteiliche Opposition mag schon lange schwelen, reale Chancen erhält sie erst durch eine von außen kommende Bewegung. Die mit Unfehlbarkeitsanspruch unbeschränkt herrschende Monopolpartei sieht sich plötzlich einer nicht von ihr organisierten Willensäußerung von Regierten gegenüber, die bis dahin folgsam waren. Das ist ein im geplanten Geschichtsablauf nicht vorgesehenes Ereignis. Im Denken des Funktionärs, für den Revolution der Vergangenheit angehört, kommt anonyme Masse als selbständig handelnder und sich aufrührerisch gebärdender Faktor legitim nicht vor. Er begreift nur, daß der Mechanismus des Systems irgendwie versagt hat und die Lage aus eigener Kraft schleunigst wieder bereinigt werden muß. Allerdings wird damit offensichtlich, daß der absolute gesellschaftliche Führungsanspruch der Partei relativiert werden kann, daß sie sich dem Diktat anderer Gruppen beugen muß und Forderungen von Rebellen zu berücksichtigen hat, die nach ihrem Verständnis verbrecherisch vorgehen.

Hier wird die wunde Stelle einer monistischen Ordnung bloßgelegt, die keine Koalitionen und keine Kompromisse kennt, sondern nur Alleinherrschaft einer Partei mit Durchsetzung von Entscheidungen auf Biegen und Brechen. In der Praxis läßt sich, wie sich herausstellt, der starre Standpunkt nicht halten, läßt sich auch nicht vermeiden, daß mitunter vor den Augen der Öffentlichkeit eine die Grundfesten des Staates erschütternde Krise ausbricht. Dieser Tatbestand allein ist eine Sünde wider das Dogma der Krisenlosigkeit und eine schwere Schädigung des Prestiges des absoluten Machtträgers. Es bleibt aber nichts anderes übrig, als – meist unter verborgener Koalitionsbildung – zu opponieren, die Führung zu wechseln, einen zeitweiligen Rückzug vor einer bereits das Gefüge der Partei bedrohenden Revolte anzutreten und zu bekennen, daß der Kurs falsch war, um hinterher möglichst bald die systemwidrige Koalition wieder aufzulösen. Dieser Konflikt ist in Polen im Dezember 1970 nicht anders gelöst worden als im Oktober 1956.

Seit Jahren befand sich das Land unter der schwankenden, gegenüber komplizierten Situationen unfähigen Leitung von Władysław Gomułka in einer schleichenden Wirtschaftskrise, die sich nach zwei schlechten Ernten bedenklich verschärfte. Schon im November 1969 hat Gomułka auf einer ZK-Sitzung pessimistisch prophezeit: »Wir werden den Leuten die Haut abziehen[1].« Die Ironie des Schicksals hat es gewollt, daß er selber ein Jahr darauf die Voraussage erfüllen und dadurch seinen politischen Untergang herbeiführen sollte. Als ihm eine Bewältigung der ökonomischen Schwierigkeiten unter den bestehenden Preisbedingungen nicht mehr möglich schien, traf er rigoros eine Lösung zu Lasten der breiten Masse. Von der Überlegung ausgehend, daß der Staat bei Agrarprodukten zusetze, bei Industrieprodukten dagegen profitiere, verfiel die Parteiführung auf den ebenso verblüffend einfachen wie gefährlichen Gedanken, die Preise für landwirtschaftliche Erzeugnisse zu erhöhen und für einige industrielle zu senken. Der Zeitpunkt – kurz vor Weihnachten – war besonders unklug gewählt. Das Parteiorgan »Trybuna Ludu«[2] sagte zur Rechtfertigung, das hohe Tempo der Nachfrage nach Lebensmitteln habe nicht nur die Möglichkeiten der eigenen Landwirtschaft überschritten – damit war gemeint, daß es außerdem auch Grenzen für den Import gab. Das Blatt hielt eine Veränderung der »Priorität« im Verbrauch für notwendig, man müsse günstigere Bedingungen für die Nachfrage nach Industrieartikeln schaffen, aber zugleich – so ist hinzuzufügen – ungünstigere für Nahrungsmittel.

Der polnischen Familie, die im Durchschnitt nicht weniger als die Hälfte ihrer Einkünfte für die Ernährung ausgibt[3], wurde damit kein Ausgleich angeboten, die angebliche Prioritätenverschiebung war im Grunde nur eine mühsame Konstruktion zur Verdeckung der Härte der Regierungsentscheidung. Der polnische Konsument sah allein, daß die Teuerung es ihm schwermachen würde, noch satt zu werden. Es empörte ihn die Sprache Gomułkas, der begrüßte, daß höhere Preise nun Angebot und Nachfrage nach Fleisch »ins Gleichgewicht« brachten, und der unmißverständlich einer Beschränkung der starken Nachfrage das Wort redete[4], um einen Störungsfaktor in seinen Berechnungen zu beseitigen. Der Herausgeber der Krakauer Zeitschrift »Życie Literackie«, Władisław Machejek, schilderte später das Dilemma zwischen »der Statistik und den Taschen der Bürger«, das mit einer Reform auf Kosten der Armen gelöst worden sei[5]. Im wahrsten Sinne des Wortes wurde eine Wirtschaftspolitik betrieben, die den kleinen Mann zwang, den Riemen enger zu schnallen. Man konnte sie auch antisozial und ausbeuterisch nennen. Anders ausgedrückt: Ein den sozialistischen Charakter unaufhörlich betonendes Regime war mit seiner Weisheit am Ende und glitt in Positionen ab, die es gerade aus seiner Sicht nicht vertreten konnte.

Die Danziger Werftarbeiter, die spontan gegen die Preisbeschlüsse des polnischen Ministerrats aufbegehrten, hatten keine politische Umwälzung im Sinn, jedoch ließen ihre Forderungen die politische Sphäre nicht unberührt. Das von dem neuen Politbüro dem im Februar 1971 zusammentretenden VIII. ZK-Plenum vorgelegte Material »Beurteilung der Dezember-Ereignisse und die sich aus ihnen ergebenden Folgerungen« – im folgenden nur »Material« genannt – sagt hierzu: »In den Parolen und Flugblättern herrschten Forderungen sozio-ökonomischen oder personalpolitischen Charakters vor. Diese Forderungen wurden von einem bitteren Kritizismus wegen des [schlechten] Funktionierens der Verwaltung begleitet, besonders im Hinblick auf die Gewerkschaften.« Die Partei ist hier ausgelassen. Wenn die Kritik an ihr weniger unverhüllt zum Ausdruck kam als bei den Gewerkschaften, so lag es gewiß nicht daran, daß die Stimmung der Bevölkerung ihr gegenüber freundlicher gewesen wäre. Dafür haben die Dezember-Ereignisse genügend Belege gebracht.

Warum machte sich die Unzufriedenheit gerade in den Hafenstädten Luft? Den für polnische Begriffe gutbezahlten Werftarbeitern war Mitte 1970 eine Normenerhöhung auferlegt worden, die sie nicht nur als bedrückend, sondern auch als Gefährdung der Höhe ihres Einkommens empfanden. Auch ein um die gleiche Zeit erlassenes neues Prämiensystem trug praktisch zur Beschränkung ihrer Kaufkraft bei. Durch Entlassungen oder drohende Entlassungen wurde die soziale Existenz vor allem junger Menschen, die nicht weniger als 75 Prozent der Belegschaft im Hafen und auf den Werften ausmachten, in Frage gestellt[6]. Die Versorgungslage an der Küste war allgemein noch unzureichender als in anderen Teilen des Landes. In der Stettiner Chronik des Fernsehens erklärte im März 1971 Kazimierz Kózka: »Wie alle wissen, wurden Jahre hindurch unsere Stadt und Region in bezug auf Versorgung als Stätte vierter Kategorie behandelt, der [nur] aus Gnade etwas attraktivere Waren in mikroskopischen Mengen zugeteilt wurden. Der Effekt? Der Stettiner Handel ist heute fast vollständig der materiellen Basis beraubt[7].« Die Zustände in Danzig dürften sich nur unwesentlich davon unterschieden haben. Es ist verständlich, daß sich die Geduld der Arbeiter, die das Vertrauen zur Führung verloren hatten, erschöpfte. Auch darf nicht außer acht gelassen werden, daß polnische Seeleute Atmosphäre von der Welt draußen mitbrachten; manchmal sogar Flugblätter, wie sie die kleine Emigrantengruppe unter Führung des Altstalinisten Mijal in Tirana herstellte. Die Seeleute erzählten von den Verhältnissen in hochentwickelten Ländern, und ihre Erzählungen erregten zu Hause Staunen und Neid. Da bedurfte es nur noch eines Tropfens, um das Faß zum Überlaufen zu bringen.

Da die Werftarbeiter mit ihren Klagen kein Gehör finden und niemand mit ihnen verhandeln will, veranlaßt sie die ihnen unerträglich und ungerecht erscheinende Preisanordnung am Montag, dem 14. Dezember 1970, zu Kundgebungen, die sich zuerst innerhalb der Betriebe abspielen[8]. In der Menge von über 3000 Köpfen, die sich vor dem Direktionsgebäude der Danziger Werft staut, entsteht die typische politische Versammlungsstimmung. Plötzlich sind Anführer da, die Parolen ausgeben. Vereinzelt ertönen Rufe wie: »Wir wollen Brot!« Ein Demonstrationszug verläßt die Werft in Richtung Stadtmitte, wo er vor dem Hause des Wojewodschaftskomitees der Partei haltmacht. Die Menge ist rasch gewachsen, verhält sich aber diszipliniert. Die Internationale und die Hymne der Bürgermiliz ertönen, außerdem hört man verschiedene Zwischenrufe. Die Arbeiter warten darauf, daß ein Parteifunktionär zu ihnen spricht. Da der Leiter der Danziger Wojewodschaftsorganisation, Karkoszka, noch zur ZK-Sitzung in Warschau weilt, tritt ein anderer Sekretär des Komitees, Jundziłł, heraus. Schon seine ersten Worte werden »mit Pfiffen quittiert«, wie die Chronik des Parteiorgans »Głos Wybrzeża« bemerkt. Dies ist nicht ohne weiteres verständlich angesichts des bisher ruhigen Charakters der Kundgebung und der Absicht der Arbeiter, Aufklärung zu erhalten. Der Grund kann nicht allein darin liegen, daß der Redner kaum in den ersten Reihen zu verstehen gewesen sein soll. Es ist behauptet worden, daß er die Demonstranten beschimpft und sogar den Ausdruck »Banditen« gebraucht habe. Bisher hat keine Darstellung diesen Punkt einwandfrei geklärt. Ihre Verhandlungsbereitschaft zeigen die Werftarbeiter weiterhin dadurch, daß sich eine Delegation in das Gebäude begibt, um ihre Forderungen vorzutragen. Sie kommt nicht wieder heraus. In der Menge verbreitet sich das Gerücht, die Delegation sei verhaftet worden. Daraufhin ereignet sich die erste Schlägerei. »Głos Wybrzeża« hat später das Gerücht dementiert. Vieles deutet darauf hin, daß eine formelle Verhaftung zwar nicht erfolgte, die Abordnung jedoch eine – nicht bekannte – Zeitspanne in einem Zimmer eingeschlossen wurde. Rumiński hat auf der ZK-Sitzung im Februar 1971 von einer »Verhaftung des Streikkomitees« gesprochen, wobei nicht ganz klar ist, welches Komitee er gemeint hat.

Auch dieser Zwischenfall hat zunächst keine ernsteren Folgen. Die Werftarbeiter kehren zur Werft zurück, andere Gruppen durchziehen die Stadt. Lautsprecher rufen zum Streik auf und sagen weitere Demonstrationen auch für den kommenden Tag an. Der Ton der Appelle aus den Lautsprecherwagen ändert sich. Jetzt sind auch politische Äußerungen zu hören, die kein offizieller Bericht wiedergibt. Der Versuch von Demonstranten, die Studenten der Technischen Hochschule in Langfuhr zum Anschluß zu bewegen, schlägt fehl. Auch ihrem Verlangen im Funkhaus, an die Bevölkerung einen Aufruf zu senden, wird nicht entsprochen. Vom diensttuenden Redakteur lassen sich die Demonstranten überreden, davon Abstand zu nehmen. »Worte der Vernunft tun um diese Zeit noch ihre Wirkung«, heißt es in der Chronik des Parteiorgans. Am Nachmittag setzen sich die Straßenkundgebungen fort. Auf dem Holzmarkt ertönen Rufe: »Wir wollen Brot!« und »Die Presse lügt!« Jugendliche schlagen Scheiben ein, stecken Autos in Brand und antworten auf das Einschreiten der Polizei mit einem Steinhagel und Werfen von Benzinflaschen. Bei einem neuen Angriff auf das Parteihaus gelingt es ihnen, die im Keller gelegene Druckerei anzuzünden. Mit Tränengas und Platzpatronen sucht die Polizei die Menge in Schach zu halten. Neben Brandstiftungen ereignen sich Plünderungen von Geschäften und Kiosken. Am Abend erscheint Tadeusz Bejm, Vorsitzender des Volksratspräsidiums der Wojewodschaft, vor dem Danziger Fernsehen, mahnt zur Vernunft, ersucht die Öffentlichkeit um Hilfe bei der Isolierung der »Eigentumsvernichter« und fragt die Arbeiter, ob sie die Stadt zerstören wollten, die sie mit so viel Mühe wiederaufgebaut hätten. Das »Material« erklärt es für tragisch, daß die asoziale Strömung bei den Krawallen an die Oberfläche gekommen sei »auf dem Hintergrund einer weitverbreiteten Unzufriedenheit der Arbeiterschaft«, die für die Beurteilung der Vorgänge entscheidend bleibe. In gleicher Weise hat Gierek vor dem ZK die Meinung vertreten, daß die »destruktiven Erscheinungen« nur als »Nebenfolge« zu betrachten seien[9].

In den Abendstunden, zwischen 21.00 und 21.30 Uhr, treffen in Danzig die Gomułka-Freunde und Politbüromitglieder Kliszko und Loga-Sowiński ein. Der mit den Danziger Verhältnissen bestens vertraute Kociołek und Karkoszka sind schon Stunden vorher angekommen. Kliszko hat hinterher (auf dem VIII. Plenum) behauptet, die Reise aus eigener Initiative und nicht auf Weisung des Parteichefs unternommen zu haben. Vielleicht wollte er den Freund von Vorwürfen entlasten, aber da er angibt, mit Cyrankiewicz über seine Absicht gesprochen zu haben, der daraufhin sofort telefonisch Gomułka verständigte, steht fest, daß Kliszko sich mit Wissen und Billigung des Parteiführers zum Unruheherd begab. Er hat auch mit Gomułka während seiner Anwesenheit in Danzig enge Verbindung gehalten. In dem »Nowe-Drogi«-Sonderheft gibt Kliszkos Verteidigungsrede vor dem ZK eine höchst bruchstückhafte Darstellung seiner Tätigkeit in Danzig; es ist anzunehmen, daß sie für den Druck stark gekürzt worden ist.

In der Nachtsitzung des Exekutivausschusses der Partei entwickelt Kliszko seine Einstellung zu den Unruhen. Er wirft den Danziger Parteigenossen vor, daß sie die bei ihnen entstandene Situation nicht verstünden. Der Hauptgrund sei, daß sie selber nicht von der Notwendigkeit der Preisänderungen überzeugt seien; eine Feststellung, die seine Zuhörer getroffen haben wird, weil sie längst Zweifel hegten, ob man der Bevölkerung eine solche Belastung zumuten dürfe. Kategorisch erklärt Kliszko, die Unruhen müßten morgen (Dienstag) ein für allemal unterdrückt werden. »Eine Politik muß verfolgt werden, die Gesetz und Ordnung wiederherstellt. Keine Forderung darf gestellt werden, die Lohnerhöhungen betrifft, und dies muß klargemacht werden.« Nicht Kliszko hat in seiner Rede auf dem VIII. Plenum diese Angaben gemacht, aber Karkoszka hat die Sätze aus dem Danziger Sitzungsprotokoll zitiert.

Als erstes sorgt Kliszko für die Bildung eines Einsatzstabes, wie man in deutscher militärischer Fachsprache sagen würde – in polnischen Veröffentlichungen »Stab« oder »lokaler Stab« genannt –, der alle Gewalt an sich reißt. Innerhalb des Einsatzstabes treten Gegensätze zwischen Kliszko, der durch Kontakt mit Gomułka Rückendeckung hat, und den örtlichen Vertretern auf. Auf diesen Umstand hat Rumiński auf dem VIII. Plenum hingewiesen und bemängelt, daß das »Material« darüber keine Auskunft gebe. Kliszko, der auch am nächsten Tage nicht mit der Rebellion fertig zu werden vermag, fühlt sich um so mehr verpflichtet, an seinem harten Standpunkt festzuhalten. Barbara Seidler berichtet in einem im Februar 1971 erschienenen Aufsatz[10], Kliszko habe sich in jede Angelegenheit der Lokalbehörden eingemischt und die These von einer »Konterrevolution« präsentiert. Durch ihre auch sonst aufschlußreiche Darstellung erfährt die Öffentlichkeit überhaupt erst von der offiziell nie bekanntgegebenen Tätigkeit Kliszkos am Unruheherd. Er ist besonders über die Ohnmacht der Partei gegenüber der Volkserregung betroffen. Wörtlich sagt er im Februar im ZK: »Niemand hat nämlich vorausgesehen, daß schon am ersten Tage, d. h. am 14. Dezember, diese große Parteiorganisation in der Danziger Werft, über 3000 Mitglieder und Kandidaten zählend, zu bestehen aufhören würde. Sie ging in der Masse unter.« Es war eine Schockwirkung, die Kliszkos Handlungsweise von Anfang an bestimmte. In dem Einsatzstab herrscht, wie Karkoszka berichtet, eine nervöse Stimmung, gesteigert durch die falsche Orientierung von seiten Kliszkos.

Nicht genau läßt sich feststellen, wer zuerst das Stichwort »Konterrevolution« verkündete, ob Karkoszka, der sich nachher bemühte, von seiner eigenen Verantwortlichkeit abzulenken, oder Kliszko, der es an Gomułka weitergab. Der Ideologe Kliszko war von der Richtigkeit seiner Lagebeurteilung tief durchdrungen. Den geradezu mysteriösen Untergang der Parteiautorität an einem Brennpunkt des Geschehens, wo plötzlich andere Formationen die Aktion bestimmen, vermochte er nur als ein Werk der Konterrevolution zu begreifen. Auf alle Fälle mußte eine solche Erhebung unausbleiblich konterrevolutionäre Wirkungen hervorrufen, denen sofort zu begegnen war. In dem »Material« wird auf eine Komplizierung der Lage durch den Genossen Kliszko aufmerksam gemacht, weil er seine Meinung über den angeblich konterrevolutionären Charakter der Arbeiterdemonstrationen anderen aufzuzwingen und die Anwendung der härtesten Repressionsmittel zu erreichen versucht habe. Vor der Öffentlichkeit, der die ideologische Auseinandersetzung im Danziger Einsatzstab vorenthalten wurde, beschränkte sich Gierek anläßlich des VIII. Plenums auf die Bemerkung, es sei sogar die Auffassung vertreten worden, daß die Ereignisse konterrevolutionäre Merkmale getragen hätten. »Ein solcher Standpunkt war nicht nur falsch, sondern auch katastrophal in seinen Folgen.« Die Kliszkosche Argumentation entsprach genau derjenigen, die im August 1968 zur Begründung der Intervention in der Tschechoslowakei verwandt worden ist. Wollte sich die Gomułka-Gruppe damit ausländische Unterstützung für den Fall sichern, daß sie der inneren Widerstände nicht Herr wurde? Darüber wird noch zu sprechen sein.

Nach der in dem »Material« gegebenen Schilderung ist Gomułka in den kritischen Tagen nicht von der Vorstellung abgegangen, es handele sich um Konterrevolution. »Ausdruck dieser Haltung war eine pessimistische Version – angeblich der Geschichtsphilosophie entstammend – über das Schicksal der Polen, wonach nacheinander jede herrschende polnische Klasse dem Lande Verderben gebracht habe: Die Adelsanarchie habe den Verfall des Polnischen Reiches verursacht, der Egoismus und antisowjetische Fanatismus der Bourgeoisie zu der Niederlage der wiedererstandenen Polnischen Republik geführt, und jetzt erreiche die politische Unreife der polnischen Arbeiterklasse aufgrund der Richtung, die sie eingeschlagen habe, die Auflösung der Polnischen Volksrepublik.«

Der Parteichef sah keinen Weg, das Land mit politischen Mitteln vor den Verirrungen aufrührerischer Proletarier zu bewahren. Allein Gewalt konnte noch helfen. Ihre Anwendung zu befehlen empfand er als seine geschichtliche Bestimmung. Er mochte an Beispiele denken, an das, was sich 1921 in Kronstadt ereignet hatte, wo die einstige Elitetruppe der bolschewistischen Revolution nach der offiziellen Lesart plötzlich »konterrevolutionär« geworden war. Nach allem, was auf dem VIII. Plenum über die Nutzlosigkeit von Diskussionen mit Gomułka gesagt worden ist, scheint er auch in diesem Augenblick Monologe gehalten zu haben.

Es gab niemanden, der ihn daran erinnerte, wie er einst selber – bei der Übernahme seines Amtes im Oktober 1956 – über das Vorgehen von Polizei und Militär gegen Arbeiter geurteilt hatte. Vier Monate vorher, Ende Juni 1956, hatte es in Posen einen Generalstreik und Demonstrationen gegeben. Die Menge rief »Brot!« und »Fort mit den hohen Arbeitsnormen!« Die Regierung war sofort mit der Behauptung bei der Hand, daß die Unruhen auf »imperialistische Agenten« und eine »reaktionäre Untergrundbewegung« zurückzuführen seien[11]. Dafür fand Gomułka später scharfe Worte. Damals beendeten Schüsse die Demonstrationen. Nach offiziellen Angaben waren 53 Tote zu beklagen, vermutlich lag die wahre Ziffer höher. Seine Auffassung zu den die polnische Öffentlichkeit aufwühlenden Vorgängen trug Gomułka in der politisch bedeutsamsten Rede, die er in vierzehnjähriger Amtszeit gehalten hat, dem Zentralkomitee am 20. Oktober 1956 vor:

»Die Arbeiterklasse hat kürzlich der Parteiführung und der Regierung eine schmerzhafte Lektion erteilt. Als die Posener Arbeiter am schwarzen Donnerstag im Juni die Waffe des Streiks ergriffen und auf den Straßen demonstrierten, haben sie mit lauter Stimme gerufen: Genug! So kann es nicht weitergehen! Macht auf diesem falschen Weg kehrt! Die Arbeiterklasse hat niemals gedankenlos zum Streik als einer Waffe im Kampf für ihre Rechte gegriffen. Besonders jetzt in Volkspolen, das im Namen der Arbeiter und aller arbeitenden Menschen regiert wird, ist dieser Schritt nicht gedankenlos getan worden. Es ist offensichtlich, daß diese Aktion entstellt worden ist, und man kann niemals etwas ungestraft entstellen. Die Posener Arbeiter haben, als sie auf die Straße gingen, nicht gegen Volkspolen protestiert und nicht gegen den Sozialismus. Sie protestierten gegen das Böse, das sich in unserer Gesellschaftsordnung breitmachte und sie quälte, gegen die Entstellungen der Grundprinzipien des Sozialismus, der ihre Idee ist. Die Arbeiterklasse verbindet mit der Idee des Sozialismus alle Hoffnungen auf ein besseres Leben ... Die Arbeiterklasse ist unsere Klasse, unsere unüberwindliche Kraft. Die Arbeiterklasse sind wir selbst. Ohne sie, d. h. ohne das Vertrauen der Arbeiterklasse, könnte keiner von uns mehr als sich selbst repräsentieren ... Der plumpe Versuch, die schmerzliche Posener Tragödie als das Werk imperialistischer Agenten und Provokateure hinzustellen, war wirklich politisch sehr naiv ... Nirgends waren und sind Agenten und Provokateure die Inspiratoren des Handelns der Arbeiterklasse und werden es auch niemals sein. Die Gründe für die Tragödie von Posen und die tiefe Unzufriedenheit der Arbeiterklasse liegen bei uns selbst, bei den Führern der Partei und Regierung. Der Zündstoff speicherte sich im Verlauf von Jahren[12].«

Es waren klassische Worte eines idealistischen Bekenners des Marxismus zu dem Verhältnis zwischen Partei und Arbeiterklasse, die als Mahnung an die Mächtigen ihren Wert behalten. Aber ihr Urheber, Gomułka, hatte sie vergessen; er dachte nicht mehr an 1956, sondern an 1968, als er polnische Truppen im Gefolge der Sowjets in die Tschechoslowakei einmarschieren ließ. Auf dem Warschauer Gipfeltreffen der fünf Interventionsmächte am 14. Juli des gleichen Jahres hatte er ausgeführt, es könne gar keinen Zweifel darüber geben, daß in der ČSSR eine Konterrevolution stattfinde, aber es sei eine Konterrevolution neuer Form. Bisher habe man mit diesem Ausdruck den bewaffneten Aufstand gegen die durch die Revolution der Arbeiterklasse etablierte Macht bezeichnet. »Hier aber«, so fuhr er fort, »haben wir es mit einer Konterrevolution zu tun, in der die Gegner nicht schießen. Für uns wäre es natürlich viel einfacher, wenn sie schießen würden, denn dann könnten wir ganz anders darauf reagieren.« Seine Schlußfolgerung lautete: »Auf keinen Fall können wir es zulassen, daß die Konterrevolution den Sieg davonträgt[13].«

Unter dem gleichen Gesichtswinkel betrachtete er jetzt die Erhebungen an der Ostseeküste. Zu verstehen ist dies nur, wenn man berücksichtigt, daß er mehr und mehr isoliert vom Volke gelebt, die Wirklichkeit nicht mehr gesehen hat und starrköpfig dabei blieb, daß in einem Polen, dem es angeblich ständig besser ging, die Arbeiter keinen Grund zur Klage hätten. Der Nachrichtendienst hatte ihm ein solches Bild gezeichnet. Es gab auch Gegner, die insgeheim daran interessiert waren, ihn in Blindheit zu halten. Sie täuschten sich nicht über die vermutliche Reaktion des Volkes über die Preiserhöhungen, deren Stärke und Ausmaß allerdings auch sie überrascht haben dürfte. Als kaltblütige Rechner sahen sie eine Gelegenheit, eine bessere als im März 1968, den Sturz des Parteichefs herbeizuführen. Der Aufruhr zerstörte in ihm ein Trugbild; er konnte ihn sich nicht anders erklären, als daß er das »Böse« zum Vorschein brachte. Nicht er, Gomułka, hatte sich geändert, sondern bedauernswerterweise die Arbeiterschaft, die nun auch dem Beispiel derjenigen folgte, die zu Totengräbern Polens geworden waren. Eine Resignation erfaßte ihn, die bei einem Politiker das Ende seiner Laufbahn anzukündigen pflegt.

Nach einer unruhigen Nacht setzen sich am Dienstag, dem 15. Dezember 1970, Streik und Kämpfe in Danzig fort und greifen auf andere Orte über. Die Arbeiter bilden Streikkomitees, denen das »Material« anerkennend nachsagt, daß sie sich bemüht hätten, die Menschen innerhalb der Betriebe zu halten. In den frühen Morgenstunden werden im Danziger Hafen die Verladearbeiten unterbrochen, die Arbeiter schließen sich dem Streik der Werften an. Ihnen folgt die Belegschaft einer Anzahl

Fabriken, darunter die Eisenbahnreparaturwerkstätten. Es ist der Tag, an dem die ersten Schüsse fallen. Ein jugoslawischer Journalist berichtet, daß Hubschrauber der Polizei über der Lenin-Werft gekreist und Meldungen an bewaffnete Polizeieinheiten durchgegeben hätten. Als Arbeitergruppen das Werftgelände verließen, um sich den Demonstranten in der Stadt anzuschließen, sei auf sie von der Polizei ohne Warnung aus dem Hinterhalt geschossen worden[14].

In der Innenstadt wird wieder das Parteihaus angegriffen, außerdem das Rathaus (Städtischer Nationalrat) und das Polizeipräsidium (Hauptquartier der Miliz) mit dem danebengelegenen Gefängnis. In der Absicht, die gestern Verhafteten zu befreien, dringt die Menge – die örtliche Parteizeitung schätzt die Aufrührer zeitweise auf mehr als 10 000 Demonstranten – in den Hof des Polizeipräsidiums ein, legt Feuer im Erdgeschoß und gelangt bis dicht vor das Gefängnis. Für den Fall des Sturmes auf das Gebäude ist der Gebrauch von Schußwaffen angeordnet. Im letzten Moment gelingt es, die Rebellen zurückzudrängen. Polizeiverstärkungen »durchbrechen« die Massen. Das brennende Parteihaus wird evakuiert. Erbitterte Kämpfe finden bei dem Versuch der Rettung von zwei im Gebäude gebliebenen Polizisten statt. Bei der Räumung wird Soldaten der Gebrauch von Schußwaffen gestattet, über die Folgen berichtet »Głos Wybrzeża« nicht.

Die ganze Stadt ist im Aufruhr. Junge Leute springen auf gepanzerte Fahrzeuge und zwingen Soldaten, »die noch nicht entschlossen sind, Gewalt anzuwenden«, die Wagen zu verlassen. Einer der Jugendlichen gerät unter die Raupen eines Fahrzeuges. Die Leiche wird in die Halle des Hauptbahnhofes getragen und mit Blumen geschmückt. Er ist nicht das erste Opfer dieses Tages. Noch beruft sich die Chronik der Parteizeitung darauf, daß es keinen Schießbefehl gäbe, ohne zu erwähnen, daß es auch ohne ihn zu Blutvergießen gekommen ist.

Werftarbeiter kehren in ihre Betriebe zurück und verkünden den Sitzstreik. Mit der Begründung, daß sich Brandstiftungen und Plünderungen ereignet hätten, Drohungen ausgestoßen worden seien zur Sprengung der Gas- und Wasserwerke, zur Zerstörung von Fabriken und zum Vom-Stapel-Lassen von Schiffen, die vor der Fertigstellung stehen, rücken Truppenverbände in die Innenstadt ein. Bisher war Militär nur in geringem Umfang an einzelnen Stellen zur Unterstützung der Polizei verwendet worden.

Die Behörden greifen zu den letzten Mitteln. Um 18.00 Uhr wird durch einen Erlaß des Wojewodschaftspräsidiums zweierlei bestimmt. Einmal wird den Organen der öffentlichen Sicherheit ganz offiziell befohlen, »zur Selbstverteidigung Waffen zu benutzen«. Zum anderen wird über die Stadt Sperrzeit von 18.00 Uhr abends bis 5.00 Uhr morgens sowie ein Versammlungsverbot verhängt. Das Kommuniqué enthält eine Schilderung der »Schlägereien und Straßenschlachten« durch das Auftreten »Halbstarker und aufwieglerischer Elemente«. Auf die Ursachen wird nicht eingegangen, wohl aber erwähnt, daß es zur Ermordung von Polizisten und Zivilpersonen gekommen sei. Nach einem Appell an das »staatsbürgerliche Bewußtsein« der Werktätigen folgt der optimistische Schluß: »Morgen wird die Stadt in ihrem normalen Rhythmus leben, an den wir seit vielen Jahren gewöhnt sind.« Wojewodschaft, Partei, Stadt und Gewerkschaften sind die Unterzeichner dieser »Ordnungsvorschrift Nr. 1«, die sich über die weitere Entwicklung täuschen sollten. Zum erstenmal seit der NS-Okkupation gibt es in einer polnischen Stadt wieder Polizeistunde.

Abends erklärt im lokalen Fernsehen Kociołek, es sei keine andere Wahl als Gewaltanwendung geblieben. Er klagt über den Ruin der sozialen Lebensnormen und der guten Sitten. Ein Abgrund tue sich auf. Anschließend wird die Ordnungsvorschrift verlesen. Nicht bekannt wird der Öffentlichkeit eine andere Abendveranstaltung, eine Sitzung der erweiterten Parteiexekutive, über die erst Kliszko auf dem VIII. ZK-Plenum gesprochen hat. Einer der Direktoren der Danziger Werft erklärt, er halte es für seine Pflicht zu warnen. Erhielten die Arbeiter keine Lohnerhöhung, könne es ein Unglück geben und die Werft zerstört werden. Nach seinen eigenen Worten ist Kliszko gegenüber dem Genossen von der Danziger Werft »sehr hart, sogar in ungewöhnlich brutaler Art« aufgetreten. Der Delegierte der Danziger Lenin-Werft, Pacer, sagt auf dem VI. Parteitag aus: »Es schmerzte uns sehr, als der Genosse Kliszko uns aus der parteilichen Evidenz strich, indem er uns Vorwürfe machte, daß wir nichts können und nichts verstehen. Ich brauche nicht zu sagen, welche Ermutigung bei uns eintrat, als uns auf dem VII. und VIII. Plenum recht gegeben wurde und nicht denen, die uns und unsere Arbeit schnöde behandelten[15].« (Die »Trybuna Ludu« hat diesen Passus auch gedruckt, aber die entscheidende Stelle »der Genosse Kliszko uns aus der parteilichen Evidenz strich« weggelassen.) Kliszko rechtfertigt sein Verhalten mit dem Eindruck, den die brennenden Gebäude auf ihn gemacht, und der Gefahr, in der noch nicht evakuierte Menschen geschwebt hätten. Er betont die Wichtigkeit des Schutzes staatlicher Objekte und des gesellschaftlichen Eigentums vor Vernichtung. Kein Wort fällt von ihm – wenigstens in dem von »Nowe Drogi« veröffentlichten Text –, das ein Verständnis für die Lage und die Gefühle der Arbeiter erkennen ließe. Er muß in seiner Verdammung der örtlichen Partei, die sich dem Aufruhr nicht entgegenzustellen vermochte, sehr weit gegangen sein und sich nicht auf die Parteiorganisation der Werft beschränkt haben.

Kurz nach dem VIII. ZK-Plenum hat in einer Parteiaktivsitzung in Danzig der Vertreter des Bezirks Danzig-Mitte, St. Bereśniewicz, zur Haltung »einiger beseitigter Politbüromitglieder« (womit außer Kliszko nur Loga-Sowiński und Kociołek gemeint gewesen sein können) gefragt, wozu ihnen die Feststellung hätte dienen sollen, daß »in Danzig die Partei zu bestehen aufhörte«. Bereśniewicz empörte sich über diese »offensichtliche Lüge[16]«. Die Depressionen über den Verlauf der Ereignisse hatten Kliszko dazu verleitet, eine Kapitulation der ganzen Partei für gegeben zu halten und damit seine konterrevolutionäre These noch zu erhärten. Ganz abwegig war seine Auffassung von dem Parteidesaster nicht. Noch im August 1971 geht aus einem Bericht von Jerzy Olbrycht in »Życie Partii« über die Lage in den Danziger Schiffswerften hervor, daß die Parteiorganisationen noch weit davon entfernt sind, befriedigend zu funktionieren. Es ist wahrscheinlich keine Übertreibung anzunehmen, daß eine Niederwerfung des Aufstandes, wie Kliszko sie wünschte, mit anschließenden ausgedehnten Verfolgungs- und Säuberungsaktionen, reguläre Bürgerkriegszustände und beinahe unvermeidlich ein Eingreifen des Warschauer Paktes herbeigeführt hätte. Es war ein Glück, daß er politisch die Schlacht verlor.

Überraschend ist für Warschau, wie schnell das Ausland von den Unruhen Kenntnis erhält. Am Dienstag kurz vor Mitternacht (23.30 Uhr) hören die beiden in München bei Radio Free Europe diensttuenden polnischen Redaktionsmitglieder – ihr Empfangsgerät ist auf Stettin eingestellt, das auf der gleichen Welle wie Danzig sendet – plötzlich durch die Stettiner Musiksendung die Stimme des Sprechers von Radio Danzig durchschlagen, der die Ordnungsvorschrift Nr. 1 verliest. Dieses von RFE aufgefangene Kommuniqué liefert dem Westen die erste Nachricht über die aufsehenerregenden Ereignisse an der polnischen Ostseeküste[17]. Dieser Sender, der in Polen viele Hörer hat, nimmt nunmehr eine breit angelegte Berichterstattung auf. Als in diesem Augenblick besonders wirkungsvoll sendet er Ausschnitte von der Tonbandaufnahme der Rede Gomułkas vom 20. Oktober 1956, aus der nur Schlußfolgerungen über die Berechtigung des Aufbegehrens der Arbeiter und des Unrechts der gewaltsamen Reaktionen der Behörden gezogen werden können. Infolge dieser Propaganda steht die polnische Regierung vor der Frage, ob sie sich bei der Unterrichtung der Öffentlichkeit weiter auf lokale Mitteilungen beschränken und uferloser Gerüchtebildung im Lande Vorschub leisten soll. Am Nachmittag des folgenden Tages gibt sie die Schweigetaktik auf.

In den frühen Morgenstunden, Mittwoch, den 16. Dezember, besetzen in der Dreistadt (Danzig, Zoppot, Gdingen) Armeeeinheiten öffentliche Gebäude und die Umgegend der Werften. Auf den Straßen rollen Panzer. In der Danziger Werft demonstrieren Arbeiter, die eine Antwort auf ihre am Vortage vorgebrachten Forderungen haben wollen. Die Direktion ermahnt vergeblich zur Wiederaufnahme der Arbeit. Die Zeitungslektüre mit einseitig gegen die Arbeiter gerichteten Kommentaren, einem Parteiaufruf zur Rückkehr zu Ruhe und Ordnung, der Ordnungsvorschrift Nr. 1 und vorläufigen Verlustziffern ist nicht dazu angetan, die Stimmung der Belegschaft zu verbessern. Die Betriebsleitung warnt davor, auf die Straße zu gehen, aber die Arbeiter hören nicht darauf und drängen in einem ungeordneten Zug zum Tor hinaus in Richtung auf die Innenstadt. Da fallen Schüsse und töten Menschen. Die Arbeiter ziehen sich zurück und verharren eine Weile stumm vor dem Direktionsgebäude. Um 9.00 Uhr wird der Sitzstreik verkündet.

Eine Werftmiliz zur Aufrechterhaltung der Ordnung wird gebildet. In anderen Werften und Fabriken hält der Streik an; es werden Versammlungen abgehalten. Der Hafen liegt völlig still. Die Arbeiter haben die Arbeit niedergelegt und 40 Prozent Lohnerhöhung sowie eine Behebung ihrer Wohnungsnöte verlangt.

Eine besonders schwierige Lage ist in Gdingen entstanden. Dort haben am Dienstag Delegierte mit dem Gemeinderatsvorsitzenden Mariański verhandelt, aber drei dem Interbetrieblichen Streikkomitee der Stadt angehörende Vertreter sind nicht nach Hause zurückgekehrt. Mittwoch früh rufen in der Gdingener Werft »Pariser Kommune« Flugblätter zum Streik und zur Befreiung der Verhafteten auf. Von Hubschraubern abgeworfene Gegenflugblätter, Ruhe zu bewahren, werden sofort verbrannt. Auf einer Versammlung der Werft herrscht eine erregte Stimmung. Der Direktion wird ein Ultimatum gestellt: Bis 13.30 Uhr müssen die drei festgenommenen Delegierten hier sein. Außerdem wird Zurückziehung der Truppen vor den Werfttoren verlangt. Die Direktion verspricht, sich zu bemühen, hat aber keinen Erfolg. Um 14.00 Uhr verlangt eine Abordnung vom Sekretär des Stadtparteikomitees Freilassung der Verhafteten und die Erfüllung verschiedener wirtschaftlicher Forderungen. Die Antwort ist: Unannehmbar. Wird es daraufhin zu Vergeltungsaktionen durch Brände und Zerstörung von Werksanlagen kommen? Die Behörden befürchten dies oder nehmen eine solche Vermutung zum Anlaß, die Werften mit Truppen zu besetzen. Nahezu fertiggestellte Schiffe werden aus den Docks auf die Reede gezogen.

Eine Veränderung der Lage tritt dadurch ein, daß die Vereinigung der polnischen Schiffsindustrie telegrafisch um 17.30 Uhr die Einstellung der Arbeit auf den Werften bis auf Widerruf verfügt. Trotzdem fordert Kociołek abends im Fernsehen die Werftarbeiter nochmals nachdrücklich auf, die normale Arbeit wiederaufzunehmen. Dabei nennt er tadelnd die Zustände auf der Danziger und Gdingener Werft. Dort sei die erste Schicht nicht zur Arbeit angetreten. Unter diesen Umständen hätten die leitenden Stellen die Arbeit auch für die zweite Schicht eingestellt. Sie erwögen andere unerläßliche Schritte. Keine Rede ist so verhängnisvoll gewesen wie diese. Nimmt man an, daß

Kociołek in dem Augenblick, da er sprach, noch nicht über das Telegramm der Schiffahrtsindustrievereinigung unterrichtet war, so zeugt dies für eine kaum glaubliche schlechte Zusammenarbeit der verantwortlichen Instanzen, die auch in anderen Fällen auffällt. Kociołek hat später behauptet, die Entscheidung zur vorläufigen Arbeitseinstellung auf der Gdingener Werft sei »spät abends« gefallen[18], während Barbara Seidler präzise 17.30 Uhr als Eingangszeit für das Telegramm nennt. Er muß auch über die militärischen Vorbereitungen nicht im Bilde gewesen sein. In seiner Rechtfertigungsrede hat er zwar versichert, es sei alles Erdenkliche getan worden, um einen Zusammenstoß zu verhindern. Die Gdingener Werftleitung habe auf jede Weise versucht, die Arbeiter noch in ihren Wohnungen zu warnen. Er hat aber nicht erklärt, warum der Einsatzstab – war Kociołek bei der Besprechung nicht anwesend? – die Bitte von Direktion und Aktiv der Gdingener Werft abschlug, über Rundfunk und Fernsehen mehrmals die Verfügung über die Arbeitseinstellung bekanntzugeben. Allein wegen dieser Weigerung müßte sich der Einsatzstab vor einem Untersuchungsgremium verantworten. Dort hätte Kociołek auch Gelegenheit, die Frage zu beantworten, ob er auch nur einen Finger gerührt hat, um die Freilassung der verhafteten Mitglieder des Streikkomitees zu erreichen. Urheber dieses die Atmosphäre besonders vergiftenden Streiches konnte nur der Sicherheitsdienst sein, wobei offenbleibt, ob er auf Weisung seiner Zentrale oder des Danziger Einsatzstabes gehandelt hat. Kociołek hielt es ferner für angebracht, die Ordnungskräfte extra zu loben, weil sie ihre Pflicht »opferwillig und ausdauernd« erfüllt hätten. Die Hinzufügung: »Ich halte dafür, daß wir ihnen Dank und Anerkennung schulden[19]«, sollte für ihn noch eine besondere Belastung bei der Beurteilung seines Verhaltens während der Unruhen in Gesprächen Giereks mit der Arbeiterschaft bilden und politische Folgen nach sich ziehen.

Kociołek hat auch vermieden, darauf einzugehen, warum die Werftleitung mit ihrem Bemühen, daß am Mittwoch keine öffentlichen Verkehrsmittel zur Werft eingesetzt werden sollten, nur einen Teilerfolg erzielte. Der Busverkehr wurde stillgelegt, aber die Bahn lehnte ab und ließ nach der Station Gdingen-Werft Züge rollen. Es dürfte kein Zweifel darüber bestehen, daß die Bahn sich rückversicherte und an zuständiger politischer Stelle erkundigte, wie sie sich verhalten sollte. Hier hat entweder der Einsatzstab wieder die falsche Entscheidung getroffen, oder es gab Kräfte, die bewußt eine Katastrophe herbeiführen wollten. Den Verdacht, daß hier ein militärischer Führer eine unheilvolle Rolle gespielt hat, bestätigte Gierek vor den Werftarbeitern in Stettin, denn er sagte, daß im Danziger Gebiet die Truppe unmittelbar dem Chef der Territorialverteidigung, General Korczyński, unterstand, der wiederum seine Befehle von Gomułka erhielt[20].

In der Nacht vom Mittwoch zum Donnerstag (17. Dezember) besetzt Militär die Danziger und Gdingener Werft und umzieht sie mit einem Panzerkordon. Die Truppe hat Befehl, niemand durchzulassen. Die Arbeiter, die am Donnerstagmorgen zur Werft eilen, sehen den Aufmarsch und die völlige Abriegelung der Zufahrtstraßen. Lautsprecher fordern die Menschen auf, nach Hause zu gehen. Nach der »Głos-Wybrzeża«-Chronik drängt die Menge trotzdem vorwärts und stürmt mit Hurra auf die Panzer. Ein Schreckschuß genügt nicht, es folgen weitere Schüsse, das Blutvergießen beginnt. Am Gdingener Bahnhofsplatz umringen Menschen die Panzer und versuchen hinaufzuklettern. Soldaten eröffnen das Feuer. In einer der Zugangsstraßen kämpfen Tausende von Menschen gegen Soldaten und Polizei. Vier Kolonnen von Demonstranten marschieren zum Rathaus, die letzte Kolonne führt die Toten mit sich, die auf ausgehobene Türen gelegt worden sind. Aus Hubschraubern werden in die Menge, die sich in der Bahnhofsgegend und am Rathaus angesammelt hat, Sprengkörper geworfen. Mehrfach unternehmen Demonstranten den Versuch, das Rathaus zu stürmen; sie werden blutig zurückgeschlagen. Bis zum Mittag können »die Ordnungskräfte die Oberhand gewinnen«. Radio Danzig nennt es eine »resolute Aktion«, wie die Ordnung wiederhergestellt worden sei.

Ein an »Alle Länder der Welt!« gerichtetes Flugblatt, das unterschrieben ist: »Die Arbeiter der Werft Pariser Kommune, des Hafens und der übrigen Unternehmen«, spricht von einem »Völkermord«, der an unschuldigen Menschen verübt worden sei. Kinder, Frauen, Mütter, Väter und Söhne, die auf den Appell von Kociołek hin zur Arbeit in die Werft, den Hafen und die Betriebe gewollt hätten, seien Opfer geworden. Bei dem Überschreiten der Bahnbrücke in Gdingen sei ohne Warnung in die Menge geschossen worden. Die unbeschreibliche Panik, die entstanden sei, habe das Eintreffen von zwei Zügen in Gdingen-Werft vermehrt. Aus Hubschraubern seien Maschinengewehre in Tätigkeit getreten. Die Menschen seien nach allen Seiten geflüchtet. Vor dem Rathaus sei ein schreckliches Massaker angerichtet worden. Die Polizei habe die Verletzten unmenschlich behandelt. Das Geschehen sei eine ewige Schande für die Volksmacht. Die Vereinten Nationen sollten von den polnischen Behörden genaue Angaben fordern.

Natürlich ist nicht nachprüfbar, wieweit die Verfasser des Flugblattes autorisiert sind, für die Werftbelegschaft zu sprechen, aber deren Empfindungen dürften sie richtig wiedergegeben haben. Der »schwarze Donnerstag« in Gdingen ist das furchtbarste Ereignis der Aufruhrwoche. Im Gegensatz zu Kociołek wird in dem »Material« die Meinung vertreten, daß hier Waffengebrauch hätte vermieden werden können. In Danzig selbst wird am Donnerstag weitergestreikt, jedoch herrscht Ruhe. Dagegen kommt es in Elbing zu Krawallen, Angriffen auf das Parteihaus, Zerstörung von Läden und Brandstiftungen. Im übrigen erlischt der Aufruhr im Bereich der Danziger Bucht. Am Sonnabend, dem 19. Dezember, räumt das Militär die Werften in Danzig und Gdingen.

Das zweite Zentrum der Unruhen ist Stettin. Am 15. Dezember, kurz vor Mitternacht, wird den Spähörern unter der Stettiner Bevölkerung auf die gleiche Art wie dem Abhördienst von Free Europe in München die Danziger Ordnungsvorschrift Nr. 1 bekannt. Sie erfahren von Straßenschlachten und Verhängung von Polizeistunden in der Weichselstadt. Die Nachricht wird am folgenden Tage in den Betrieben besprochen, hat aber zunächst keine Konsequenzen. Am Donnerstag, dem 17. Dezember, führen Arbeiter der Stettiner Warski-Werft Verhandlungen mit Direktor Cenkier, die ergebnislos bleiben. (Die folgende Schilderung der Ereignisse stützt sich auf den Dokumentenband »Die Stettiner Revolte« der Pariser »Kultura«, vor allem auf den in ihm enthaltenen Bericht des »Stettiner Augenzeugen«.) Es kommt zu einer Kundgebung vor dem Verwaltungsgebäude der Werft. Man entschließt sich, in die Stadt zum 1. KW-Sekretär

Walaszek zu ziehen, der Mitglied der Parteiorganisation der Werft ist. Die Arbeiter wollen von ihm Aufklärung verlangen und ihre Lage nach der Preiserhöhung darlegen. Ein mehrtausendköpfiger Zug formiert sich und verläßt die Werft. Am Tor wird er von Polizei empfangen, die Walaszek, wahrscheinlich telefonisch durch Cenkier benachrichtigt, alarmiert hat. Der Gummiknüppel tritt in Aktion. Die Arbeiter ziehen sich zurück, erscheinen aber wieder mit Sturzhelmen auf dem Kopf, Metallröhren und Schraubenschlüsseln in den Händen. Ein Kugelhagel empfängt sie, durch den es Tote und Verletzte gibt. Die erbitterten Arbeiter greifen aber die Polizei mit solchem Ungestüm an, daß diese sich in Panik zurückzieht. Die Arbeiter erbeuten vergitterte Wagen, die auf Verhaftete warten. Die Wagen werden umgedreht, einige gehen in Flammen auf. Nach dem Rückzug der Polizei wird der Demonstrationszug von neuem gebildet und setzt sich in Richtung auf das Parteihaus in Bewegung. Dort hatte man nicht daran gedacht, daß die Polizei zerstreut und die Demonstranten nicht hätten aufgehalten werden können. Als der Zug sich nähert, ist Walaszek der erste, der die Flucht ergreift und sich zunächst in dem nahe gelegenen Polizeipräsidium verbirgt. Die Demonstranten sind empört, als sie ihn im Parteihaus nicht antreffen. Sie wollten ihre Forderungen vorbringen, zu denen Bestrafung wegen des Blutvergießens gehörte. Außerhalb und innerhalb des Gebäudes postiertes Militär verhält sich passiv. Die Werftarbeiter erhalten Verstärkung aus der Bevölkerung. Aus dem Zimmer des Parteichefs fliegt die kostbare Einrichtung aus dem Fenster auf die Straße und wird angezündet. Arbeiter zwängen sich durch die Menge und werfen ihre Parteiausweise in das Feuer. Der herbeigerufenen Feuerwehr wird nur erlaubt, die Spritzen auf danebengelegene Häuser zu richten. Frauen entwenden den Feuerwehrleuten Beile und schneiden die Schläuche durch. Die Polizei versucht, die Menge vor dem brennenden Parteihaus zurückzudrängen, muß sich aber in das verbarrikadierte Polizeipräsidium zurückziehen, das Walaszek schon in einem gepanzerten Militärtransporter verlassen hat. Mit einer von einem Kinderspielplatz entwendeten Schaluppe wird von den Demonstranten das Tor des Polizeigebäudes gerammt. Wieder fallen Schüsse. Militär greift ein und drängt die Menge zurück. Heftige verlustreiche Kämpfe toben auch vor dem Gefängnis, wo die Menge zweimal im Sturm die politischen Gefangenen zu befreien versucht. Geschäfte werden zerstört und geplündert. Die Aufrührer schleudern Molotow-Cocktails. Die Kämpfe sind härter als an der Weichsel. Einen Anhaltspunkt bietet ein Vergleich der Schäden, die in Stettin fast die dreifache Höhe wie in Danzig erreichen. (Nach der im »Material« aufgemachten Rechnung betragen die Verluste 300 bzw. 105 Millionen Złoty.)

Ein solidarischer Sitzstreik in den Werften, im Hafen und den Fabriken beginnt in Stettin. Das Wojewodschaftspräsidium verordnet Sperrzeit von 18.00 Uhr bis 6.00 Uhr morgens, Einstellung der zweiten Schicht in allen Betrieben, Schließung der Schulen an den Nachmittagen und Einsetzung von Sondergerichten, die im Schnellverfahren Strafen verhängen können. Es erinnert daran, daß jede Kundgebung genehmigungspflichtig sei. Bei einer Weigerung, Versammlungen aufzulösen, würden mit aller Härte des Gesetzes Strafen verhängt werden[21]. Radio Stettin berichtet, Gewalttätigkeiten hätten die Behörden gezwungen, den »Friedensstörern entgegenzutreten«, womit das Blutvergießen angedeutet ist. Der erwähnte »Stettiner Augenzeuge« hält es für sicher, daß der in Stettin weilende General Matejewski, Unterstaatssekretär im Innenministerium und einer der höchsten Beamten des Sicherheitsdienstes, den Befehl zum Waffengebrauch gegeben hat.

Am Abend wird im Rundfunk ein von den örtlichen Stellen verfaßter Aufruf verlesen, der nationale Töne anschlägt: »Wir haben das polnische Stettin mit eigenen Händen aufgebaut. Ihr seid die Vorhut des polnischen Volkes. Verteidigt das sozialistische System. Laßt nicht zu, daß andere unsere Errungenschaften, unsere Stadt und unser Land zerstören.« Weiter wird die Bevölkerung ermahnt, daran zu denken, daß eine Schwächung Polens nur den Neofaschisten Thaddens und Polenhassern wie Franz Josef Strauß nutze.

Am nächsten Morgen (18. Dezember) schreibt der »Kurier Szczeciński«: »Unsere Stadt ist zum Schauplatz tragischer Ereignisse geworden. Hinter dem Rücken der Werftarbeiter sind Rowdies, Anarchisten und die langhaarigen Halbstarken auf die Straße gegangen.« Die Sicherheitstruppen hätten von der Schußwaffe Gebrauch machen und gegen die Massen Militärfahrzeuge einsetzen müssen. Der Freitag wird ein beinahe ebenso heißer Tag wie der vergangene. Ähnlich wie in Danzig haben Polizei und Militär einen Kordon um die Zugänge von der Stadt zu den Werften und zum Hafen gezogen. Auch die Verbindungen zwischen Werften und Hafen sind unterbrochen. Stettin ist von der Welt isoliert. Es gibt keine Möglichkeit, Telefon oder Telegrafen zu benutzen. Der Luftverkehr ist eingestellt. Militär und Polizeipatrouillen haben alle Zufahrtsstraßen abgeriegelt. Ausländische Schiffe werden zu ihrer eigenen Sicherheit, wie ihnen gesagt wird, zum Verlassen des Hafens genötigt. In der Innenstadt fahren Jugendliche mit Demolierungen fort. In allen Betrieben dauert der Sitzstreik an.

Es wird eine Resolution des Streikkomitees der Warski-Werft verlesen. In ihr werden eine Rückgängigmachung der Preiserhöhungen, Lohnsteigerung um 30 Prozent, Entschädigung für Verluste, besonders bei Angehörigen von Gefallenen, Freilassung der verhafteten Arbeiter, Verzicht auf Maßregelungen gegenüber den Streikkomitees und Teilnehmern am Streik, Verzicht auf das Eingreifen von Militär in den Betrieben, Aufhebung des Schießbefehls, Bestrafung der Schuldigen an dem Arbeitermassaker und an der gegenwärtigen Wirtschaftskrise, unabhängig von der Stellung in Partei und Regierung, Aufhebung der Blockade der Stadt, ehrliche Nachrichtenpolitik, Aufhören mit der Bezeichnung von Arbeitern als Rowdies in Presse, Fernsehen und Rundfunk, Angleichung der Verdienste der Partei- und Staatsfunktionäre an mittlere Einkommen der Industrie, Einschränkung der Privilegien und Verminderung des Verwaltungsapparates bis zu vernünftigen Grenzen gefordert. Der Aufruf betont, daß die Werftarbeiter sich jeglichen politischen und antistaatlichen Hervortretens enthielten, ihr Streik habe ausschließlich wirtschaftlichen Charakter. Bezeichnend ist die Feststellung, daß die Gewerkschaften sich niemals in der Verteidigung der Arbeiter ausgezeichnet hätten; sie sollten in Zukunft unabhängig (mit anderen Worten: nicht mehr »Transmissionsriemen« der Partei) sein. Für die von der Polizei angewandte Taktik ist das Verlangen aufschlußreich, die militärische Ehre nicht dadurch zu beschmutzen, daß Polizisten sich Soldatenuniformen anziehen.

Antoni Walaszek ist von der Bildfläche verschwunden und

soll in Armeebaracken Unterschlupf gefunden haben, nachdem nicht nur sein Amtssitz, sondern auch seine Villa in Flammen aufgegangen sind. Die lokale Presse unterschlägt die peinliche Nachricht. In der Bevölkerung, die voller Verachtung über seine Feigheit ist, schwirren Gerüchte über sein Wohlleben und seine hohen Prämien beim Stapellauf von Schiffen. In seiner Weigerung, mit den Arbeitern zu sprechen, sieht sie die Hauptschuld für den Ausbruch der Unruhen. Die Werftarbeiter fordern seinen Rücktritt in der ersten Januardekade und Ausschluß aus der Partei, sie drohen mit Streik. Die Drohung hat Erfolg. Am 11. Januar 1971 tritt er »wegen Schwierigkeiten in der Leitung des Wojewodschaftskomitees« zurück. Anläßlich des Februar-Plenums muß er sein ZK-Mandat niederlegen. Kein anderer Funktionär hohen Ranges hat so schmählich seine Laufbahn beendet.

Anders verhält sich Marian Łempicki, Vorsitzender des Nationalrats der Wojewodschaft. Er hält am Freitag eine Rundfunkansprache, die versöhnlich und verständigungsbereit klingt. »Von den Ereignissen tief bewegt«, bittet er die Bürger um Einschreiten gegen Plünderung und Zerstörung. Man wolle mit den Arbeitern sprechen. »Es ist unser gemeinsames Anliegen, so schnell wie möglich ein günstiges Klima für solche Gespräche zu schaffen.« Tatsächlich haben Kontakte stattgefunden, die den Stettiner Aufruhr von dem Danziger unterscheiden.

Die Arbeiter bauen inmitten von Streiks und Unruhen eine Selbstverwaltung auf und setzen eigene Behörden ein, die als gleichberechtigte Partner mit Partei, Regierung, Wojewodschaft, Kommune und Gewerkschaften in Verbindung treten, ja zeitweilig die alten Instanzen lahmlegen. Das überbetriebliche Streikkomitee mit dem Sitz in der Warski-Werft hat praktisch die Macht in der Stadt übernommen. Eine Arbeitermiliz mit Armbinden in den polnischen Nationalfarben[22] sorgt für Aufrechterhaltung der Ordnung und Bewachung der Maschinen in den Betrieben. »In jenen Tagen«, erzählt der »Stettiner Augenzeuge«, »war die einzige Macht das Streikkomitee der Werft, zu dem sich auch Vertreter anderer Betriebe einfanden. Auf Anordnung des Komitees, und nur auf seine Anordnung, backten die Bäcker Brot für die Bevölkerung, fuhren die Straßenbahnen einwandfrei und kam eine Sonderausgabe des ›Kurier Szczeciński‹ heraus.« Mit dieser Darstellung stimmt das, was der

Polenkorrespondent der Belgrader »Politika« berichtet, überein. Er zieht daraus den Schluß, die Ereignisse in Stettin hätten auf tragische Weise, nämlich in Straßenkämpfen, »die Solidarität der Arbeiterklasse und das Klassenbewußtsein demonstriert, von dem die marxistischen Lehrbücher sprechen[23]«. Die erstaunliche revolutionäre Leistung in Stettin ist zu einem guten Teil das Verdienst tüchtiger Streikführer, darunter des 30jährigen Mieczysław Dopierała, der als Vorsitzender des obersten Streikkomitees sich in diesen Tagen als Führerpersönlichkeit bewährte.

Die Streikleitung ruft einen dreitägigen Generalstreik aus, der am Sonnabend, dem 19. Dezember, beginnt. Das Komitee dankt an diesem Tage in einem in Schreibmaschinenschrift verfaßten – auch in den Westen gelangten – Flugblatt der Stettiner Bevölkerung für Unterstützung und Solidarität. Es fordert dazu auf, Ruhe und Ordnung zu bewahren und keine weiteren Zusammenstöße zuzulassen. Zur Beruhigung der Bürger versichert die Streikleitung, daß sie nicht bedroht sei, keine physische Hilfe benötige, Radio zur Verfügung habe und laufend Informationen erteilen könne. Die Streikparole wird überall exakt befolgt. Im Unterschied zu Danzig wird in Stettin die gesamte Stadt von der Streikbewegung erfaßt. An das Tor der Warski-Werft wird ein Anschlag geheftet: »Dies ist ein ökonomischer, kein politischer Streik.« An anderen Stellen der Stadt kann man, sogar auf Panzer hingekritzelt, lesen: »Wir sind Arbeiter, keine Hooligans.«

Eine Einzelheit beleuchtet die Stettiner Verhältnisse. Der örtlich Rundfunk meldet am Sonntag, dem 20. Dezember, daß die Werftarbeiter aufgrund einer von beiden Seiten angenommenen Vereinbarung ihren Sitzstreik beenden und die Arbeit am Montag wiederaufnehmen würden. Einige Stunden später gibt der Sender eine Berichtigung: »Wir sind zu der Erklärung verpflichtet, daß wir durch unsere Informanten irregeführt wurden und das Kommuniqué im guten Glauben verbreiteten. Wie uns das Streikkomitee der Stettiner Werft und der übrigen Betriebe mitteilt, dauern die Beratungen des Komitees und aller sich mit ihm solidarisierenden Belegschaften an. Über die Ergebnisse der Beratungen werden wir die Hörer so rasch wie möglich unterrichten.« Eine Berichtigung dieser Art hat es in der Geschichte der Massenmedien in Volkspolen noch nicht gegeben. Die Fortsetzung der Berichterstattung blieb aus, weil die politischen Ereignisse eine Verlängerung des Generalstreiks überflüssig machten. Die bis zum Schluß bestehende Verhandlungssituation in Stettin ist ein einzigartiger Fall.

Streikbewegungen sind auch an anderen Stellen Polens unter dem Eindruck der Vorgänge an der Küste aufgetreten, so in Kattowitz, Breslau, Posen und Białystok. Dort kam es, soweit bekannt, nicht zu Zwischenfällen. In Stolp wurde ein Demonstrationszug von der Polizei brutal zusammengeschlagen. Unter der Warschauer Arbeiterschaft brodelte es. Nach Cyrankiewicz (Rede auf dem VIII. ZK-Plenum) mußte die Warschauer Parteileitung »maximale Anstrengungen« unternehmen, um während der Unruhewoche die Belegschaften innerhalb der Betriebe zu halten. Die Angaben über die Streiktendenzen im ganzen Lande sind sehr sporadisch. In dem »Material« wird zugegeben, daß die Streikwelle auch andere Landesteile erreichte, allerdings nicht mit so dramatischen Folgen wie an der Küste. Diskussionen seien in zahlreichen Fabriken geführt und hauptsächlich wirtschaftliche Forderungen in einer erregten und nervösen Atmosphäre erhoben worden. »Alles dies vergrößerte den allgemeinen Zustand der Spannung und schuf eine Situation, in der die Streikwellen jeden Augenblick drohten die hauptsächlichen städtischen Zentren des Landes zu überfluten und Straßendemonstrationen in breitem Umfange hervorzurufen.« Diese Schilderung ist in keiner Weise übertrieben. Es war der Augenblick, in dem von der Führung ohne Zögern politisch gehandelt und auf die Rebellion nicht bloß mit Gewalt geantwortet werden mußte. Nach der Küste hatte die Hauptstadt jetzt das Wort. Durch den politischen Wechsel, der sich in Warschau vollzog, erloschen die Flammen in den Hafenstädten, obwohl noch Wochen vergingen, ehe die Betriebe, in denen auf nicht abreißenden Versammlungen stundenlang heftig diskutiert wurde, wieder störungsfrei arbeiteten.

Über die Menschenopfer sind erst zögernd Angaben gemacht worden. Eine Verlautbarung der Danziger Staatsanwaltschaft im Januar 1971 führt namentlich 28 Tote in Danzig, Gdingen und Elbing auf[24]. Die Beerdigung habe auf Staatskosten, und zwar, wenn die Angehörigen es wünschten, in religiösen Formen stattgefunden. Ein entsprechendes Kommuniqué der Stettiner Staatsanwaltschaft aus dem gleichen Monat, das merkwürdigerweise in »Głos Szczeciński« erst drei Monate später veröffentlicht wurde, enthält 16 Namen[25]. Die endgültigen amtlichen Verlustziffern nennt Gierek auf dem VIII. Plenum: 48 Tote und 1165 Verwundete in beiden Aufstandsregionen zusammen. Die Meinung der Bevölkerung in den Hafenstädten ist, daß diese Angaben, vor allem, was die Toten betreffe, zu niedrig seien. Polizisten hätten aus Krankenhäusern Tote und Verwundete abgeholt, um private Zählungen unmöglich zu machen. Es seien auch Frauen und Kinder unter den Opfern gewesen. (Offiziell wird nur eine Frau zugegeben, die im Stettiner Kommuniqué genannt ist.) Die Beerdigungen seien von der Polizei arrangiert worden, stets bei Nacht und Nebel. Die Gräber hätten oft weder eine Tafel noch ein Kreuz. Der »Stettiner Augenzeuge« behauptet, die nicht in Stettin wohnenden, von außerhalb gekommenen Arbeiter seien in der Liste nicht aufgeführt worden. Als Gierek mit den Arbeitern in Stettin und Danzig sprach, mußte er sich auch über dies makabre Thema Vorwürfe anhören. Unter den Verletzten befanden sich laut Gierek 564 Zivilpersonen, 531 Polizisten und 70 Soldaten. Von Schüssen sind 153 getroffen worden. Als verhaftet nennt das »Material« 2989 Personen. Barbara Seidler schlüsselt auf: 65 Prozent Arbeiter, 13 Prozent Schüler, 12 Prozent Nichtarbeitende und 10 Prozent Sonstige. Auf dem VIII. Plenum wird (von Pietrzak) noch eine aufschlußreiche Angabe gemacht: Fast zwei Drittel der Festgenommenen, genau 1980, sind Jugendliche bis zu 25 Jahren, eine Illustration zu dem viel erörterten Thema Partei und Jugend. Bis zum 18. Januar 1971 sind alle Verhafteten bis auf 146 entlassen worden, die meist der Plünderung beschuldigt werden. Die Ziffern, die an einigen Stellen wahrscheinlich hinter der Wirklichkeit zurückbleiben, geben eine Vorstellung von dem Ausmaß der Kämpfe. Es fällt auf, daß nach der offiziellen Version die Verluste an Toten annähernd die gleiche Höhe erreichen wie bei den Arbeiterunruhen im Juni 1956 in Posen, mit denen sich auch sonst Vergleiche ziehen lassen.

Für eine Untersuchung der Unruhen ist durch das neue Politbüro eine Sonderkommission eingesetzt worden, wie Gierek auf dem VIII. Plenum bekanntgab. Er versicherte, alles werde aufgeklärt. Das »Material« hat keinen genügenden Aufschluß gegeben, vor allen Dingen nicht über die Frage, welche Personen für den Schießbefehl verantwortlich sind. Es verweist auf die Haltung Gomułkas, der für Gewaltanwendung, Waffengebrauch eingeschlossen, gewesen sei. Dem Militär sei schon bei dem ersten Ausbruch der Unruhen Schießbefehl erteilt worden. In einigen Fällen wird die Schuld für den Waffengebrauch auf »divergente Aktionen« einzelner Stellen an der Küste geschoben. Können in einem totalitären Staatswesen örtliche Instanzen mit der Verantwortung belastet werden? Kociołek hat sich, sicherlich mit Recht, auf »zentrale Entscheidungen« berufen[26]. »Divergent« handelten nicht nur die lokalen Behörden, die einen Spielraum besessen haben dürften, weil die Warschauer Order nur eine Ermächtigung für die Exekutive war, notfalls das äußerste Mittel einzusetzen. Wie man auch immer die Dinge betrachtet, Gomułka kann nicht allein schuldig gesprochen werden. Es bestanden gute Gründe, in dem »Material« das Gegeneinander im Staats- und Parteiapparat nicht zu schildern und außer Gomułka keine Namen zu nennen. Aber das ist ein Kapitel für sich.

Der Schlag, den die Partei im Dezember 1970 erhielt, war mehr als ein vorübergehender »Schock«, von dem auf dem VIII. Plenum mehrfach gesprochen wurde. Ein Haß auf die Partei entlud sich, der die Machthaber erschreckte. An beiden Unruheherden wurden die Parteihäuser gestürmt. Die im militanten Geiste erzogene Parteimannschaft versagte auf der ganzen Linie, war ohne innere Kraft und wurde von dem Arbeiteraufstand überrollt, als sei sie nicht vorhanden, wie Kliszko zu seinem Entsetzen feststellte. In den Streikkomitees saßen Parteimitglieder, leitende Angestellte eingeschlossen. Der vorbildlichen Solidarität der Kämpfenden, die keine sozialen Unterschiede kannten, stand die Zerfahrenheit und Ratlosigkeit des herrschenden Funktionärkorps gegenüber. Rumiński, der die in dem »Material« enthaltene Beurteilung für unklar hielt, gab in seiner Rede auf dem VIII. Plenum von der Lage eine anschauliche Schilderung. Die demonstrierenden Arbeiter, sagte er, hätten den Parteiinstanzen zugerufen: Schlecht regiert ihr! Wenn ihr nicht versteht, das bisherige Regierungssystem zu ändern, werden wir euch ändern! Die Arbeiterklasse habe die ganze Nation daran erinnert, daß sie die einzige große Kraft sei, um die Parteiführung von einem falschen Wege abzubringen und ihre Generallinie zu korrigieren. Damit legitimierte er eine revolutionäre Haltung, für die es auch in der Zukunft Gelegenheiten geben konnte. Wurde damit nicht auch die Frage nach der Vergänglichkeit der Partei aufgeworfen? Rumiński hätte sie aus seiner orthodoxen Haltung heraus entschieden verneint. »Die Partei kann nicht altern«, hat er 1968 erklärt, »sie ist ewige Jugend[27].« Aber das war ein ideologischer Trost, ein Gaukelspiel, das die Skepsis aller nüchternen Betrachter der Wirklichkeit nicht behob.

Es versteht sich, daß Rumińskis Auffassung den durch empörte Arbeiter einfach aus dem Sattel gehobenen Funktionären keineswegs behagte. Der neue 1. Sekretär der Posener Wojewodschaftsorganisation der Partei, Jerzy Zasada, sah die Unruhen aus einem ganz anderen Blickwinkel. Kurz nach dem VIII. Plenum erklärte er in Posen: »Die Arbeiterklasse Großpolens bediente sich, trotz ihres Grimms über die Preisveränderungen und ihrer Überzeugung von der Notwendigkeit politischer Veränderungen, nicht der schärfsten Methoden. Sicher hatte die schmerzliche Erfahrung mit den Posener Juni-Ereignissen des Jahres 1956 Einfluß auf die Belegschaften, aber vorherrschend war vor allem das staatsbürgerliche Bewußtsein des Ernstes der Situation und der Konsequenzen nicht durchdachter Taten, die das ganze Land in Mitleidenschaft ziehen konnten[28].« Begreiflicherweise war Zasada froh darüber, daß es in seiner Wojewodschaft gerade noch ruhig geblieben war, aber seine Äußerung hatte etwas von der Weisheit des Mannes, der vom Rathaus kommt. Ohne die impulsiven Handlungen in den Hafenstädten wäre der politische Wechsel eben nicht eingetreten. Den Nutzen von der Revolte hatte auch der gerade beförderte Zasada. Der »Trybuna Ludu«[29] war übrigens nur zu entnehmen, Zasada habe festgestellt, daß die arbeitenden Massen Großpolens in den kritischen Dezember-Tagen »einen hohen Grad staatsbürgerlicher und patriotischer Reife« gezeigt hätten. Es sollte offensichtlich keine Debatte über Verschiedenheiten in der Einschätzung der Unruhen hervorgerufen werden.

Der Dezember-Aufruhr war ausschließlich eine Sache der Arbeiterschaft und griff nicht auf andere soziale Schichten über. Leszek Kołakowski, einst geistiger Führer der Oktoberbewegung von 1956, meinte dazu: »Der Umstand, daß ein großer Teil der polnischen Intelligenz sich die Überzeugung von der vollständigen Starrheit des schändlichen Systems einreden ließ, in dem sie lebt, ist sicher in einem hohen Maße für die bedauernswerte Passivität verantwortlich, die diese Schicht in dem Augenblick des dramatischen Vorstoßes zeigte, den die polnischen Arbeiter ... unternahmen[30].« Die Resignation der Intelligenz hatte ihren Grund in den traurigen Erfahrungen des Jahres 1968. Die Partei brachte damals Studenten zum Schweigen, die in den Ruf »Kein Brot ohne Freiheit!« ausgebrochen waren, und verfolgte unbequeme Wissenschaftler und Schriftsteller.

Włodzimierz Brus, ein international bekannter Nationalökonom, der von den Säuberungen betroffen wurde, aber im Lande verblieb, sieht in einem in der italienischen KP-Wochenzeitung »Rinascita«[31] veröffentlichten Artikel in der Nachwirkung dieser Aktion die Erklärung dafür, daß die Intelligenz sogar in den dramatischsten Dezember-Tagen den Mund nicht aufzumachen wagte. Es muß auch in Betracht gezogen werden, daß eine für westliche Begriffe schwer verständliche Desorientierung herrschte, von der die Äußerung eines Studenten Zeugnis ablegt, die in dem Organ des Polnischen Studentenverbandes »Student« gedruckt wurde, als die Zeitschrift das Ergebnis von Diskussionsversammlungen auf den Hochschulen veröffentlichte: »Man sagt uns, daß wir im Dezember unsere ›Prüfung als Staatsbürger‹ bestanden hätten. Wie steht es damit? Haben die Arbeiter diese Prüfung etwa nicht bestanden? Hätte sich ohne das Blutvergießen irgend etwas verändert? Und wie haben wir uns verhalten? Wir saßen in unseren Wohnheimen herum, abgeschnitten, die Telefone mit [Partei- und Verbands-] Aktivisten besetzt, und jetzt haben wir einen moralischen Kater, weil wir nicht wußten, was vorging und wie wir uns angesichts der Aktionen der jungen Arbeiterklasse verhalten sollten. Wir spürten, daß ihre Grundforderungen berechtigt waren und wir sie unterstützen sollten, obwohl wir nicht sicher waren, ob es im allgemeinen Interesse der jungen Generation sei, auf die Straße zu gehen. Ist die Prüfung also wirklich bestanden worden und von wem? Haben wir nicht das Recht auf ein Gefühl des Ekels[32]?«

Hier werden Empfindungen wiedergegeben, die ohne Generationsunterschied einer alte kämpferische Traditionen besitzenden polnischen Intelligenz eigen sind. 1956 war ihr das Zusammengehen mit der Arbeiterschaft mühelos gelungen. Die Erneuerungsbewegung hatte auch die Bauern mitgerissen und damit das Volk in seiner Gesamtheit erfaßt. Dieser Grad an Solidarität ist in Polen nicht wieder erreicht worden.

In Stettin und Danzig haben die Arbeiter den 1. Mai 1971 in einer vom üblichen Schema abweichenden Weise gefeiert. Sie gedachten ihrer bei den Unruhen ums Leben gekommenen Kameraden. Betriebsdelegationen legten Blumen und Kränze an den Gräbern nieder. Bei den Umzügen trugen Arbeiter mit Trauerflor umwundene Fahnen und entfalteten eigene, nicht von der Partei oder der Gewerkschaft gelieferte Spruchbänder, auf denen die Bestrafung der Schuldigen gefordert wurde. In Danzig wurde ein symbolischer Sarg zum Gedenken an das Massaker mitgeführt. Frauen marschierten in Trauerkleidung. Spruchbänder erinnerten Gierek an seine Versprechungen und enthielten die Namen der Gefallenen[33]. In der Lokalpresse erschienen kurze Hinweise auf die Schmückung der Gräber der Opfer. In den Maifeier-Berichten der »Trybuna Ludu«[34] über Danzig und Stettin stand darüber kein Wort.

Ende einer Herrschaft

In einer parlamentarischen Demokratie ist der Wechsel der Führung ein normaler Vorgang. Es ist vorher bekannt, in welchen Formen er sich vollziehen wird. Das totalitäre Regime vermag für Rücktritt und Neubildung der Spitze keine adäquaten Ausdrucksformen zu finden. Die Umstände sind stets fatal, die Formen putschartig. Bei der Unterrichtung der Öffentlichkeit sind Teilwahrheiten und Entstellungen geradezu die Regel. Hintergründe werden, wenn überhaupt, nur auf Umwegen bekannt. Der Abgetretene, so hoch er auch gestanden haben und so häufig auch sein Loblied erklungen sein mag, wird mit Schimpf und Schande beladen. Das Regime entläßt den Würdenträger nicht, es verstößt ihn. Sein Handeln war an Erfolg und Aufstieg gebunden; sobald er sich gegen dieses unumstößliche Entwicklungsgesetz vergeht, hat er keine Gnade zu erwarten.

Über eine Änderung dieses ebenso hartherzigen wie die Funktionsfähigkeit des Systems in Frage stellenden Zustandes hat sich schon mancher den Kopf zerbrochen. Bisher wurde lediglich erreicht, daß nach den blutigen Begleiterscheinungen der Personalpolitik in der Stalin-Ära zivilere Methoden in Gebrauch gekommen sind. Aber die Ablösung der Führung ist und bleibt ein irregulärer und nicht in den geplanten Ablauf einzuordnender Vorgang. Polen hat empfindlich unter den dadurch aufgetretenen politischen Störungen zu leiden gehabt.

Kann die Festlegung von Bestimmungen über einen regelmäßigen Wechsel in den Ämtern Abhilfe schaffen? Stanisław Kociołek hat sich in Danzig im Januar 1971 für »absolute Rotation« in allen Spitzenpositionen von Partei und Regierung ausgesprochen. Nach der Übertragung von Radio Danzig[1] sagte er: »Wir müssen in der Tat zu dem Punkt kommen, wo die Führer mit Wertschätzung, Respekt und Lob abtreten können. Wir brauchen Führer. Seit Volkspolen besteht, war jede Erledigung von Rechnungen tragisch, eine Erledigung, mit der wir – wenn man dieses Gleichnis gebrauchen darf – unsere Führer von ihren Piedestals stießen. Dies ist eine tragische Angelegenheit mit negativen, ungewöhnlich negativen, sozialen, erzieherischen und politischen Konsequenzen.« In der von der Presse gedruckten Fassung seiner Rede war dieser Passus nicht enthalten.

Woran dachte Kociołek bei seinem Rückblick auf Führungskrisen in Nachkriegspolen? Im Vergleich zu anderen Ostblockländern war die innere Entwicklung in Polen verhältnismäßig stabil. Kociołek dürfte kaum im Sinn gehabt haben, daß der Bauernführer Mikołajczyk 1947 vor dem Terror ins Ausland floh, denn Mikołajczyk war ein Gegner der Kommunisten. Aber die Führungskrisen innerhalb der Partei nahmen infolge fremder Einmischung in Polen besonders abstoßende und erniedrigende Formen an. Im August 1948 wurde Gomułka abgesetzt und ins Gefängnis geworfen. Seine Verketzerung blieb nicht aus. Der Fall gereichte der Partei vor allem deswegen nicht zum Ruhme, weil sie ihn im Oktober 1956 zurückholen mußte.

Bołesław Bierut, in der ersten Nachkriegsperiode der vielgepriesene Führer des Landes, starb in Moskau im Frühjahr 1956 nach dem XX. sowjetischen Parteikongreß mit der Enthüllungsrede Chruschtschows über Stalin und der Rehabilitierung der von dem sowjetischen Diktator 1938 aufgelösten polnischen KP. War dies ein Tod, weil das Herz versagte, wie man die Öffentlichkeit glauben lassen wollte? Nach Erwin Weit besteht in Warschauer Parteikreisen die Überzeugung, daß Bierut Selbstmord verübte[2]. Dieser ehemalige Kominternagent war ein Untergebener Stalins geblieben, obwohl er sich als Lenker Polens vergeblich bemühte, etwas anderes zu sein. Mit einer Handvoll in der Sowjetunion geschulter Kommunisten, mit einem von dem »großen Bruder« geliehenen Marschall als Oberbefehlshaber und sowjetischen »Beratern« regierte er mehr als ein Jahrzehnt. Wie weit die Unterwürfigkeit damals ging, beleuchtet ein Bericht, den Edward Ochab vom XIX. sowjetischen Parteitag vor Parteiaktivisten in Warschau im November 1952 gab. Um zu zeigen, wie gut Polen in der Gruppe der ausländischen Parteien abgeschnitten hatte, sagte er wörtlich: »Die Delegierten des Moskauer Kongresses, die jede Geste des Genossen Stalin beobachteten, beglückwünschten die polnische Delegation, weil der Genosse Stalin anwesend war, als der Genosse Bierut als erster unter den Führern der ausländischen Abgeordneten den Kongreß begrüßte[3].« Als größtes Satellitenland – ein Charakter, der ihm damals uneingeschränkt zukam – durfte Polen den Reigen der Huldigungsadressen eröffnen. Den ersten Redner hörte sich Stalin noch an, dann wurde es ihm entweder zu langweilig oder er fand, es sei zuviel Ehre für die Ausländer, wenn er noch länger im Saale blieb. Noch nach seinem Tode hat Bierut in einer ZK-Sitzung in Warschau die Auflösung der polnischen KP, weil angeblich »getarnte feindliche Agenten« in die Leitung eingedrungen waren, für einen »richtigen und notwendigen Schritt« erklärt[4]. Bierut, der sich über die weitere Entwicklung in der Sowjetunion täuschte, tat diesen Ausspruch, obwohl unter seinen Zuhörern solche saßen, die Leidensjahre in der Sowjetunion hinter sich hatten und über deren Unschuld er nicht im Zweifel sein konnte. Er tat diesen Ausspruch, obwohl er wußte, wieviel ahnungslose polnische Kommunisten, darunter seine eigenen Schwäger, die Brüder Fornalski, unter Vorwänden nach Moskau gelockt worden waren, um dann erschossen zu werden. Er tat diesen Ausspruch, obwohl er mit der Deckung der Auflösung und des Stalinschen Terrors verhinderte, daß die polnische Partei eine Tradition erwarb. Er war so tief in das Stalin-Regiment verstrickt, vielleicht auch von Skrupeln wegen seines eigenen Verhaltens geplagt, daß er die Wendung, die Chruschtschow herbeiführte, nicht überleben zu können glaubte. Dies alles war tragisch und schmachvoll zugleich. Nach seinem Tode wurde in Polen von Bierut nicht mehr gesprochen. Unter ihm waren die Grundlagen des sozialistischen Systems in den neuen, Polen gegebenen Grenzen gelegt worden. Soviel dunkle Vorgänge sich mit seinem Namen verbanden, er verkörperte eine entscheidende Wende der polnischen Geschichte. Erst unter dem neuen Regime erschien zu seinem 80. Geburtstag am 18. April 1972 ein Gedenkartikel in der »Trybuna Ludu« und wurde eine Feier an seinem Grabe abgehalten.

Kociołek, obwohl der jüngeren Generation angehörend, war diese Vergangenheit sicherlich gut bekannt. Überdies wird er auch an die Absetzung und das Verschwinden von Parteiführern der zweiten Garnitur und von Ideologen gedacht haben, die nicht weniger erniedrigend und respektlos behandelt wurden. Jetzt erlebte er einen neuen Fall.

Aus den gleichen Überlegungen wie Kociołek erklärte Moczar seufzend vor dem VIII. ZK-Plenum im Februar 1971: »Könnte es nicht so arrangiert werden, daß jeder von uns seinen bestimmten Posten und seine bestimmten Pflichten aufgibt, wenn es ratsam erscheint, und die nächsten Menschen ihm nahelegen, dies zu tun[5]?« Für den Fragesteller sollte das Problem bald persönlich Bedeutung gewinnen. Beide, Kociołek und Moczar, standen unter dem Eindruck der Umwälzung, die sich vor ihren Augen vollzogen hatte. Daran waren sie mitbeteiligt, und zwar als Nutznießer einer von ihnen verdammten Aktion der Arbeiterschaft. Jedoch hatten sie vorher nicht ahnen können, daß in diesem Moment und auf diese Weise das Ende einer 14jährigen Herrschaft herbeigeführt werden würde.

Auch ein politischer Führer, der geringere Erfahrung als Gomułka besaß, hätte über das Risiko eines Beschlusses, der eine große Zahl von Nahrungsmittelpreisen erhöhte, keine Illusionen hegen dürfen. Weil Entwicklungsprozesse einer höher entwickelten Wirtschaft für ihn schwer durchschaubar waren und ihn unsicher machten, beschränkte er sich diesmal nicht auf Erörterungen mit seinen wenigen Vertrauten. Das Politbüro beriet zweimal über die Sache, wie Kociołek in der gleichen Rede ausplauderte, in der er seine Meinung über die Rotation der Kader äußerte. Auch diese Bemerkung ist nur durch die Übertragung von Radio Danzig bekannt, gedruckt worden ist sie nicht. Dem neuen Regime erschien es nicht erwünscht, die Öffentlichkeit darauf aufmerksam zu machen, daß auch unter Gomułka ein derart wichtiges Projekt gründlich in der höchsten Parteiinstanz, also mit Einschluß der Opposition und nicht bloß in der »inoffiziellen Körperschaft«, wie das »Material« den Kreis um Gomułka nennt, erwogen worden ist. Gierek hat sich, wie er den Stettiner Werftarbeitern mit Nachdruck versicherte[6], gegen den Beschluß ausgesprochen, allerdings nicht auf der ZK-Sitzung, sondern er habe die Gelegenheit beim Bergarbeiterfest benutzt, Gomułka vorzustellen, wie gefährlich die Preiserhöhung sei, daß es zu Streiks kommen könne, Unruhen geben werde usw. Gomułkas einzige Antwort sei gewesen: »Gut, und welchen Ausweg seht ihr?« Damals habe er, Gierek, aus dem Politbüro austreten wollen, aber seine Freunde hätten ihm abgeraten, weil ihm sonst der Vorwurf gemacht worden wäre, er habe einen Skandal provozieren wollen.

Die Unterrichtung des Parteivolks, das zumindest Gelegenheit zur Meinungsäußerung haben mußte, war eine reine Formalität, um nicht zu sagen Farce. Ein Brief des Politbüros mit dem Datum von 12. Dezember wurde noch am gleichen Tage den Grundorganisationen der Partei übermittelt und am Nachmittag auf vorsorglich oder eilig einberufenen Parteiversammlungen verlesen. Schon am Abend wurde die Preismeldung von Radio Warschau und am nächsten Tage von der Presse verbreitet. Wie sollten die Parteimitglieder Zeit haben, den Brief zu studieren und diskutieren, der – nach Behauptung von Ołubek auf dem VIII. Plenum – feststellte, daß die Wirtschaft gesund sei, aber dennoch der Bevölkerung schwere Lasten aufbürdete? Sie, von denen man auch noch erwartete, daß sie Propagandisten einer denkbar unpopulären Entscheidung der Parteizentrale wurden, sahen sich in eine unmögliche Lage versetzt. Es steht fest, daß sie gemurrt haben. Kociołek hat, wie er in der erwähnten Danziger Januarrede angibt, selber erlebt, daß der Politbürobrief auf Parteiversammlungen auf Ablehnung stieß. Noch aus den zensierten Diskussionsbeiträgen auf dem VI. ZK-Plenum, das kurz darauf stattfand, ist erkennbar, mit welcher Zurückhaltung und welchen Bedenken der Brief aufgenommen worden ist[7]. In dem »Material« wird der Vorwurf erhoben, daß diese Reaktion von der Parteispitze nicht ernsthaft als Warnung vor dem Ausbruch eines scharfen sozio-ökonomischen Konfliktes betrachtet, sondern von ihr ignoriert worden sei. Aber Gomułka konnte zu diesem Zeitpunkt nicht mehr zurück; er war auch überzeugt davon, mit Widerständen, wie üblich, fertig zu werden. Diese Täuschung über die Realitäten sollte ihm zum Verhängnis werden.

Als am Montag, dem 14. Dezember, das VI. ZK-Plenum zusammentritt, hält Gomułka ein umfangreiches Referat und gibt außerdem einen Bericht über den Vertragsabschluß mit der Bundesrepublik. Aber er sagt kein Wort darüber, daß in Danzig zu dieser Stunde die Werftarbeiter revoltieren. Auch kein anderer Redner berührt die immer aufregender klingenden Nachrichten von der Küste. Die Folge davon ist, daß an diesem Tage zwei Plenarsitzungen stattfinden, wie Maria Milczarek auf dem VIII. Plenum erklärt hat: eine offizielle – langweilige – im Beratungssaal und eine zweite – spannende – in den Wandelgängen. Unter sich erörtern die ZK-Mitglieder die Lage und die möglichen Folgen. Höchstwahrscheinlich sind auch schon Parolen einer Opposition ausgegeben worden, die sich gegen den Parteiführer gesammelt hat oder zu sammeln im Begriff ist. Gomułka selbst übersieht die Sonderkonferenz auf dem Flur, läßt das Plenum die fällige Zustimmungserklärung zur Preispolitik beschließen und wartet ab.

Die Sitzung verlassen Kliszko, Loga-Sowiński und Moczar gemeinsam im sorgenvollen Gedankenaustausch über Danzig. Kliszko, so hat er auf dem VIII. Plenum berichtet, macht Moczar den Vorschlag, mit ihm zusammen sich an den Unruheherd zu begeben. Moczar schützt vor, daß die Parteiarbeit ihm diese Reise nicht erlaube. Bei den verschwörerischen Absichten, die er hatte, war es für ihn ganz unmöglich, mit Kliszko zusammen in Danzig aufzutreten. Vielleicht ahnte auch Kliszko etwas und wollte ihn durch seinen Vorschlag an sich binden. Warschau ist an diesem Abend voll von Gerüchten. Die ZK-Mitglieder verlassen in der Mehrzahl die Stadt nicht.

Die Zeitungen bringen Dienstag (15. Dezember) in der üblichen großen Aufmachung die ZK-Beschlüsse, Gomułkas und Jaszczuks Reden sowie Auszüge aus der Diskussion. Ein Teil des Stoffes kann sogar erst am nächsten Tage untergebracht werden. Die Kommentare sind farblos und linientreu. »Życie Warszawy« deutet vorsichtig an, daß durch die Preiserhöhungen das Realeinkommen einer Durchschnittsfamilie sinken könnte[8]. Nur über das Ereignis, das ihn vor allem beschäftigt, findet der polnische Leser in der Presse kein Wort. Gomułka hält die Nachrichtensperre – Danzig aus verständlichen Gründen ausgenommen – aufrecht. Die Berichte, die ihm über den Fortgang der Kämpfe übermittelt werden, haben ihn zur Disqualifizierung der Unruhen als »Konterrevolution« und Freigabe des Waffengebrauchs bestimmt.

Verteidigungsminister General Jaruzelski erwähnte auf dem VIII. Plenum, daß Gomułka die Entscheidung über den Einsatz von Truppen unter Schußwaffengebrauch in Gegenwart von

Spychalski, Cyrankiewicz und »einigen wenigen anderen Mitgliedern der Führung unserer Partei« gefällt habe. Er sagte nichts darüber, ob Widerspruch laut geworden sei, offenbar war das nicht der Fall. Leider gab Jaruzelski kein Datum an, doch ist aus dem »Material« zu schließen, daß die Beratungen – keine Politbürositzung, wie Gierek betonte – nicht später als Dienstag, den 15. Dezember, stattgefunden haben. Gomułka mag sich vorher mit Kliszko in Danzig verständigt haben. Wer sind die namentlich nicht genannten Teilnehmer? Moczar als der Zuständige für den Sicherheitsdienst in der Parteiführung kommt mit an erster Stelle in Frage. Über diesen wichtigen Punkt fehlt Klarheit, die von den Autoren des »Materials« wohl mit Rücksicht auf die im Dezember gebildete Koalition von Gierek bis Moczar zu schaffen unterlassen wurde.

Da dem Ausland die Vorgänge längst bekannt sind und das überall gut hörbare Radio Free Europe die polnische Bevölkerung laufend informiert, entschließt sich die Parteiführung am 16. Dezember, eine eigene Darstellung veröffentlichen zu lassen. Um 16.00 Uhr wird durch Verlesen einer PAP-Meldung im Warschauer Sender zum erstenmal das ganze Land unterrichtet. Abends bringt das Fernsehen die gleiche Nachricht und zeigt kurz Bilder, auf denen öffentliche Gebäude in Flammen, brennende Autos und Feuerwehrleute zu sehen sind, die der Verwüstung Herr zu werden suchen. PAP behauptet, die Lage in der Danziger Werft sei von »randalierenden und Rowdyelementen« ausgenutzt worden, die »nichts mit der Arbeiterklasse gemein« hätten. Die Behörden würden mit ganzer Härte auf die Störung der Ordnung und »alle antistaatlichen Maßnahmen« reagieren[9].

An diesem Tage weilt Gierek auf einer Kreisparteikonferenz in Sosnowiec und nimmt an einer Technikertagung in Kattowitz teil[10], womit er sein Fernsein von Warschau ostentativ bekundet. Die Opposition gegen Gomułka ist in voller Tätigkeit. Von Mittwoch ab, so hat Cyrankiewicz sich auf dem VIII. Plenum ausgedrückt, werden »Schritte unternommen, um eine politisch-ökonomische Lösung der wachsenden und ganz Polen zu erfassen drohenden Krise, eigentlich Katastrophe, zu erreichen«. Praktisch kann dies nur bedeuten, daß Fraktionen, die zum Teil schon seit Jahren in der Stille bestehen, sich zum Sturze des

Parteiführers zusammenschließen. Die Unruhen führen zum Ausbruch eines seit langem gärenden politischen Konfliktes, der, wie es in der Parteisprache heißt, aus »wachsenden inneren Widersprüchen« entstanden ist. Die geistige, politische und wirtschaftliche Stagnation Polens, das einmal unter den Ostblockländern einen avantgardistischen Ruf besessen hatte, wurde zum Dauerzustand. Sein Lebensstandard hob sich weniger als bei den sozialistischen Nachbarn. In der technischen Revolution, die das Antlitz der Welt veränderte, blieb es bedenklich im Rückstand. Nach Meinung von Gierek ist die gesellschaftliche Spannung bedeutend größer gewesen, als viele empfunden[11], besser gesagt, gewußt haben. Nach seiner Darstellung hat seit Mitte der sechziger Jahre sich immer deutlicher eine Krise in der Führung von Partei und Staat abgezeichnet. Die Unzufriedenheit mit der Wirtschafts- und Sozialpolitik der Parteiführung sei gewachsen, eine Vertrauenskrise entstanden. Die Parteimitglieder, die sich kritisch verhielten, seien als Malkontente behandelt worden. Mehr sagte Gierek nicht. Auch das »Material« gibt kaum mehr Aufschluß. In ihm werden die Entwertung von Politbüro und Zentralkomitee, denen jedes Gewicht genommen worden sei, und die Erweiterung der Kluft zwischen der Opposition (im »Material« »Parteiaktiv« genannt) auf der einen und der engeren Parteiführung auf der anderen Seite geschildert. Wir erfahren, daß wertvolle Parteimitglieder zwischen der Respektierung der Parteidisziplin und ihrer inneren Überzeugung von der Falschheit der Führungsentscheidungen hin und her gerissen worden seien. Wer zum ZK gehörte, habe allmählich eine fatalistische Haltung eingenommen, habe gefürchtet, des Fraktionismus beschuldigt zu werden. Auch die Cyrankiewicz-Rede auf dem VIII. Plenum ist bei Betrachtung der Vergangenheit auf einen Ton der Resignation gestimmt.

Auf der gleichen Sitzung spricht Ruminski darüber, daß im November 1969 anläßlich der ZK-Beratung Unterhaltungen über Veränderungen gepflogen worden seien. »Viele gaben sich damals Rechenschaft, daß nicht nur Gomułka, sondern auch ein Teil der leitenden Equipe des Politbüros zurücktreten müsse.« Nur seien diese Genossen zu offenem Handeln nicht in der Lage und durch innere Streitigkeiten gehemmt gewesen. Er nennt keine Namen. Cyrankiewicz bestätigt die politische Gruppenbildung. Sachlich gut begründete Kritik kommt aus den Reihen der Wirtschaftler und Techniker, deren Kopf Gierek ist. Auch Partisanenkreise, die nationale Motive in den Vordergrund rücken und in dem Mangel an Macht und Bewegungsfreiheit für Polen die Ursache allen Übels zu sehen geneigt sind, regen sich. Ihr Zentrum besitzen sie im ZBoWiD (polnische Abkürzung für »Verband der Kämpfer für Freiheit und Demokratie«) unter Führung des Generals Mieczysław Moczar. Dazwischen pendeln alte Stalinisten wie Zenon Nowak und Rumiński. Die Gruppen konkurrieren in dem Ringen um die Macht, die sie entweder durch Herabdrückung Gomułkas zu einer reinen Repräsentationsfigur oder seine völlige Ausschaltung aus der Politik zu erreichen gedenken. Zeitweise gehen »Technokraten« und »Partisanen« ein taktisches Bündnis ein, zum erstenmal 1968, dem antisemitischen Kampfjahr, das Gomułka schwer in Bedrängnis bringt. Anläßlich der Unruhen im Dezember 1970 wiederholte sich dieses Spiel, das diesmal zum Erfolg führen sollte.

Die Zusammenarbeit zwischen Gierek und Moczar, die in diesen Stunden bestanden haben muß, ist insofern erstaunlich, als das Verhältnis der beiden von Mißtrauen und unverhohlener Abneigung gekennzeichnet ist. Ewa Wacowska berichtet, auf dem IV. Parteitag im Juni 1964 habe sich Gierek der Absicht Moczars, Politbürokandidat zu werden, widersetzt. Ende 1964 sei ein Projekt der Reorganisation des Innenministeriums, das Moczar, damals Vizeminister und Leiter des Sicherheitsdienstes, die formelle Kontrolle über die Partei verschafft hätte, schon von Gomułka angenommen worden, aber auf so heftigen Protest von Gierek als einzigem Politbüromitglied gestoßen, daß der Parteiführer es wieder fallengelassen habe. Auch die von den Partisanen 1968 inszenierte Säuberungsaktion gegen die des Revisionismus verdächtige Intelligenz, namentlich wenn sie jüdischer Herkunft war, habe Gierek in der Kattowitzer Wojewodschaft nicht zugelassen[12]. Hier ist jedoch eine Einschränkung zu machen. Als die Kampagne mit den Drahtziehern Moczar und Strzelecki im Hintergrund die politischen Leidenschaften in die Höhe trieb, trat zur allgemeinen Überraschung Gierek als erster Angehöriger der höchsten Parteiführung mit einer im Partisanenjargon gehaltenen Rede hervor. Es mag sein, daß er von den Reformen eine Erschütterung des Wirtschaftslebens befürchtete und angesichts einer kraftlosen Parteiführung in den Partisanen in dem Augenblick den einzigen Motor im politischen Leben des Landes sah. Verhielt er sich passiv, konnten sie auch seine Stellung bedrohen, daher nahm er ihnen die Argumente weg. Auch kann Gierek vorausgesehen haben, daß eines Tages ein Mann wie Moczar als Komplice bei einer Verschwörung nicht zu entbehren sein würde. Im Dezember 1970 wurde die Probe aufs Exempel gemacht.

Die offiziellen Quellen lassen uns über die Phase der Vorbereitung der Entthronung Gomułkas so gut wie völlig im Stich. Auch das Sonderheft der »Nowe Drogi« hat die versprochene Aufklärung nicht gebracht. Es bleibt nur übrig, aus Indizien, einem ärztlichen Bulletin, den Personalveränderungen und dem Verhalten der wichtigsten beteiligten Persönlichkeiten bestimmte Schlüsse zu ziehen. Hätte die Opposition die Möglichkeit gehabt, im entscheidenden Augenblick »Kommandohöhen« zu besetzen? Dies kann nicht ausgeschlossen werden. Über seinen Vertrauensmann Babiuch, den stellvertretenden Leiter der Organisationsabteilung des ZK, konnte Gierek den Parteiorganisationen Informationen und notfalls Weisungen übermitteln. Für den Sicherheitsdienst bildete Moczar eine beinahe sichere Garantie. Die Frage war nur, wie die Armee sich verhalten würde. In ihr herrschte Mißstimmung, weil sie zur Verteidigung einer falschen Wirtschaftspolitik gegen Arbeiter hatte antreten müssen. Es ist unbekannt, ob Gomułka überhaupt den Versuch unternommen hat, Soldaten zu Polizeidiensten gegen die Parteiopposition zu benutzen; falls ja, so hat er damit keinen Erfolg gehabt. Die blutigen Zusammenstöße in Posen hatten seinerzeit zu ausgedehnten Diskussionen unter Offizieren und Mannschaften geführt und dazu beigetragen, daß auch auf sie die Gärung der Bevölkerung übergriff, wie ein Armeeoberst in einer Diskussion bekannte, die von der Wochenzeitung »Nowa Kultura« anläßlich des ersten Jahrestages des Oktober 1956 veranstaltet wurde[13]. Der Amerika-Pole Zbigniew Brzezinski berichtet in seinem Buch »Der Sowjetblock«: »Bei einem Besuch Polens ein Jahr nach den Posener Ereignissen konnte der Verfasser feststellen, wie sehr sich die Militärs schämten, daß sie sich gegen ihre eigenen Arbeiter und Landsleute hatten gebrauchen lassen[14].« War die moralische Lage der Streitkräfte im Dezember 1970 nicht genau die gleiche wie 1956? Hatten sie ihre Beteiligung am Einmarsch in die Tschechoslowakei im August 1968 etwa als ehrenvoll empfunden? Was sollten sie von einem Regime denken, das bisher nur moralisch dubiose Gelegenheiten zur Truppenverwendung gefunden hatte? Das Unbehagen in der Armee war hinter einem Artikel in dem Militärorgan »Żołnierz Wolności« deutlich zu spüren, der im Zusammenhang mit dem »Drama der Dezember-Vorfälle« von »ungewöhnlich schwierigen Pflichten« sprach, mit denen der Soldat belastet sei, und für die Beweggründe der aufständischen Arbeiter verständnisvolle Worte fand[15]. Gereizt aber reagierte die Zeitung auf Barbara Seidlers Danzig-Reportage in »Życie Literackie«, obwohl von ihr die Truppe gar nicht angegriffen worden war. Ein Brief von Offizieren und Fähnrichen der Danziger Garnison, den das Blatt veröffentlichte, beanstandete, daß die Autorin die Gefühle der Soldaten, ihre Zurückhaltung und ihr Klassenbewußtsein nicht geschildert hätte[16]. Die Polemik war ein Zeichen dafür, wie tief die Armee aufgewühlt war, daher ihre Empfindlichkeit, und wie genau die politische Führung sich überlegen mußte, an sie weitere Zumutungen im Falle von neuen inneren Auseinandersetzungen zu stellen.

Politisch bleibt Gomułka auch am Donnerstag (17. Dezember) bei seinem alten Kurs; er verschärft ihn sogar noch. In der »Trybuna Ludu« wird an diesem Morgen mitgeteilt, daß neben »Banden zügelloser Krawallmacher« auch »ein Teil« der Belegschaft der Danziger Werft »unverantwortlichen Appellen« gefolgt und auf die Straße gegangen sei. Diese Behauptung ist dominierend in der Darstellung. Nur nebenbei erfährt der Leser, daß zur Verschärfung der Atmosphäre die »Inspiratoren« die Tatsache der »Veränderung der Detailpreise« benutzt hätten. Das Argument »Konterrevolution« wird nicht gebraucht. Es hätte die Öffentlichkeit allzusehr an die Tschechoslowakei erinnert und die Bedeutung der Unruhen noch unterstrichen.

Unter dem Eindruck der Nachrichten aus dem zweiten Unruheherd Stettin tut die Regierung – natürlich auf Veranlassung der Parteiführung – einen Schritt, der in der Geschichte Nachkriegspolens einmalig ist: Sie verhängt im Wege einer um 19.30 Uhr verkündeten »Resolution« den Ausnahmezustand.

Moczar soll schon im März 1968 während einer Reise Gomułkas nach Bulgarien geplant haben, Studentendemonstrationen zum Anlaß für die Ausrufung des Ausnahmezustandes zu nehmen[17]. Das Gerücht genügte jedoch, um die Studenten zu veranlassen, sich ruhig zu verhalten und damit den Plan zu durchkreuzen. Jetzt, als die Arbeiter aufbegehren, befindet sich Moczar im Lager der Opponenten gegen den Parteiführer, was nicht ausschließt, daß er es für fuchsschlau gehalten haben mag, ihm seine alte Idee zu suggerieren. Wie auch immer der Beschluß zustande gekommen ist, die polnische Bevölkerung, die nicht die Praxis anderer Ostblockstaaten gewohnt ist, wichtige Entscheidungen einfach durch Dekrete vorgesetzt zu bekommen, hört und liest von einer in drei Paragraphen gegliederten Ministerratsresolution. Danach werden scharfe Bestimmungen zur Wiederherstellung der öffentlichen Ruhe und Ordnung erlassen. Polizei, Sicherheitsdienst und »andere mit ihnen zusammen tätige Organe« (deutlicher wollte man die Heranziehung des Militärs nicht ausdrücken) erhalten laut § 2 die Verpflichtung, »alle rechtlich zulässigen Zwangsmittel, einschließlich Waffengebrauch« gegen gewalttätige Anschläge anzuwenden[18]. Die Bewohner von Danzig und Stettin erfuhren damit keine Neuigkeit, aber für den Fall des Übergreifens der Rebellion auf andere Orte war Vorsorge geschaffen. Die politische Führung zeigte vor aller Welt, für wie ernst sie die Lage hielt. Nach Angabe von Gierek vor den Stettiner Werftarbeitern haben führende Partei- und Regierungsmitglieder von der Verhängung des Ausnahmezustandes erst aus den Zeitungen Kenntnis erhalten. Er schäme sich, so etwas zu sagen, aber leider sei es so gewesen[19].

Um 20.00 Uhr tritt Cyrankiewicz vor das Mikrophon. Auf dem VIII. Plenum hat er angegeben, er habe die Anweisung erhalten – eine das Verhältnis von Regierung und Partei illustrierende Bemerkung –, eine Fernsehrede mit bestimmten Thesen zu halten. Nach Bestätigung des von ihm entworfenen Textes habe er gesprochen. Die Bevölkerung hört wieder etwas von »anarchistischen, rowdyhaften und kriminellen Elementen« auf der einen und »Feinden des Sozialismus« sowie »Feinden Polens« auf der anderen Seite. In ähnlicher Weise hatte Cyrankiewicz sich schon über den Posener Juni-Aufstand 1956 geäußert, als noch kein Gomułka ihm im Nacken saß. Immerhin gibt er zu, daß es Probleme für die Arbeiter gebe, die Gegenstand einer sachlichen Diskussion sein könnten, jedoch in einer Atmosphäre der Ruhe. Wie zur Entschuldigung des Schießbefehls beruft er sich auf das »höhere Staatsinteresse« und die außenpolitische Gefährdung. Cyrankiewicz windet sich, weil er weiß, was gespielt wird. Am Donnerstag und Freitag, hat er später vor dem ZK gesagt, sei bei vielen Genossen das Bewußtsein der dringlichen Notwendigkeit einer sofortigen politisch-ökonomischen Lösung der Krise gereift.

Freitag (18. Dezember) ist den Zeitungen nichts wesentlich Neues über die innere Lage zu entnehmen, nur daß die Parteiorganisation eines Schwefelkombinats, vor der Kruczek sprach, in einem Brief an Gomułka ihre »volle Zustimmung« zu dem (der Öffentlichkeit nicht bekannten) Politbürobrief vom 12. Dezember ausdrückte und sich zum VI. Plenum bekannte. Das Fehlen von wie auch immer gehaltenen Meldungen über Danzig und Stettin ist verdächtig. An diesem Tage muß Gomułka sich in seinem Handeln schon gehemmt gefühlt haben. Bernard Margueritte, der Warschauer Korrespondent der seriösen Pariser »Le Monde«, will wissen, daß am Freitag früh Gomułka eine schriftliche Absage aus Moskau erhielt, die der Nagel zu seinem Sarge geworden sei[20].

Gierek hat in Stettin eine etwas andere Darstellung gegeben. Als die Spannung in Polen ungeheuer stark gewesen sei, habe Breschnew Gomułka angerufen und ihm gesagt: »Bei euch sind Konflikte, löst sie auf politischem Wege und auf dem Wege der Überredung.« Damals habe man noch nicht die Überzeugung gehabt, daß das sowjetische Politbüro dem polnischen einen offiziellen Brief geschickt habe. Diesen Brief habe er, Gierek, einige Tage nach dem VII. Plenum, also nach dem Gomułka-Sturz, erhalten. Darin sprächen die sowjetischen Genossen davon, daß sie die Sache »nicht auf einem Wege – sagen wir – anders als nur politisch, nur wirtschaftlich usw. lösen wollten[21]«. Der Kreml, der Voraussetzungen für eine europäische Sicherheitskonferenz schaffen und mit den Amerikanern ins Gespräch kommen wollte, hätte mit der Wiederholung einer Intervention wie 1968 in der Tschechoslowakei seine gesamte Außenpolitik gefährdet und den Chinesen propagandistisch Oberwasser gegeben. Es hätten schon seine eigenen unmittelbaren Interessen verletzt sein müssen, wenn er zur Erhaltung der Stellung des polnischen Parteiführers sich zum Einschreiten entschloß. Die polnischen Vorgänge hatten nicht die gleichen Merkmale, die er in der Tschechoslowakei entdeckt zu haben glaubte.

Auch der für ihn niederschmetternde Bescheid aus Moskau, in dem von »Nichteinmischung« die Rede ist, läßt in Gomułka nicht den Gedanken an einen freiwilligen Rücktritt aufkommen. Bei seiner mit einer Geschichtskonzeption untermauerten Einstellung zu den Ereignissen an der Küste fühlt er die Mission in sich, zur Rettung Polens das Letzte zu tun, nämlich die Aufrührer zusammenzuschießen. Zwar leidet er nach einer späteren ärztlichen Feststellung schon »seit einigen Wochen« an Kreislaufstörungen, die ihn aber nicht gehindert hatten, am Montag (14. Dezember) die ZK-Sitzung zu leiten und teilweise als Redner selber zu bestreiten. In den folgenden Tagen muß er gespürt haben, daß die Machtinstrumente ihm aus der Hand zu gleiten begannen und die Frondeure zum Schlag gegen ihn ausholten. Schon am Freitagnachmittag, so berichtet der Warschauer FAZ-Korrespondent Bernhard Heimrich, habe es in der polnischen Hauptstadt Leute gegeben, »nicht direkt Angehörige der Parteiführung«, die eine vollständige Liste aller Umbesetzungen gehabt hätten[22].

Angesichts der Lücke in der offiziellen Berichterstattung ist es nicht möglich, die entscheidende Runde der Machtauseinandersetzung exakt nachzuzeichnen. Nach Gierek hat Gomułka das Politbüro »unter dem Druck seiner Mitglieder« (es kann sich nur um die oppositionellen Mitglieder gehandelt haben, von denen in dem Augenblick nicht einmal sicher ist, ob sie die Mehrheit bildeten) für Sonnabend (19.) einberufen. Wann faßte er den Entschluß? Die den Partisanen nahestehende Wochenzeitung »Perspektiwy«[23] behauptet, die Einberufung habe erst am sechsten Unruhetag (also Sonnabend) erfolgen können, da sich »Gomułka und seine engsten Mitarbeiter ... bis zur letzten Minute dagegen gewehrt hätten«. Angesichts der Vorgänge, die sich am Sonnabendmorgen im Hause Gomułkas ereignen, bleibt es mangels anderer Angaben der Phantasie überlassen, sich vorzustellen, wie stark der auf ihn ausgeübte »Druck« war und welche Formen er angenommen hat.

Auf jeden Fall ist der Endkampf hart, über den die Öffentlichkeit auch heute noch in Unklarheit gehalten wird. In der »Trybuna Ludu« taucht am Sonnabend Gomułkas Name nicht auf. Die Nachrichten aus Danzig lauten beruhigend im Sinne einer Wiederkehr von Ruhe und Ordnung. Der Leitartikel beruft sich auf die Donnerstag-Ansprache von Cyrankiewicz und betont, daß über augenblicklichen Gefühlen und Emotionen die Staatsräson stehe. Probleme, sogar Konflikte, die sich aus der neuen Etappe der Entwicklung der sozialistischen Wirtschaft ergäben, werde man diskutieren, aber übergeordnet blieben die Fragen von Staat und Volk. Es gehe um den Platz und die Rolle Polens in Europa. An drei Stellen wird unterstrichen, daß das Land, gestützt auf das Fundament des Bündnisses mit der Sowjetunion, ein starkes und wichtiges Glied der sozialistischen Gesellschaft sei und bleibe. Der Leser muß den Eindruck gewinnen, daß jeder Verdacht, aus Polen könne eine »zweite Tschechoslowakei« werden, zerstreut werden soll. Die nach innen versöhnliche Haltung kann von ihm dahin gedeutet werden, daß eine Kursänderung zu erwarten ist.

Von dem wichtigen Ereignis in den Morgenstunden erfährt die Öffentlichkeit vorerst nichts. Im Hause Gomułkas hat die Anordnung zur Einberufung des Politbüros noch eine bemerkenswerte Begleiterscheinung: Der Parteiführer wird krank, d. h. sein Zustand verschlimmert sich. Erhöhter Blutdruck, Kreislaufstörungen und vorübergehende Beeinträchtigung der Sehkraft werden von drei Ärzten festgestellt und Krankenhausbehandlung verordnet, »in die sich der Patient begab[24]«. Die Folge davon ist, daß das sofort zusammentretende Politbüro ohne ihn tagt. Die Krankheitssymptome erscheinen bei seinem Alter angesichts der Aufregungen der letzten Tage und Stunden nicht allzu überraschend. Am folgenden Tage bestätigt ein sechsköpfiges Ärzteteam die erste Diagnose und ordnet Fortsetzung der Krankenhausbehandlung an, die »längere Zeit« in Anspruch nehmen werde[25]. Auch diese Diagnose hat politische Folgen. Für das Zentralkomitee, dessen Sitzung der des Politbüros auf dem Fuße folgt, ist klar, daß mit Gomułka auf unbestimmte Zeit nicht mehr zu rechnen ist. Das »Material« macht keinen Hehl daraus, daß die Krankheit nur der Anlaß für das politische Ausscheiden war. Es schließt an die Erwähnung von

Gomułkas Krankwerden am Morgen des 19. Dezember den Satz an: »Es war jedoch nicht diese Krankheit, sondern die dringlichste politische Notwendigkeit, die zu den auf dem VII. ZK-Plenum der PUWP erreichten Entscheidungen trieb.«

Nicht weniger als sieben Stunden hat das Politbüro am Sonnabend beraten, eine Angabe, die wir Cyrankiewicz verdanken. Der Gomułka-Gruppe, bestehend aus Kliszko, Loga-Sowiński und dem Wirtschaftspolitiker Jaszczuk, fehlt der Kopf. Als Verteidiger einer Politik, die das Land an den Rand des Ruins gebracht hat, ist sie von vornherein in einer schlechten Position. Von dem schwachen Spychalski war wenig Unterstützung zu erwarten. Aber Strzelecki, nicht engster Vertrauter Gomułkas, jedoch keineswegs Gierek verbunden, leistet hartnäckigen Widerstand. Er ist eine machtbewußte und energiegeladene Persönlichkeit, die 1968 neben Moczar die treibende Kraft gewesen ist. Diesmal befindet er sich nicht im Einklang mit dem Partisanengeneral, der ihn in sein Komplott mit Gierek nicht eingeweiht hat. Als Repräsentanten eines harten Kurses besitzen der Apparatschik Strzelecki und der Nationalist Moczar wohl Verwandtschaft, jedoch sind sie in ihrem Machtstreben auch Rivalen. Gierek hat kein Interesse daran gehabt, seine sowieso schwierige Koalition mit Moczar durch Hinzuziehung Strzeleckis noch mehr zu belasten. Dieser begreift, daß er übergangen worden ist, damit ihm das gleiche Schicksal wie Gomułka bereitet werden kann. Sein Kampfgeist dürfte vornehmlich die Länge der Politbürositzung verschuldet haben. Jędrychowski kann geschwankt haben, wem er sich anschließen soll, weil er durch einen Führungswechsel Schwierigkeiten mit den Sowjets befürchtet. Cyrankiewicz, der schon durch alle Klippen der Bierut-Ära hindurchgesteuert ist und unter Gomułka gleiches Geschick entfaltete, besitzt eine gute Witterung dafür, wo die stärksten Bataillone stehen. Er hat schon mit den Frondeuren Fühlung aufgenommen und schwenkt um. Deswegen wird er einen Ersatz für den Ministerpräsidentenposten bekommen. In gleicher Weise verhält sich Kruczek, obwohl er sich noch zwei Tage vorher für die Preisbeschlüsse und Gomułka eingesetzt hat. Auch er wird sich seines Politbürositzes weiter erfreuen dürfen und sogar eine neue Aufgabe erhalten. Kociołek und Tejchma haben schon seit einiger Zeit Neigungen für eine Abkehr von Gomułka gezeigt. Die aktivste Unterstützung erfährt Gierek von den Politbürokandidaten Moczar, Szydlak und Jaroszewicz, die sämtlich hinterher aufrücken. Zu Anfang der langen Sitzung, die zuerst von Cyrankiewicz geleitet wird, ist noch keine eindeutige Überlegenheit der Gruppe Gierek-Moczar vorhanden. Es ist zweifelhaft, ob ihr das Spiel in Gegenwart Gomułkas geglückt wäre.

Cyrankiewicz hat einige Bemerkungen über den Verlauf der Beratungen gemacht. Danach ist es höchst schwierig gewesen, den Entschluß zu Veränderungen, d. h. zur Ablösung Gomułkas durch Gierek, zu finden. (Ein Konkurrent für Gierek steht überhaupt nicht zur Debatte.) Lange kann keine Übereinstimmung über die sofortige Einberufung des ZK-Plenums erzielt werden. Die Befürworter machen geltend, daß der morgige Sonntag schon der letzte Augenblick, daß es fünf Minuten vor zwölf sei. Ein Antrag auf Abstimmung stößt auf den formellen Einwand, daß im Politbüro nicht abgestimmt werde. Trotzdem wird festgestellt, daß die Einberufung mit einer Gegenstimme beschlossen ist. Strzelecki ruft dazwischen: »Wozu Plenum? Welches Plenum? Warum Plenum? Was geschieht hier? Warum so eilig?« Die Abstimmung kommt einer Vorentscheidung gleich. Jetzt geht es um die Frage, wie Gomułka bei seiner bekannten Halsstarrigkeit zu einem Rücktritt zu bewegen ist. Man einigt sich darauf, eine Delegation zu ihm zu schicken, die mit Rücksicht auf seinen gesundheitlichen Zustand möglichst schonend vorgehen soll. Zuerst wird als einer der Abgesandten Gierek vorgeschlagen, der jedoch erklärt, er halte es für richtig, daß er in dieser Angelegenheit nicht vorstellig werde. Er hätte wohl auch die geringsten Aussichten besessen, Gomułkas Einwilligung zu gewinnen. Cyrankiewicz und Kliszko werden zu der Mission ausersehen. Die beiden kehren zurück mit der Mitteilung, daß der offenbar verhandlungsfähige Gomułka mündlich auf seine Funktionen verzichtet habe. Es ist im höchsten Grade erstaunlich, daß man sich bei einem politischen Akt von dieser Bedeutung mit einer mündlichen, nicht einmal vor einer offiziellen Körperschaft, Politbüro oder Zentralkomitee abgegebenen Äußerung zufriedengegeben hat. Mag die Form der Resignation auch durch die augenblicklichen Umstände erklärt werden, so hätte sie doch schriftlich nachgeholt werden müssen. Davon ist jedoch nie die Rede gewesen, daher bleibt ein Zweifel, ob sie definitiv oder eingeschränkt und an Bedingungen geknüpft gewesen ist. Bezeichnend ist auch, daß der ganze Vorgang überhaupt nur dadurch bekannt wird, daß ihn Strzelecki auf dem VIII. Plenum bei Abgabe einer Erklärung erwähnt, die in dem »Nowe-Drogi«-Sonderheft abgedruckt ist.

Es gibt keine Sitzung des Zentralkomitees, über die so viel Dunkelheit herrscht wie über das VII. Plenum, das wahrscheinlich schon in der Nacht vom Sonnabend zum Sonntag zusammentritt und dessen Ergebnis Radio Warschau am 20. Dezember, 19.45 Uhr, verkündet. Die Öffentlichkeit erfährt, daß das ZK den Verzicht Gomułkas »im Zusammenhang mit seiner schweren Krankheit« auf sein Amt als 1. Sekretär des ZK und Politbüromitglied angenommen und Edward Gierek zu seinem Nachfolger berufen habe. Auch einige Umbesetzungen im Politbüro und ZK-Sekretariat werden bekanntgegeben. Dem abtretenden Parteiführer werden unrein klingende »beste Wünsche« zur raschen Wiederherstellung seiner Gesundheit übermittelt. In einer Fernsehansprache erwähnt Gierek »eiserne Regeln«, wie Konsultation mit der Arbeiterklasse und Intelligenz, Respektierung der Grundsätze der Kollegialität und Demokratie im Leben der Partei und Handeln der Führung. An diese Wahrheiten hätten die jüngsten Ereignisse schmerzlich erinnert. Er übt auch sonst Kritik an der Vergangenheit, in der es »nicht durchdachte Konzeptionen in der Wirtschaftspolitik« gegeben habe. Er sucht zu beschwichtigen und alle Schichten der Bevölkerung zu gewinnen: Es gäbe Fragen, die das ganze Volk berührten, Parteiangehörige und Parteilose, Gläubige und Ungläubige, für jeden Bürger sei bei ihrer Realisierung Platz[26]. Damit hört die Unterrichtung über das neue Regime vorerst auf. Keine Rede auf dem VII. Plenum ist veröffentlicht worden. Aus Randbemerkungen auf dem VIII. Plenum wissen wir lediglich, daß Jaszczuk selber auf der Dezember-Sitzung für sein Ausscheiden aus dem Politbüro und Parteisekretariat gestimmt und Cyrankiewicz gemeint hat, daß Polen Anführer, aber keine Führer brauche. Das Zentralkomitee stand vor vollzogenen Tatsachen, die es lediglich zu legalisieren hatte. Gierek hat im März 1971 vor Parteifunktionären der Streitkräfte in Breslau bekannt, heute könne man sagen, daß Polen in einer ungewöhnlich schwierigen Situation die Krise mit eigenen Kräften zu lösen vermocht habe. Seine Position im Rahmen des Warschauer Paktes sei nicht einen Augenblick erschüttert gewesen[27]. Hinter diesen Worten ist die Erleichterung darüber zu spüren und sollte auch zu spüren sein, daß dem Lande das Schicksal der Tschechoslowakei erspart blieb. Ein halbes Jahr später sprach er vor Journalisten davon, daß Land und Volk »am Rande des Bürgerkrieges gestanden hätten[28]«.

Eine 14jährige Ära war vorüber, die mit großen Hoffnungen begonnen und großen Enttäuschungen geendet hatte. Aus den öffentlichen Gebäuden und Schulen verschwanden die Gomułka-Bilder, die nicht durch Porträts seines Nachfolgers ersetzt wurden. Es blieb nur der polnische weiße Adler, der »das Teuerste symbolisiert, was wir haben[29]«. Władysław Gomułka war ein orthodoxer Kommunist, jedoch kein Stalinist. Wegen der Verfolgung, die er erdulden mußte, schien er im Oktober 1956 die geeignete Persönlichkeit zu sein, die von der Partei dem Volke präsentiert werden konnte. Der Altstalinist Rumiński hat auf der ZK-Sitzung im Februar 1971 ausgesprochen, daß es ein Fehler gewesen sei, den wegen Abweichungen verstoßenen Gomułka als Parteiführer zurückzuholen. Von einem engen Parteistandpunkt aus entbehrt eine solche Feststellung nicht der Berechtigung, nur wird dabei außer acht gelassen, daß der Partei gar keine andere Wahl blieb. Sie stand 1956 der »ersten antibürokratischen Revolution« gegenüber, wie Kuroń und Modzelewski in ihrem »Offenen Brief an die Partei« behauptet haben[30], für den sie 1965 ins Gefängnis gewandert sind. Die Bedrängnis der Partei im Oktober angesichts der Volksbewegung kann kaum überschätzt werden. Die Arbeiterschaft, durch Posen aufgerüttelt, schuf Arbeiterräte. Ihr stand die Intelligenz zur Seite, die in einer scharfen Kritik das wirtschaftliche, politische und kulturelle Versagen eines verknöcherten Systems bloßlegte, das sich nur auf die Erstickung der Freiheit zu verstehen schien. Über das Dorf ging ein Sturmwind. Die Bauern gründeten spontan freie Genossenschaften verschiedenster Art nach alter Tradition und lösten die Kollektivbetriebe auf. Der Ruf nach Reformen und nach einem menschlichen Sozialismus ertönte überall. Er fand einen Interpreten von hohem Rang in Leszek Kołakowski, für den die junge Generation schwärmte. Er verlangte ein Weiterdenken im Marxismus und bejahte die pluralistische Philosophie. Diesem Ansturm war die Partei nicht gewachsen. Sie mußte froh sein, mit der Gomułka-Lösung die sowjetische Intervention abzuwenden, die eigene Öffentlichkeit zu beschwichtigen und eine Atempause zu gewinnen. Es stellte sich heraus, daß Gomułka, dem sein Entgegentreten der in Warschau unter Führung Chruschtschows erschienenen Sowjetdelegation Popularität einbrachte, an der Oktoberbewegung selbst nicht den geringsten inneren Anteil hatte. Die Bevölkerung wußte nicht, daß die Abreise der Sowjets, ohne daß Truppen in Bewegung gesetzt wurden, weniger Gomułkas Widerstand als damals noch in Moskau ernsthaft beachteten chinesischen Mahnungen zur Geduld zuzuschreiben war[31].

Gomułka konnte sich schon deswegen nicht lange in der Volksgunst halten, weil er viel zu pedantisch und lehrhaft wirkte. Er hatte nicht das Zeug zum kühn vorwärtsschreitenden Nationalhelden, empfand vielmehr Scheu vor neuen Gedanken, Problemen und Menschen, war mißtrauisch gegen Neuerungen, soweit sie sich nicht auf die Technik beschränkten. Lieber holte er durch den Oktober erledigte Funktionäre zurück, als daß er junge Kräfte heranzog. Als er das Versäumte auf dem Parteitag 1968 nachholte, war es zu spät. Er schuf sich durch die Hineinnahme einiger jüngerer Funktionäre in die Parteiführung keine Gefolgschaft mehr. In seiner Abneigung gegenüber allen Experimenten regierte er Polen ängstlich, haushälterisch wie ein Buchhalter. Sein Mißtrauen gegen die Intelligenz führte dazu, daß er die geistige Freiheit mehr und mehr einschränkte. Der im Oktober 1956 erreichte Zustand war für die Schriftsteller bald nur noch ein schöner Traum. Wer innerhalb des Staats- und Parteiapparates in dem Verdacht stand, ein Liberaler und Reformer zu sein, mußte, auch wenn er 1956 Gomułka in den Sattel geholfen hatte, auf seine Ausschaltung gefaßt sein. Nach jeder politischen Krise verhielt er sich starrer und dogmatischer. Er ist schuld daran, daß in Polen im Gegensatz zu anderen Ostblockländern die Initiative zu Veränderungen nicht von Reformern, sondern von einer »Rechten« ausging, die Moczar, Strzelecki und andere verkörperten. Für Gomułkas Wesensart ist bezeichnend, daß er keinen Kurs konsequent bis zu Ende verfolgte, sondern in Halbheiten steckenblieb. Er suchte sich durch ein kunstvolles Gleichgewicht der Kräfte, durch Ausspielen einer Gruppe gegen die andere, an der Macht zu halten. Nachdem er aber 1968 die letzten Liberalen aus der Parteiführung entfernt hatte, hörte dieses System auf zu funktionieren. Der neuen Belastungsprobe im Dezember 1970 hielt es nicht mehr stand.

Wie sahen seine Mitarbeiter den Mann, dessen Name in der Welt anderthalb Jahrzehnte Polen verkörperte? In dem »Material« wird ihm nachgesagt, daß er ein Autokrat war, alles in seiner Hand konzentrierte und despotische Regierungsmethoden anwandte. Es habe praktisch keine Möglichkeit zu Diskussionen mit ihm gegeben. Das gleiche hat Gierek in Stettin behauptet. Jede kritische Bemerkung an seine Adresse habe bei ihm Äußerungen hervorgerufen wie: »Ihr kennt das nicht, ich weiß es besser!« Auch Cyrankiewicz, Olszowski und andere haben über gleiche Erfahrungen berichtet. Auf dem VIII. Plenum erwähnte Cyrankiewicz die psychische Verfassung von Gomułka, der von einer exotischen Empfindlichkeit besessen gewesen sei und oft das Gleichgewicht verloren habe. Er sei von seiner Unfehlbarkeit durchdrungen gewesen, habe bedingungslose Unterordnung verlangt und infolgedessen eine Paralyse der Kollegialität hervorgerufen. Wer unter ihm die Situation offen dargestellt habe, habe sich in der Lage von Rejtan befunden, einer Heldengestalt der polnischen Geschichte, weil er sich auf dem Warschauer Sejm 1773 hartnäckig der Zustimmung zur Teilung Polens widersetzte, dem Wahnsinn verfiel und 1780 durch Selbstmord endete. Nach Olszowski hat Gomułka auch den Rat von Experten verworfen[32] und nach dem »Material« seine Entscheidungen auf keine seriösen wissenschaftlichen Analysen gestützt. Allerdings paßt es nicht ganz in dieses Bild, wenn der Bergarbeiter Kaminczak in einer auf dem VIII. Plenum zu Protokoll gegebenen Rede von ZK-Sitzungen den Eindruck wissenschaftlicher Symposien mit vielen Ziffern gewonnen hat. Es hätten für ihn schwer verständliche Wissenschaftler gesprochen. Sogar Geistesarbeiter, Ingenieure und Techniker hätten Sinn und Zweck der Beschlüsse nicht begreifen können. Offenbar lag es an der Auswahl der Fachleute, die nur die Meinung des Parteiführers bestätigen konnten. Władysław Machejek meint, daß unter Politikern und Volkswirtschaftlern ein »pseudofortschrittliches Denken« existiert habe[33], was nicht hinderte, daß den von oben verkündeten Ansichten und Entscheidungen der Anschein gegeben wurde, sie seien auf die »angebliche Unfehlbarkeit und Allwissenheit der Führung« gegründet[34]. Daher konnten denn auch erwachsene Menschen »als Vorschüler« behandelt[35] und nicht nach ihren Fähigkeiten, sondern nach ihrem »Gehorsam gegenüber der Obrigkeit« beurteilt[36] werden. Der demokratische Zentralismus wurde hauptsächlich als ein Warten auf Direktiven verstanden[37]. Die Folge davon war, daß sich eine Mentalität breitmachte, in der nach Jerzy Wojcik Konformismus und Feigheit gediehen, aber auch »gewöhnliche Faulheit und Dummheit[38]«. Man wird an Stefan Kisielewskis Ausspruch von der »Diktatur der Dummheit« erinnert, der 1968 Gomułka und den ganzen politischen Führungsstab in hohe Erregung versetzt hatte. War das überhaupt eine Diktatur des Proletariats, die Gomułka errichtet hatte? Auch diese Frage tauchte auf, um dahin beantwortet zu werden, daß es sich um eine Diktatur der Bürokratie gehandelt habe. Man war sich darüber klar, daß die Mentalität dieser Epoche nicht von heute auf morgen verschwinden könne. Eine Lodzer Zeitung betonte, es gehe um die Wiederherstellung des Ranges des Menschen »als dem höchsten Ziele der Wirtschaftstätigkeit[39]«.

Bei dem Bild, das aus der Zusammenfügung vieler kritischer Bemerkungen entstand, ergab sich eigentlich einwandfrei, daß nicht bloß eine einzelne Person, sondern das politische System unter Anklage gestellt wurde. Die Partei sträubte sich, diese Konsequenz zu ziehen, und suchte unter Hinweis auf das angebliche Festhalten des »Parteiaktivs« an der richtigen Generallinie Kontinuität zu wahren. Es wurde nur das Zugeständnis gemacht, daß unter Gomułka gewisse Deformierungen eingetreten seien. Gierek nimmt an, daß irgendwo in der Mitte der sechziger Jahre durch autokratische Tendenzen eine Krise von Partei- und Staatsführung ausgelöst worden ist[40]. Rumiński hat mit Recht in dieses Datum Zweifel gesetzt. Der Mensch Gomułka besaß nie ein anderes Format und hat sich rasch als politischer Führer in die Isolierung begeben. Seine Rede auf dem ZK-Plenum im Juli 1963 z.B. stellt eine Generalabrechnung mit der Partei dar, die zu lasch ist, mit der Jugend, die sich snobistisch gibt und den Westen nachäfft, mit der Wissenschaft, die nicht marxistisch ist, mit den Bischöfen, die reaktionär sind, mit Theater, Film und Kunst, die sich nicht mit dem Polen der Gegenwart beschäftigen und Pessimismus verbreiten, mit der Literatur, die den gleichen Tendenzen huldigt, mit Presse, Rundfunk und Fernsehen, die nach Sensationen haschen, und natürlich mit dem Imperialismus, der sich gerade Polen für seine zersetzende Propaganda ausgesucht hat[41]. Überall sah der Parteichef Feinde des Sozialismus am Werk und spürte Überreste der bourgeoisen Denk- und Lebensweise auf, die endlich ausgerottet werden müßten. Es war die Rede eines Moralpredigers, der das Bewußtsein hat, selber rein zu sein und das allein Richtige zu verkünden. Es fragte sich nur, wer denn in Polen überhaupt noch eine zuverlässige Stütze für ihn war oder sein konnte. Er war vereinsamt, niemand liebte ihn, aber noch erhob sich keine Hand, um seine Herrschaft anzutasten.

Als der Zehnjahrestag der Oktobererhebung herangekommen war, herrschte am 21. Oktober 1966 in dem Hörsaal des Historischen Instituts der Warschauer Universität lebensgefährliches Gedränge. Peter Raina hat die Szene geschildert[42]. Die Studenten standen in dem Saal, der gewöhnlich 100 Personen faßt, auf den Sitzen, Pulten und Fensterbänken, die Füße auf den Schultern ihrer Kommilitonen, den Rücken gegen die Wand. Hunderte waren vor der Tür geblieben. Das Auditorium Maximum hätte vielleicht gerade genug Raum geboten, aber es stand nicht zur Verfügung. Das Thema allein, Gedenken des Oktober 1956, hätte die Studenten nicht gelockt, aber der Redner. Es bedurfte einer Aufforderung des Versammlungsleiters, um einem äußerlich unscheinbaren, mit einem Trenchcoat bekleideten hageren Menschen, in dessen Gesicht die Blässe auffiel, Eingang in den Hörsaal zu verschaffen: Leszek Kołakowski, den die junge Generation als unerbittlichen Kritiker des Stalinismus und kühnen Neuerer des marxistischen Denkens verehrte, der immer wieder durch neue Einsichten überraschte. Jetzt stand er vor einer Versammlung, die mit ihm die Gefühle der Enttäuschung und Erbitterung über die innere Entwicklung teilte. Vor einem Jahrzehnt war in Polen das Verdammungsurteil über den Stalinismus gefällt worden. »Ein neues Polen hatte sich erhoben«, erinnerte Kołakowski, »souverän, frei und liberal. Was haben wir heute zu feiern? Nichts, überhaupt nichts.« Er sprach von einer nicht wirklich gewählten Führung, die eingebildet und überheblich geworden sei. Es gebe keine Opposition. Die Regierung fühle sich nicht der Nation verantwortlich. Es herrsche ein System der Privilegien für einige wenige, die sich über das Gesetz stellten. Die Verfassung werde willkürlich ausgelegt, Versammlungsfreiheit existiere nicht. Die Zensur sei überaus scharf und enge das geistige Leben ein. Die Geisteswissenschaften litten am meisten unter dem Mangel an internationalen Beziehungen, die unterbunden würden. Völlig resigniert klangen die Worte: »Es gibt keine Perspektiven, keine Hoffnung. Der Staat, die Partei und die Gesellschaft werden alle Opfer dieser Stagnation. Es gibt nichts zu feiern.«

In der Kritik, die bei den Dezemberunruhen 1970 und in der in ganz Polen anschließenden Diskussion zum Ausdruck kam, kehren ähnliche Gedanken wieder. Damals aber hatte Kołakowskis trübe Bilanz seinen Ausschluß aus der Partei zur Folge. Er verlor ein Amt nach dem anderen und nach den Studentenunruhen im März 1968 sogar seinen Lehrstuhl. Ende 1968 ist er einem Ruf an eine ausländische Universität gefolgt. Polen entäußerte sich seiner stärksten geistigen Potenz. Gomułka, der froh war, einen nach seiner Meinung nur Verwirrung stiftenden Revisionisten los zu sein, hatte nicht einmal ein Gefühl dafür, daß es ein Verlust war.

Nur um zwei Jahre hat Gomułka die Emigration Kołakowskis politisch überlebt. Er hinterließ seinem Nachfolger eine kranke Wirtschaft, eine tief verletzte Arbeiterschaft, eine dem Regime ablehnend oder gleichgültig gegenüberstehende Intelligenz und Jugend und schließlich eine Partei, die bewiesen hatte, daß sie bei einer Belastungsprobe keine Widerstandskraft besaß. Dennoch wollte Gomułka nicht glauben, daß seine Zeit vorbei war. Gerüchte besagten, daß er mit der Abfassung einer Rechtfertigungsrede beschäftigt sei, die er vor dem ZK halten wolle. Diese Gerüchte waren wohl der Anlaß dafür, daß am 27. Januar 1971 die Kattowitzer »Trybuna Robotnicza« mit einem Artikel herauskam, der ein Scherbengericht über die frühere Parteiführung hielt, und den Tag darauf ein ärztliches Kommuniqué – von der Presse veröffentlicht – die Fortsetzung seiner Krankenhausbehandlung für notwendig erklärte. Einige Tage vor der Februar-Sitzung des ZK suchte ihn Cyrankiewicz im Auftrage von Gierek auf, wie er vor dem VIII. Plenum angegeben hat, wohl um ihn zu einem endgültigen Verzicht auf das politische Leben und eine entsprechende schriftliche Erklärung zu bewegen. Erfolg hat Cyrankiewicz offensichtlich nicht gehabt, denn Gomułka schrieb, da ihm kein Rednerpodium zur Verfügung gestellt wurde, einen Brief an das ZK, der auch auf der Februar-Sitzung verlesen wurde[43], wahrscheinlich nicht ohne Auslassungen. Er enthielt so viel Zündstoff, daß er in das »Nowe-Drogi«-Sonderheft über dieses wichtige Plenum nicht aufgenommen worden ist. Gomułkas Abwesenheit wurde mit Krankheit begründet. Ungeachtet dessen wurde ein Urteil über ihn gefällt. Frühere Verdienste wurden gelten gelassen, ihm aber schwere Fehler vorgehalten, die »schließlich zur offenen politischen Krise und falschen Methoden führten, die im Verlauf dieser Krise angewandt wurden«. Daher sei seine weitere Teilnahme an den Arbeiten des ZK unmöglich geworden. Unter Berücksichtigung seiner Abwesenheit wurde er nicht ausgeschlossen, sondern nur in seinen Rechten als ZK-Mitglied suspendiert[44]. Nach § 14 des ZK-Statuts kann eine Suspendierung unter bestimmten Bedingungen höchstens drei Monate dauern. Sie hätte sich also im Mai 1971 aus Rechtsgründen in einen Ausschluß verwandeln müssen, der jedoch niemals verkündet worden ist.

Gomułka war ein schlechter Verlierer. Erst am 20. Mai 1971 schied er auch aus dem Staatsrat aus. Dies geschah in der Form, daß der Sejm seine Bitte um Abberufung von diesem Amt bewilligte[45]. Noch einmal tauchte sein Name auf, als in der Fernsehsendung »Staatsbürgerliche Tribüne« am 17. September 1971 die Frage eines Zuschauers verlesen wurde: »Was geschieht mit dem Genossen Władysław Gomułka? Wie ist sein Verhältnis zu den im Lande vor sich gehenden Veränderungen?« Das Politbüromitglied Olszowski antwortete: »Władysław Gomułka wohnt in Warschau. Eine politische Tätigkeit übt er nicht aus. Wie alle Fernsehzuschauer wissen, die sich an die Zeit des VIII. Plenums erinnern, wurde er in seinen Rechten als ZK-Mitglied suspendiert. Gegenwärtig befindet er sich im Ruhestand. Man kann erwarten, daß er seine Erinnerungen zu schreiben beginnt oder auch Ausarbeitungen von historischem Charakter. Natürlich, wenn er sich an das ZK wendet, werden ihm bestimmte

Dokumente zu solchen Arbeiten zugänglich sein. Überdies möchte ich hinzufügen, daß er eine Kur braucht.« In dem PAP-Bericht über diese Sendung hieß es nur: »Eine der Fragen betraf das gegenwärtige Geschick von Władysław Gomułka. S. Olszowski antwortete, daß Władysław Gomułka in Warschau wohnt, keine politische Tätigkeit ausübt und im Ruhestand ist, auch braucht er eine Kur[46].« Bei einem Vergleich beider Texte fällt auf, daß PAP Olszowskis Bemerkung über Gomułkas vermutliche Memoirenabsichten unerwähnt läßt. Die Bereitwilligkeit, ihm dazu Unterlagen zur Verfügung zu stellen, ist von Olszowski nicht uneingeschränkt zugesichert und die Frage nach Gomułkas Einstellung zum Gierek-Kurs übergangen worden. Sowohl er wie PAP vermeiden, von dem »Genossen« Gomułka zu sprechen, wie es üblich gewesen wäre. Selbstverständlich gehört er dem neuen ZK, das auf dem VI. Parteitag im Dezember 1971 gewählt wurde, nicht mehr an, aber Gierek hat ihm in seiner Programmrede einen historischen Platz gesichert, indem er ihm Verdienste in der Schlußphase des Krieges und den ersten Jahren nach der Befreiung anrechnete, jedoch die Periode 1956 bis 1970 außer acht ließ. Flüchtig erregte Gomułka noch das Interesse der Öffentlichkeit und ausländischer Fernsehanstalten anläßlich der Sejmwahlen am 19. März 1972. Er machte von dem Recht der geheimen Stimmabgabe Gebrauch, das bei Einheitslisten nur Streichungen auf dem Stimmzettel dienen kann, ein Verhalten, das er früher als »treulos« bezeichnet hatte.

Nach seinem Sturz hatte die Publizistik freie Bahn in der Verurteilung begangener Fehler, eine Gelegenheit, die sie auch genutzt hat. Das Fachorgan »Prasa Polska[47]« sprach von einem geringschätzigen und oft feindlichen Verhältnis zur Pressekritik, von Unterschätzung der Bedeutung des gedruckten und gesprochenen Wortes und einer Entwertung der Ideologie, womit wohl vornehmlich die unter dem pragmatischen Gomułka entstandene Kluft zwischen Theorie und Praxis gemeint war. Alle diese Erscheinungen, hieß es weiter in der Journalistenzeitschrift, beschränkten den Einfluß der Massenmedien, machten das Aufgreifen wesentlicher Themen unmöglich, begünstigten die schädliche Veröffentlichung von Halbwahrheiten und verbreiteten Opportunismus. Wer es noch nicht wußte, erfuhr jetzt aus dem zuständigen Organ, daß langweiligen, Originalität entbehrenden Publikationen primitive und armselige Informationen von Pressesprechern gegenübergestanden hätten. Noch ungeschminkter drückt die Misere des journalistischen Berufsstandes ein Kommentar zum Journalistenkongreß im Juni 1971 aus, den die Sendung »Studentisches Magazin« von Radio Warschau[48] brachte. In ihm wurde gesagt, die Dezember-Ereignisse hätten eine Welle scharfer Kritik an die Adresse der Massenmedien und Journalisten hervorgerufen. Die Hemmung im Mechanismus der sozialistischen Demokratie habe sich in den Massenmedien unter anderem in passiver Zustimmung, vordergründigem Optimismus und Überlackierung der Wirklichkeit ausgedrückt. Die politische Führung habe die öffentliche Meinung absolut geringgeschätzt. Zwischen den Gefühlen der Bevölkerung auf der einen und der Presse, dem Rundfunk und Fernsehen auf der anderen Seite habe sich ein Abgrund aufgetan. Dies sei zweifellos einer der wesentlichen Gründe für die tragischen Dezembertage gewesen. In den letzten Jahren hätten sich die Journalisten zu oft in einer Konfliktsituation zwischen Gewissen und Disziplin befunden; zu oft habe das Gefühl für Disziplin gesiegt, während die Stimme des Gewissens erstickt worden sei. Dieser krankhafte Zustand sei leider nicht spurlos vorübergegangen. Eine solche Selbstkritik des polnischen Journalismus ist sehr selten zu hören gewesen.

Auf literarischem Gebiet war die Lage nicht besser. Krystyna Goldbergowa hat aus eigener Erfahrung über die Zensurarbeit für Bücher berichtet: »Wir wurden mit dem unrühmlichen Namen ›Verbesserer‹ belegt. In jenem sogenannten Zeitabschnitt der Fehler und Mängel ereigneten sich Fälle der Verdrehung unserer Arbeit. Ich sehe keine Notwendigkeit, dies zu verbergen. Es ereigneten sich Fälle des Verschlechterns der Texte, der Entstellung der Gedanken der Autoren und des Verschweigens der Wahrheit, nicht nur der subjektiven. Es mag jemand die Frage stellen: Und wie verhielten sich die Autoren? Die einen waren mit dem ›fröhlichen Schaffen‹ gefügig einverstanden, andere beugten sich im Geiste, hatten aber nicht den Mut zu protestieren. Es gab auch solche, die bis zum Umfallen kämpften[49].«

Das Ergebnis der amtlichen Untersuchung über die Unruhen und die Vorgänge bei dem Führungswechsel ist immer noch nicht mitgeteilt worden. Von der Untersuchungskommission, an deren Spitze, nach einer AFP-Meldung aus Warschau, Szydlak stehen soll[50], war nur zu erfahren, daß sie noch mit Nachforschungen beschäftigt sei. Mitte des Jahres 1971 gab auf Fragen von Zuschauern im Fernsehen Szydlak wieder die Antwort, die Arbeiten seien noch nicht abgeschlossen[51]. Auf dem VI. Parteitag ist das Thema nicht mehr berührt worden. Die gleiche Taktik des Verschweigens wurde gegenüber den entscheidenden ZK-Sitzungen im Dezember 1970 und Februar 1971 angewandt. Nachdem kein Wort darüber verloren worden war, warum die Reden auf dem VII. Plenum, das die Absetzung Gomułkas beschloß, der Öffentlichkeit vorenthalten blieben, sollte in Bezug auf das VIII. Plenum vollkommen anders verfahren werden. Jedoch ließ die Sondernummer von »Nowe Drogi«, in der die gesamte Diskussion enthalten sein sollte, auf sich warten. Am 21. Mai 1971 meldete PAP, das Heft sei erschienen und werde »in erster Linie« für die Parteiorganisation und danach auch an Kiosken erhältlich sein. An eine Belieferung der in- und ausländischen Abonnenten war anscheinend gar nicht gedacht. Dies war eine überraschende Mitteilung, denn am 1. März hatte auf einer Vorstandssitzung des »ZBoWiD« in Warschau Moczar bekanntgegeben, die fragliche Nummer werde »in den nächsten Tagen« vorliegen. Die Erklärung war von Radio Warschau übermittelt, aber in dem »Trybuna-Ludu«-Bericht[52] über die Veranstaltung nicht gedruckt worden. Welche Gründe konnte die Verzögerung haben, wenn nicht die, daß man sich über die »Auswahl« des Stoffes nicht schlüssig zu werden vermochte. Die Bestätigung brachte denn auch das in sehr kleiner Auflage an einen engen Kreis im Mai verteilte Sonderheft. Wenige Tage nach der Februar-Sitzung des ZK hatte Szydlak in Stettin versichert, die volle Diskussion werde veröffentlicht werden. Die Presse könne aber den Abdruck von 101 Beiträgen, die ausnahmslos gebracht werden sollten, nicht schaffen. Das Heft werde 500 bis 600 Seiten umfassen.

Bei dieser Gelegenheit erfuhr die Öffentlichkeit denn auch, daß dem ZK ein Gomułka-Brief vorgelegen hat und verlesen worden ist. In der Presse war von Szydlaks vom Rundfunk übertragener Äußerung über »Nowe Drogi« und dem Gomułka-Brief nichts zu finden. Tatsächlich zählte das Heft nur

365 Seiten. Die Zensur hat lange an ihm gefeilt und u. a. den Gomułka-Brief unter den Tisch fallen lassen. AFP nahm in der erwähnten Meldung an, daß das Heft auch den Bericht der Szydlak-Kommission enthalte. Das war jedoch nicht der Fall. Selbst diese gesäuberte Publikation wird nach wie vor wie eine Geheimsache behandelt. Natürlich hat es sich nicht verhindern lassen, daß das Heft trotzdem auch in Hände außerhalb der Partei und des Landes gelangt ist. Die Hoffnung der Bevölkerung, daß das Vorenthalten von Tatsachen, das in der vergangenen Ära erheblich dazu beigetragen hatte, das Vertrauen zur Führung zu untergraben, aufhören würde, ist gründlich enttäuscht worden. »Nowe Drogi« war hierfür nicht das einzige Anzeichen.

Bei aller Lückenhaftigkeit und Verwischung von Tatbeständen über das Ende der Gomułka-Herrschaft ermöglichte die Sondernummer doch eine Rekonstruktion der wichtigsten Vorgänge und regte zum Nachdenken über die Funktionsweise des totalitären Systems und seiner Problematik an. Für die polnischen Verhältnisse war auffallend, daß Männer in verantwortlichen Stellungen sich mit der Nutzlosigkeit des Widerstandes gegen folgenschwere Irrtümer, falsche und unvernünftige Anordnungen entschuldigten, die ihnen nur übriggelassen habe, sich resignierend dem Parteichef unterzuordnen. Dem Oppositionellen hätte ein Rejtan-Schicksal gedroht, hat Cyrankiewicz geklagt, der es vorgezogen hat, sich diesem Schicksal durch Anpassung zu entziehen. Den »Mitläufern« stellt das »Material« pauschal einen »Persilschein« aus: »Kein Parteimitglied sollte persönlich nur deshalb getadelt werden, weil es loyal gegenüber den Parteiführern blieb, besonders angesichts der vor dem VII. Plenum vorhandenen Bedingungen und Parteibeschlüsse diszipliniert seine Pflicht erfüllte, sogar wenn es manchmal an der Klugheit bestimmter Beschlüsse persönlich Zweifel hegte.« Die Loyalität wird noch einmal ausdrücklich mit dem »wohlgemeinten Wunsch« nach Wahrung von Disziplin und Einheit gerechtfertigt. »Diese Eigenschaft war und wird immer ein Grundelement der Stärke der Partei bleiben.« Hier muß man innehalten. Ganze Bücher könnten mit scharfen und höhnischen polnischen Urteilen über Deutsche der Hitlerzeit gefüllt werden, die sich auf den »Befehlsnotstand« berufen haben. Es geht hier prinzipiell um das Widerstandsrecht bzw. die Widerstandspflicht und nicht darum, in welchem Maße ein Befehl falsch, verhängnisvoll und verbrecherisch war.

Auch in Polen bewegt heute die Frage, wie man dem Notstand entgehen kann, viele, namentlich junge Menschen. Józef Kępa hat, als er auf dem VIII. Plenum von der revisionistischen Version der »sogenannten Demokratisierung des Systems von Grund auf« sprach, eine verächtliche Bermerkung über die Leute der »Zweiten Etappe von 1956« (womit er die Reformer meinte, die nicht auf halbem Wege hatten stehenbleiben wollen) gemacht. Er bezeichnete sie als Spinner, die angesichts einer für sie vorhandenen Degeneration des ganzen sozialistischen Systems zu dem Ergebnis gekommen seien, »daß jede Zusammenarbeit mit der Politik unseres Staates unmoralisch ist«. Die apolitische Haltung und das rein formale, lediglich zur Deckung nach außen dienende politische Engagement, vornehmlich unter der jungen Generation, ist ein Thema, das die Partei immer wieder beschäftigt. Gomułka hat zur Verbreitung dieser geistigen Fluchtmentalität erheblich beigetragen.

Der neue Mann

Nach den Dezember-Unruhen finden in Polen allerorten hitzige Diskussionen statt, deren Thematik sich keineswegs auf die Wirtschaft beschränkt. Franco Fabiani, der Warschauer Korrespondent der italienischen KP-Zeitung »L'Unita«, meldet seinem Blatt, daß »ganz Polen ein einziger großer Hydepark« sei[1]. Auf den hochentwickelten polnischen Sinn für Kritik hat Gierek selber einmal aufmerksam gemacht: »Es ist allgemein bekannt, daß wir Polen, um einen milden Ausdruck zu gebrauchen, ziemlich ungeduldig sind, stets zur Verneinung des Bestehenden neigen und unser ausgeprägter Hang zum Kritizismus eines unserer charakteristischen Merkmale ist.« Er lehnte »administrative Maßnahmen«, womit im Parteiverstande gewaltsame Unterdrückung gemeint ist, zur Lösung ideologischer Probleme ab. Diese Worte fielen in einer ZK-Sitzung am 16. und 17. Mai 1967, auf der sich die Redner in der Verdammung derjenigen überboten, die an der inneren Verfassung und den Methoden der Partei etwas auszusetzen hatten. Gierek bildete damals eine Ausnahme. Nicht immer verhielt er sich gegenüber der polnischen Mentalität so verständnisvoll und großzügig.

Um die Jahreswende 1970/71 war die »Abrechnungsstimmung« so stark, daß auch führende Parteimitglieder zur Kennzeichnung der Zustände häufig Worte wie »Krise« oder gar »Katastrophe« gebrauchten. Sie hielten »Reformen« und »Erneuerung« für notwendig. Sie gaben das Auftreten von »Konflikten« auf sozialer Basis zwischen Arbeitern und Betriebsleitungen zu. Wenn sie sich scheuten, von »Streik« zu sprechen, bedienten sie sich der Ausdrücke »Arbeitsstillstand« oder »Arbeitsunterbrechung«. Im Warschauer Sender fand am runden Tisch eine Diskussion über das höchst aktuelle Thema Streik statt, in der u. a. gesagt wurde: »Wenn es aber zum Streik kommt, so bedeutet dies, daß die Leute in den leitenden Stellungen ihre Rolle vergessen haben[2].« Allgemein wurden Widersprüche und Gegensätze in der Gesellschaft in einer Weise dargestellt, daß über ihren antagonistischen Charakter Zweifel schon nicht mehr bestehen konnten. Man dachte nicht daran oder nahm keine Rücksicht darauf, daß diese Redeweise vom orthodoxen Parteistandpunkt aus höchst anstößig war.

Auf Betriebs- und Gewerkschaftsversammlungen hagelte es Vorwürfe: Die Gewerkschaften seien nichts weiter als eine Staatsorganisation, hätten sich unterwürfig gegenüber den Direktionen verhalten und sich nicht einer Wirtschaftspolitik widersetzt, die gegen die Interessen der Arbeiter gerichtet gewesen sei. Sie hätten ihre sozialen Aufgaben vernachlässigt und zugelassen, daß die Prämien im engsten Kreise der Unternehmensleitung aufgeteilt wurden, die sich dabei selber die fettesten Brocken zugeschanzt habe. Sozialistische Demokratie sei in der Praxis nicht vorhanden. Diese Gewerkschaftskritik konnte sich austoben, führte jedoch nur zu bescheidenen Reformen.

Nicht bloß Partei und Gewerkschaften wurden der Erneuerung für bedürftig gehalten. Gierek berührte vor dem ZK-Plenum im Februar 1971 die Frage der Rangerhöhung des Sejm. Sejmmarschall Gałaj erklärte in einem PAP-Interview, die kritiklose Bewunderung der Projekte, Gesetze und Regierungsberichte durch die Abgeordneten habe in den Augen der öffentlichen Meinung die Autorität und das Gewicht des Parlaments herabgesetzt[3]. Er hätte noch hinzufügen können, daß kritische Reden im Sejm entweder nicht gedruckt oder nur stark zensiert veröffentlicht worden waren. Dieser Zensureingriff mußte deswegen als Ausnahme gelten, weil im allgemeinen nur vorher genehmigte Texte auf der Rednertribüne verlesen wurden. In der Öffentlichkeit wurde ungeschminkt gesagt, daß man über keine guten Abgeordneten verfüge und das gegenwärtige Parlament nicht mehr repräsentativ sei. Trat jetzt in der Freiheit des Wortes die große Wende ein? Auf einer Gewerkschaftstagung erklärte ein Funktionär, er erlebe zum erstenmal, daß keine »gelenkte« Diskussion stattfinde und die Redner ihre Texte nicht vorher hätten vorlegen müssen[4], eine für die herrschenden Sitten aufschlußreiche Bemerkung. Die auch jetzt nicht uneingeschränkte Diskussionsfreiheit sollte den »Hyde-Park«-Zustand Polens, der einige Monate anhielt, nicht überdauern.

Wir haben kaum etwas darüber erfahren, wenn die Diskussionen grundsätzlicheren Charakter annahmen und Systemfragen aufgeworfen wurden. Man muß schon suchen, um überhaupt etwas zu entdecken. In der Zeitschrift »Litery« (März 1971) berichtet Stanisław Pestka: »Im Laufe der vielen Diskussionen, die sich in Danzig um die Stellung des heutigen Arbeiters drehten, erklärte jemand allen Ernstes, daß auf die Werftarbeiter wie angegossen die Vorstellungen über die Arbeiterschaft von dem alten Kooperatisten und Anhänger eines staatenlosen Sozialismus passen würden, nämlich von Edward Abramowski.« Wahrscheinlich konnte die Äußerung nur deswegen wiedergegeben werden, weil der Berichterstatter die Form gewählt hatte, sie als ein Zeichen völliger Abwegigkeit hinzustellen. Abramowski (1868 bis 1918), Sohn eines Gutsbesitzers, gehört zum utopischen Sozialismus, aber er ist nicht bloß eine Randerscheinung in der Geschichte des polnischen Sozialismus. Er ist einer der Begründer der PPS, von ihm stammt ein Teil der Grundsätze des Pariser Programms des polnischen Sozialistenkongresses von 1892[5]. Gewirkt haben vor allem seine genossenschaftlichen Theorien, in denen auch alte polnische Wurzeln zu finden sind. Der Diskussionsredner mag Abramowskis »Ideen des gesellschaftlichen Genossenschaftswesens« (»Idee społeczne koperatyzmu«, 1907) gekannt haben. Das Buch beruhte auf dem Gedanken eines gesellschaftlichen Umbaus durch freiwillige genossenschaftliche Vereinigungen. An die Stelle von Zwang und staatlicher Gewalt sollte ein »ethischer Anarchismus« treten. Für die Werftarbeiter, die gerade die Unterdrükkung durch den totalitären Staat erlebt hatten und ihr Schicksal am liebsten in eigene Hand genommen hätten, konnten Erörterungen über ein Modell, das dem Charakter der zentralen Verwaltungswirtschaft entgegengesetzt war, reizvoll sein. Sicher war die Erinnerung an Abramowski nur sozusagen eine geistige Ausschweifung im Rahmen der ausgedehnten Diskussionen. Immerhin hatte sich noch im Kriege die polnische Widerstandsbewegung an seinen konspirativen Gedanken – »allgemeine Verschwörung gegen die Regierung« heißt eine seiner Schriften – orientiert.

Seit dem 20. Dezember 1970 hieß der neue Herr in Polen Edward Gierek[6]. Obwohl er schon seit Jahren als mutmaßlicher

Nachfolger Gomułkas genannt worden war, wußte auch Kattowitz über ihn als Menschen verhältnismäßig wenig. Die Kenntnisse beschränkten sich darauf, daß er verheiratet, der eine Sohn Bergbauingenieur war und der andere die wissenschaftliche Laufbahn an der Technischen Hochschule in Gleiwitz eingeschlagen hatte. Nach seinen eigenen Angaben hat sich Gierek nicht zur Macht gedrängt, er mußte vielmehr dazu von seinen nächsten Freunden überredet werden. Den Werftarbeitern in Stettin sagte er, daß er morgen nach Oberschlesien zurückkehren und in wenigen Jahren in Pension gehen könne, und zwar nicht nur in Polen, sondern auch in Frankreich oder Belgien. Allzu wörtlich darf man diese Beteuerungen des Fehlens von politischem Ehrgeiz nicht nehmen.

Er war kein hinreißender Redner, dem der Gebrauch der Demagogie leichtfiel, obwohl er ihn manchmal nicht verschmähte. Seine streng sachlichen, die Wirtschaftsprozesse mit Ziffern erläuternden Vorträge, in denen die gängigen Parteischlagworte sparsam eingestreut waren, wirkten mitunter ermüdend. Er überzeugte, weil man ihm zutraute, daß er etwas vollbringen werde, nicht in einem allzuengen Denken befangen war und in der Praxis pragmatische Methoden bevorzugte, die der polnischen Art entsprachen. Vor der Öffentlichkeit zog er keinen Trennungsstrich zwischen Parteimitgliedern und Parteilosen. Gomułka pflegte seine Zuhörer mit »Genossen« oder »Genossen und Bürger« anzureden. Gierek fügte, als er sich nach seiner Wahl im Rundfunk vorstellte, dem »Genossen und Bürger« noch das wärmer klingende »Landsleute« hinzu. In der Neujahrsnacht 1970/71 verwandte er nur die Anrede »Liebe Landsleute«. Ein Jahr später differenzierte er mehr. Er sprach nacheinander die »Geehrten Bürger«, »Lieben Landsleute«, »Lieben Genossen« und »Lieben Freunde« an.

Den Aufstieg in der Partei hat er sich schwer erkämpfen müssen. Er besaß nicht den Vorzug, ein »Moskowiter«, d. h. ein in der Sowjetunion geschulter und mit ihr durch Kriegserlebnisse verbundener Kommunist zu sein. Vielmehr war sein Werdegang eindeutig »westlich«, was ihn in den Augen Stalins für eine führende Position in seinem Machtbereich von vornherein unmöglich gemacht hätte. Im Kreise Będzin im ehemaligen Kongreßpolen nahe der deutschen Reichsgrenze am 6. Januar 1913 geboren, erlebte er als Zehnjähriger, daß sein Vater den Bergmannstod erlitt. Die Familie wanderte nach Nordfrankreich aus, wo in den Kohlengruben viele Polen beschäftigt waren. Der Sohn wurde mit 13 Jahren wie sein Vater Bergarbeiter. 1931 schloß er sich der französischen KP an. Als einer der Organisatoren von Bergarbeiterstreiks im Pas de Calais wurde er 1934 verhaftet und nach Polen ausgewiesen. Dort mußte er seinen Militärdienst ableisten. Danach emigrierte er 1937 wiederum. Frankreich war ihm verschlossen; es ist nicht bekannt, warum er das benachbarte Belgien wählte. Es konnte nicht wegen der Sprache sein, denn er siedelte sich nicht im wallonischen Gebiet an, auch nicht in Brüssel oder einem anderen großen industriellen Zentrum, sondern in dem abseits gelegenen nordbelgischen Limburg[7]. Nach der offiziellen Biographie übte er wieder den Bergmannsberuf aus und betätigte sich in der belgischen KP. Ob er auch hier die Mitgliedschaft erwarb oder die der KPF beibehielt, wird nicht angegeben. Er hat in der Polonia, der Organisation der Auslandspolen, eine Rolle gespielt und soll während des Krieges der Widerstandsbewegung angehört haben. Genauere Angaben darüber fehlen. Radio Warschau berichtete am 6. August 1971 aus Lublin: »Während des Aufenthalts von Gierek in Lublin kam es noch zu einem inoffiziellen Treffen mit der jungen belgischen Tanzgruppe aus Neerel, einer Stadt im Limburgischen, wo viele Jahre hindurch Edward Gierek lebte und arbeitete. Die Mitglieder des Ensembles, die sich zu Auftritten in Lublin aufhielten, stellte der Leiter der Gruppe dem Ersten Sekretär vor und unterstrich, daß viele Leute in dieser Region Belgiens sich gut an die Tätigkeit Edward Giereks unter der Polonia erinnerten.« Von Untergrundarbeit ist nicht die Rede. Ebenso wissen wir nichts von persönlichen Kontakten mit belgischen Kombattanten- und KP-Kreisen. Bis zu diesem Zeitpunkt erscheinen die Angaben über seinen Lebenslauf reichlich verschwommen. Nach dem Kriege beteiligte er sich auf belgischem Boden an der Gründung eines »Verbandes polnischer Patrioten« und einer Auslandsorganisation der »Polnischen (kommunistischen) Arbeiterpartei«. Zwei Jahre lang war er Vorsitzender des »Polnischen Nationalrats« in Belgien.

Erst 1948 – das genaue Datum wird nicht angegeben – entschloß er sich zur Rückkehr nach Polen. Gierek hat sich nie dazu geäußert, warum er vier Jahre nach der Gründung »Volkspolens« im Juli 1944 in Lublin hat verstreichen lassen, ehe er diesen Schritt tat. Hat er mit dem Gedanken an eine Karriere im westeuropäischen Kommunismus gespielt? Was Polen betraf, so hat er, zu vorsichtigen Überlegungen neigend, aus der Ferne beobachtet, wie sich ein Zusammenschluß von Kommunisten und Sozialisten anbahnte. Praktisch bedeutete er nur ein Verschwinden der Sozialisten. Immerhin mochte eine formell neue Partei bessere Chancen für einen »Westler« bieten. Offenbar hat er auf ein Angebot aus Warschau gewartet, das seinem Ehrgeiz genügte. Er muß es 1948 erhalten haben, denn nach seiner Rückkehr ins Land wurde er sofort im ZK der »Arbeiterpartei« beschäftigt, bis im Dezember 1948 der Zusammenschluß der beiden sozialistischen Gruppen erfolgte. Der Heimkehrer konnte kaum damit rechnen, in der polnischen Gesellschaft mit offenen Armen empfangen zu werden. Nur durch die Militärdienstzeit unterbrochen, war er ein Vierteljahrhundert in den für die menschliche Entwicklung entscheidenden Jahren in der Fremde gewesen, wo er westliche Lebens- und Denkgewohnheiten angenommen hatte. Mit dem neuen Polen verband ihn eigentlich nur die kommunistische Gesinnung. Reichte sie aus, um ihm Geltung zu verschaffen? Seiner Person fehlte – welch ein Mangel unter polnischen Bedingungen! – der heroische Glanz, er konnte auf kein Partisanenerlebnis, das Polen anging, und kein KZ-Martyrium hinweisen. Strzelecki machte auf dem Februar-Plenum 1971 eine wahrscheinlich auf Gierek gemünzte Anspielung, daß er, Strzelecki, nicht zu denen gehört habe, die »im fürchterlichsten Abschnitt unserer Geschichte mit gefalteten Händen und außerhalb der Landesgrenzen dasaßen, vielmehr zu denen, die während der ganzen Zeit der hitleristischen Okkupation hier auf dieser Erde um nationale und soziale Befreiung kämpften«. Gegen solche Stiche ist Gierek wehrlos. Auch seine nüchterne, das Pathos meidende Art, seine Verschlossenheit und Zurückhaltung im Zeigen von Gefühlen waren nicht dazu angetan, ihm das Wiedereinleben unter seinen zum Überschwang neigenden Landsleuten zu erleichtern. Er verkörperte von Anfang an den Typ des Technokraten, der damals in Polen völlig neu war. Um so erstaunlicher ist, wie rasch es ihm gelang, Anerkennung und Autorität zu erwerben. Seine Persönlichkeit, seine Kenntnisse und Leistungen müssen zur Erklärung dienen, denn Protektion kann nicht ausschlaggebend gewesen sein. Zu ihr gehören einflußreiche verwandtschaftliche Beziehungen, die er kaum besaß, oder Freundschaften, die er schwer schloß und die erst durch Dauer erprobt sein müssen. Jeden menschlichen und politischen Anschluß mußte sich der Neuankömmling erst verschaffen.

Als fähiger Organisator wurde er im Range eines Sekretärs des Wojewodschaftskomitees der »Vereinigten Polnischen Arbeiterpartei«, wie die polnische kommunistische Organisation nach der Verschmelzung mit den Sozialisten hieß, nach Kattowitz geschickt. Hier im Mittelpunkt des polnischen industriellen Lebens fand er für lange Zeit seinen Wirkungskreis, schuf er sich eine solide »Hausmacht«. Eine ganze Reihe von Männern in führenden Stellungen im heutigen Polen ist mit ihm durch gemeinsame Arbeit in Oberschlesien verbunden. Neben seiner Parteiarbeit absolvierte er ein Fernstudium an der Krakauer Bergakademie und bestand 1954, dem gleichen Jahr, in dem er auf dem II. Parteitag ZK-Mitglied wurde, sein Ingenieurexamen. Er war das erste ZK-Mitglied in Polen, das ein solches Studium ordnungsgemäß absolvierte und sich nicht damit begnügte, durch ein rotes »Prinzenexamen« oder auf andere Weise in den Besitz eines Diploms zu geraten. Wieviel er inzwischen in der Partei galt, beweist die Tatsache, daß ihm die Abteilung Schwerindustrie im ZK anvertraut wurde. Das Jahr 1956 brachte ihm weiteren Aufstieg. Im Mai wurde er zum ZK-Sekretär ernannt und erlangte außerdem auf der gleichen Sitzung Ende Juli, mit der Gomułka wieder Aufnahme in die Partei fand, die Politbüromitgliedschaft. Steiler konnte der Aufstieg für den »Belgier« kaum sein. Er sollte jedoch bald merken, daß die Bäume nicht in den Himmel wuchsen.

Sein Interesse galt immer der Wirtschaft; am kulturellen und geistigen Leben nahm er weniger Anteil. Der Marxismus, wie er ihn als Glaubensbekenntnis in der Partei von Maurice Thorez in sich aufgenommen hatte, war für ihn ein Gebäude, an dem Reparaturen nicht vorgenommen zu werden brauchten, wie es Frevlerhände versuchten. Er hatte nichts mit den Liberalen und Unzuverlässigen im Sinn, die nach dem Tode Stalins in Polen Reden über eine Erneuerung führten, als ob Grundmauern eingerissen und ein Neubau errichtet werden müßten. Wohl war er für eine reibungslos funktionierende Verwaltung und eine mit allen technischen Neuheiten ausgestattete Wirtschaft von hoher Leistungsfähigkeit, die nach Gesichtspunkten der Rentabilität arbeitete. Nur wollte er deswegen beileibe kein Reformer sein, der, wie etwa Kołakowski, mit einem Fluch über den Stalinismus den Stab über die Partei, wie sie war, brach und einen neuen Sozialismus predigte. Gierek spürte, wie die Ideen einer Revision über die Intelligenz hinaus ansteckend wirkten und auch die Arbeiterschaft zu erfassen drohten.

Im Juni 1956 befand er sich in Posen, als dort die Arbeiter revoltierten[8]. Er mischte sich unter die Demonstranten, legte aber Wert darauf, unerkannt zu bleiben. Über den Charakter des Umzugs, der keine »imperialistische Provokation« war, wie man die Öffentlichkeit glauben machen wollte, sondern nur das Ziel hatte, Lohnforderungen geltend zu machen, konnte er sich nicht im Zweifel sein. Er mußte wissen, daß die Arbeiter keinen politischen Umsturz planten und daher kein Grund vorhanden war, sie mit Schüssen auseinanderzujagen. Er ging auch im Trauerzug für die bei den Zusammenstößen umgekommenen Polizisten und Soldaten und sprach an den Gräbern. Er unterschied zwischen »unseren« Opfern, d. h. den uniformierten Repräsentanten der Staatsmacht, und »anderen«, d. h. dem Volk. Eine Untersuchungskommission wegen der Vorfälle wurde vom ZK eingesetzt, ihr Vorsitz Gierek anvertraut. Sie sollte die Gründe erforschen und Schuldige ermitteln. Auch im Sejm wurde darüber diskutiert, dann legte sich Schweigen über die Kommission. Sie hat niemals öffentlich Bericht erstattet. Nach Ewa Wacowska, die in dieser Zeit in Posen weilte, hat der Gierek-Ausschuß sich nicht mit personellen Konsequenzen, sondern mit einer Analyse der Ereignisse beschäftigt, um daraus Schlußfolgerungen zu ziehen, wie man sich in Zukunft vor dem Ausbruch von Unruhen sichern könne. Die Schulung von Polizei, Sicherheitsdienst und Militär für »Pazifizierungsaktionen« sei daraufhin erweitert worden. Angesichts des Verhaltens dieser Untersuchungskommission erhebt sich die Frage, welche Erfahrung mit dem zur Untersuchung der Dezemberunruhen 1970 eingesetzten Ausschuß gemacht werden wird.

Es war wohl mit auf seine Einstellung zu den Posener Ereignissen zurückzuführen, daß die Oktoberleute Gierek keine Sympathie entgegenbrachten, aber es mangelte auch an geistigen Berührungspunkten. Auf der historischen ZK-Sitzung am 20. Oktober 1956, die zur Einsetzung Gomułkas als Erstem ZK-Sekretär führte, blieb Gierek zwar ZK-Sekretär, wurde aber nicht wieder in das Politbüro gewählt. Er hat diese Zurücksetzung nicht verwunden. Noch im März 1968 spricht er in einer Rede in Kattowitz von »schmutzigen Plänen«, die auf der Welle der Oktoberereignisse vor elf Jahren emporgetragen und »noch nicht vollständig aus unserem Lebensstrom« beseitigt worden seien[9]. Der Oktober war und blieb für ihn eine parteifeindliche, höchst verdächtige Erscheinung, die leider tiefe Spuren hinterließ. Erst im März 1959, als die Liberalen in der Parteiführung an die Wand gedrängt worden waren, konnte er die Scharte durch Wiederaufnahme in das Politbüro auswetzen[10].

Seit 1957 hatte er als Erster Sekretär der Kattowitzer Wojewodschaftsorganisation der Partei seinen festen Platz im politischen Organismus des Landes. Er regierte das Gebiet geradezu autonom und ließ sich auch von Warschauer Zentralstellen nicht hineinreden. Er war stolz auf seine starke Stellung in Oberschlesien, die er beständig ausbaute. Nach seinem eigenen Bekenntnis knapp drei Monate nach seiner Wahl zum Parteiführer werden die Kattowitzer Jahre immer die besten seines Lebens bleiben.

Ihm lag sehr daran, die Massen für sich zu gewinnen. Für Sympathien waren Sejmwahlen in Polen ein gewisses Symptom. Der Wähler hatte die Möglichkeit, auf der Einheitsliste Streichungen vorzunehmen. Daher war das einzig Spannende an den Wahlergebnissen, wer die meisten Stimmen erhalten hatte. Handelte es sich auch nur um verhältnismäßig geringe Stimmenunterschiede, so war doch aus ihnen ein Beliebtheitsgrad abzulesen. Bei der Sejmwahl im April 1961 gehörte Gierek noch zu den vier Politbüromitgliedern, die in ihren Wahlkreisen die wenigsten Stimmen erhielten und daher vom Listenersten auf den letzten Platz zurückfielen. Die nächsten Sejmwahlen Ende Mai 1965 ergaben ein anderes Bild. Mit nur zwei anderen Politbüromitgliedern behauptete sich Gierek an der Spitze seiner Wahlkreisliste. Am 1. Juni 1969 übertraf Giereks Zustimmungsquote (99,78 Prozent) noch die Gomułkas (99,4

Prozent). Diese Berechnungen mögen etwas spielerisch und zweifelhaft in ihrem Wert erscheinen, unter den obwaltenden Umständen werden sie aber als Merkmale ernst genommen. Für seine steigende Bedeutung sprach auch, daß Gierek auf der ZK-Sitzung am 20. November 1964 ein Hauptreferat hielt – noch nie war dem Leiter einer Provinzorganisation der Partei diese Ehre zugefallen – und auf dem V. Parteitag im November 1968 unmittelbar nach Gomułka das Wort ergriff.

Gierek war dafür bekannt, daß er ein leidenschaftlicher Verfechter der Modernisierung des Wirtschaftslebens war und ernste Folgen bei einem Zurückbleiben Polens in dem Tempo der technischen Weltrevolution fürchtete. Er machte sich bei diesem Prozeß Gedanken über psychische Widerstände in der polnischen Bevölkerung. Auf der ZK-Sitzung im Januar 1960 erwähnte er von Mund zu Mund gehende Behauptungen, daß die Technik die Schönheit des Landes zerstöre, und fuhr wörtlich fort: »Andere hingegen sagen, daß die technische Zivilisation aus dem Menschen einen gedankenlosen Automaten macht, auf dessen Knöpfe man drückt, daß sie ihn zu einer willenlosen Schraube macht in dem ungeheuren Mechanismus der alles ergreifenden Technik und Automation. Einige entwickeln sogar die dunkle Vision der gesellschaftlichen Folgen, die ihrer Meinung nach die technische Zivilisation mit sich bringt. Diese Folgen sind – gemäß ihrer Überzeugung – das Gespenst der physischen und psychischen Degeneration und das Gespenst der Teilung der Gesellschaft in zwei entgegengesetzte Klassen: In einen nicht zahlreichen, regierenden Clan von Spezialisten und Wissenschaftlern und in die Milliardenmasse der unterdrückten, willenlosen Arbeitsmenschen, die Dienstfunktionen auszuführen haben[11].« Gierek stellte dieser Konzeption nicht eine eigene entgegen, sondern meinte nur ausweichend, derartige Vorstellungen seien Zeichen des Kampfes des Alten mit dem Neuen, obwohl dabei überhaupt nicht davon gesprochen werde, daß das angegriffene Objekt der Sozialismus sei, der mit der, so muß man in Fortsetzung der Gedanken Giereks sagen, pessimistischen Zukunftsperspektive identifiziert werde. Nach dem gedruckten Text seiner Rede hat er den Namen Orwell nicht erwähnt, aber in dem Bericht von Radio Warschau hieß es, in der Diskussion auf dem Plenum habe es nicht an kritischen Bemerkungen gefehlt, es sei auch an das »Orwellsche Gespenst der gesellschaftlichen Zukunft« erinnert worden. Es ist wohl ein einzigartiger Fall, daß ein kommunistisches Zentralkomitee sich mit dieser Vision ernsthaft beschäftigte und sie nicht einfach als eine abscheuliche Entstellung der leuchtenden Zukunft der Menschheit im Zeitalter des Kommunismus abtat. Gierek war zu nüchtern, um einem Chiliasmus zu huldigen, wenn er auch ein marxistisches Gewand trug. Dagegen sah er deutlich, daß die technische Revolution gewisse Gefahren für den Menschen mit sich brachte, denen zu begegnen war. Orwell hatte ihn gewiß nicht überzeugt, aber doch beeindruckt.

Er hatte den Ehrgeiz, das oberschlesische Revier so zu lenken, daß es ein Modell für die polnische Wirtschaftsentwicklung sein konnte. In seinem Referat auf der ZK-Sitzung im November 1964 schilderte er lokale Initiativen, die zu verschiedenen Formen horizontaler Zusammenarbeit geführt hatten. Gemeinhin wird unter totalitären Bedingungen in der Wirtschaftsplanung und -leitung vertikal operiert. Oberschlesien hatte gerade dadurch Erfolge erzielt, daß es nicht auf Befehle der Zentrale gewartet hatte. Dadurch schuf sich Gierek Gegnerschaft in Warschau, wo ihm Selbstherrlichkeit, Voranstellung patikularistischer Interessen und Durchkreuzung der zentralen Planung vorgeworfen wurden.

Nach einigen verhältnismäßig ruhigen Jahren erhoben sich 1968 Stürme, die auch Gierek ziemliche Unannehmlichkeiten brachten, aus denen er aber gut herauszukommen verstand. Es begann mit den Studentenunruhen im März in Warschau wegen des Verbots der Aufführung eines Mickiewicz-Stückes, die Moczar und Strzelecki dazu benutzten, um im ganzen Land eine Agitationswelle gegen »Zionisten und Revisionisten« unter Hochpeitschung nationalistischer Gefühle zu entfesseln. Auf einer Massenkundgebung in Kattowitz lieh Gierek ihnen Unterstützung. Er wetterte gegen »Nachfahren des alten Systems, Revisionisten, Zionisten und Diener des Imperialismus«, gegen »reaktionäre feindliche Kreise von Politikastern« und »politische Spekulanten«. Er unterstellte – hier kann man ihm kaum noch guten Glauben zubilligen –, daß die Revisionisten »viel« an den Wirtschaftsschwierigkeiten der letzten Jahre schuld seien und ein kapitalistisches Polen haben wollten. Er prangerte wohlbekannte Politiker und Schriftsteller, die mit Ausnahme von Kisielewski alle jüdischer Herkunft waren, an, daß sie »fremden Ineressen« dienten und »schmutzige antinationale Ziele« verfolgten. Er unterbaute diese Behauptung mit dem Satz: »Wer gegen den Sozialismus in Polen vorgeht, geht gegen die Unabhängigkeit vor.« Den Eltern »krawallmacherischer« Söhne hielt er vor, daß sie, die der Volksmacht Würden verdankten, ihre Kinder wenn nicht im Gefühl der Verbundenheit, so doch wenigstens in dem der Dankbarkeit hätten erziehen sollen. Da er als Anstifter der studentischen Demonstrationen in Warschau nur jüdische Namen nannte, konnte kein Zweifel darüber bestehen, in welchem Sinne seine Worte gemeint waren. Trotzdem erklärte er zu dem Vorwurf des Antisemitismus: »Noch eine schändliche Lüge!« Den demagogischen Gipfel erreichte seine Rede, als er das von ihm regierte Oberschlesien als besonders ungeeignetes Terrain für Gegner des Systems hinstellte. Für diese sei das schlesische Wasser noch nie Wasser auf ihre Mühlen gewesen. Falls einige versuchen sollten, »den Strom unseres Lebens« von dem Weg der Nation abzulenken, werde ihnen das schlesische Wasser »die Knochen zertrümmern«. Er verlangte strenges Vorgehen gegen die Organisatoren der »schandbaren Exzesse«.

Was auch immer die Erwägungen Giereks für sein »Blitzmanöver«, wie Ewa Wacowska sein Einschwenken auf die Moczar-Linie nennt, gewesen sein mögen, die Rede am 14. März 1968 bleibt ein trauriges Dokument. Er hatte nicht auch bloß einen taktischen Zug getan. Bei seiner Behauptung, daß die Polen vor der Welt bloßstellende Partisanenpolitik von 1968 in der Grundtendenz richtig gewesen sei und weiter hätte verfolgt werden müssen, ist er geblieben. In dem »Material« heißt es: »Unglücklicherweise wurden keine ernsteren Schlüsse aus den Erfahrungen von 1968 gezogen.« Dies war doppeldeutig, aber unmißverständlich hat er sich nach Mitteilung von Margueritte Kępa ausgedrückt, als er vor seiner Warschauer Parteiorganisation beteuerte, es wäre nicht zu den Dezemberereignissen gekommen, sofern man die »März-Politik« zu Ende geführt hätte[12]. Die Nachricht brachte dem französischen Korrespondenten die Ausweisung aus Polen ein. Wohin hätte die »März-Politik« führen können? Von dem Parteiapparat wäre sie stets im Sinne einer

Verschärfung von Säuberung und Terror verstanden worden. Gierek selbst hielt die Bekämpfung des Zionismus nur für eine vorübergehende Erscheinung, aber den Revisionismus für eine konstante, wirkliche Gefahr. Lag es daran, daß auch er mit seinen Gedanken über Modernisierung, Rationalisierung und Rentabilität an die Grenze einer Reform geriet, die in orthodoxen kommunistischen Augen schon als bedenklich gelten konnte? Waren ihm Menschen von der Ausstrahlungskraft eines Kołakowski, mochte er in ihnen auch so etwas wie arme Irre sehen, in der Tiefe seines Herzens unheimlich und beunruhigten sie ihn in seiner eigenen geistigen Sicherheit? Er wollte um jeden Preis ein untadeliger Parteimann bleiben, den auch nicht der geringste Vorwurf der »Abweichung« treffen konnte. Der Extremismus und die Methoden der Partisanen freilich stießen ihn ab, damit wollte er nicht identifiziert werden. Zwei Wochen später sprach er in Hindenburg (Zabrze) von der Rationalisierung, die ihn ständig beschäftigte, aber nicht mehr von Zionismus oder Säuberung; er warnte sogar vor einer »vulgären« Interpretation der parteilichen Wachsamkeit[13]. Die Rede wirkte wie ein Rückzieher gegenüber den Entgleisungen, die er sich zwei Wochen vorher in Kattowitz geleistet hatte. Radio Warschau und die hauptstädtische Presse, die damals stark unter Partisaneneinfluß standen, beachteten die neue Äußerung kaum.

Noch auffälliger war, daß Gierek auf einer gemeinsamen polnisch-tschechischen Kundgebung in Teschen am 9. Mai – zu diesem Zeitpunkt geradezu eine Herausforderung für Moskau – zwar für die Einheit des Sozialismus plädierte, aber hinzufügte, »daß unsere PZPR wie auch andere brüderliche Parteien im Kampf um die sozialistische Demokratie keine falschen Ratgeber nötig haben, unabhängig davon, aus welchem Lande man uns zu raten versucht[14]«. Aus dieser Erklärung hat die PAP-Agentur in ihrem Bericht, der am nächsten Tage in allen Zeitungen erschien, den letzten Satzteil gestrichen, von dem sich die östliche Großmacht getroffen fühlen mußte. Den nationalkommunistischen Partisanen wird dagegen Giereks Ausspruch gefallen haben.

Bei aller Verschiedenheit gab es zwischen Gierek und den Technokraten auf der einen und der Moczar-Gruppe auf der anderen Seite Berührungspunkte. Beide verlangten eine andere

Personalpolitik, bessere Kontakte zwischen Oben und Unten, stärkeres Engagement der Öffentlichkeit, mehr Entfaltungsmöglichkeiten für die Jugend und eine durch Entschiedenheit und Folgerichtigkeit ausgezeichnete Politik. Selbstverständlich sollte sich alles unter einer straffen Parteikontrolle vollziehen. Freilich meinten beide Gruppen bei ihren Neuordnungsbestrebungen nicht das gleiche. Angesichts der dynamischen Natur ihrer Führer war leicht vorauszusehen, daß es in der Praxis zu Zwistigkeiten kommen würde.

Der taktisch mitunter zaudernde Gierek ging auf der Tagung der »Schriftsteller der West- und Nordgebiete« am 7. Juni in Kattowitz wieder zu einer scharfen Tonart über. Im Gegensatz zur technischen war für ihn die humanistische Intelligenz ein Stein des Anstoßes; hier begegnete er sich mit den Partisanen. Er schuf sich den Rahmen für seine Kritik, indem er von dem »harten, kompromißlosen Wettbewerb der beiden Weltsysteme« sprach. Damit war der Literatur die politische Richtung gewiesen. In Polen, sagte er, habe niemand das Recht, »nur mit schwarzen Farben, nur mit Negation, destruktivem Pessimismus und Hinwegsetzung über Verehrung und Glauben an allem, was um uns geschieht, zu operieren«. Er verlangte eine sozialistische literarische Tendenz. Wenn der Schriftsteller »wie der Teufel das Weihwasser« diese Tendenz meide, »ist er nicht unser Bundesgenosse«. Er sah das Heilmittel in der Zensur: »Für die Feinde des Sozialismus, für jene Schriftsteller, die ihre kosmopolitischen Neigungen zum Ausdruck bringen, kann es weder jetzt noch in Zukunft eine auch nur beschränkte Freiheit des Ausdrucks geben.« Über Bücher ereiferte er sich, die Errungenschaften der Nation verkleinerten und Randerscheinungen des gesellschaftlichen Lebens zu typischen erhöben. Ausfällig wurde er gegenüber den angeblich eng miteinander verbundenen Westdeutschen und dem Zionismus, »einem der gefährlichsten Elemente des internationalen Imperialismus[15]«. Das Bedenklichste an der Rede war, daß sie nicht nur die kulturpolitische Ergänzung zur Märzrede bildete, sondern auch unabhängig von irgendwelchen taktischen Rücksichten das Verhältnis eines wirtschaftlichen und technischen Praktikers zum Geistesleben offenbarte. Schon in früheren Jahren hatte er sich im gleichen Sinne geäußert. So bescheinigte er 1964 den polnischen Philosophen und Soziologen Versagen in der ideologischen Auseinandersetzung mit dem Westen. Sie ließen sich von bürgerlichen Theoretikern terrorisieren. Der Durchschnittsleser könne nicht erkennen, ob die Werke marxistisch oder idealistisch seien. Man habe Macht nicht deshalb erobert, um zu gestatten, daß die sozialistische Gesellschaft als »Übungsplatz für ideologische Experimente« benutzt werde[16]. In seiner Abneigung gegen das geistige Polen war Gierek nicht weit von Gomułka und Moczar entfernt.

Auf der ZK-Sitzung im Juli 1968 ergriff Gierek als erster Redner nach Gomułka das Wort und erklärte im Hinblick auf die »erschöpfende Beleuchtung der Märzvorgänge durch den Genossen Wiesław«: »Ich wünsche festzustellen, daß die Kattowitzer Parteiorganisation die Richtigkeit der vorgenommenen Analyse voll anerkennt.« In der Sammlung um die Parteiführung habe sich die weitere Aktivität der Parteimitglieder entwickelt. Sei irgendwo in der Personalpolitik Unrecht geschehen, solle es nach Kattowitzer Meinung wiedergutgemacht werden. Die Parteitätigkeit in seiner Wojewodschaft schilderte er als quasi vorbildlich, aber er gab zu verstehen, daß Verbesserungen notwendig seien. »So wie sich die Zeiten ändern, müssen sich auch die Methoden des Parteiapparates ändern[17].« Die Rede war eine Unterstützung für Gomułka unter gleichzeitiger Herausstreichung der Bedeutung seiner eigenen Position. Ergänzend legte er in Hindenburg seine »Plattform« für den kommenden Parteitag dar: Initiative von unten, Verjüngung des Apparates und freiere Kritik. Jemand, an dem Kritik geübt werde, dürfe sich nicht auf den Standpunkt stellen: »Wenn mich einer kritisiert, dann kritisiert er die Partei und den Sozialismus[18].«

Bestürzend auch für Gierek war die Okkupation der Tschechoslowakei. Er hatte mit den Dubček-Leuten, obwohl in der Tschechoslowakei die Massenmedien an dem polnischen Vorgehen gegen Studenten und Juden heftige Kritik übten, guten Kontakt unterhalten, wie die Teschener Kundgebung bewies. Jetzt sah er sich genötigt, anläßlich von Jugendfestspielen in Sosnowitz die Intervention doch noch gutzuheißen und seine Forderung nach freierer Kritik einzuschränken[19]. Sein Hausorgan »Trybuna Robotnicza« ließ diese peinlichen Stellen aus, und in der Warschauer »Trybuna Ludu« war in dem Sosnowitz-Bericht überhaupt kein politischer Satz Giereks enthalten[20]. Er konnte sich damit trösten, daß der Schlag für die nationalkommunistischen Partisanen härter war als für ihn.

Auf dem V. Parteitag im November 1968 in Warschau kam Gierek wieder auf die März-Ereignisse zurück, rechtfertigte die Säuberungen, ohne dabei Fehler zu erwähnen, und wiederholte die kriegerisch klingende Formel: »Unsere gesamte Partei scharte sich in unzweideutiger Weise um das Zentralkomitee mit dem Genossen Wieśław an der Spitze.« Der PAP-Bericht verzeichnet: »Stürmischer Beifall.« Gierek betonte an anderer Stelle seiner Rede, daß Kattowitz dem Zentralkomitee volle Unterstützung erteile. Das war nicht mehr die Sprache eines Untergebenen, sondern eines gleichrangigen Bundesgenossen. Es war zu erkennen, daß seine wirtschaftspolitischen Vorstellungen mit denen der Zentrale nicht voll übereinstimmten. Er sprach von Alternativplanung, um die beste Variante zur Erzielung optimaler Effekte wählen zu können, und von ausländischen Lizenzen. Er setzte sich noch einmal mit dem Revisionismus auseinander, von dem eine kleine Gruppe in den Gesellschaftswissenschaften sich »eine Art Patent auf Unfehlbarkeit« verschafft habe, aber auf den Zionismus ging er nicht mehr ein[21]. Es lag ihm offensichtlich daran, sich nach allen Seiten abzugrenzen und freie Hand zu haben.

Gomułka war auf dem Parteitag »noch einmal davongekommen«, aber in dem Gefühl seiner geschwächten Stellung war er mehr als bisher darauf bedacht, sich durch ein Gegeneinanderausspielen einzelner Angehöriger der Parteiführung zu behaupten. Es kam die Stunde Jaszczuks, der sich in Wirtschaftsfragen für kompetent hielt und dem Parteiführer als Gegengewicht gegen Gierek recht war. In den Jahren 1969 und 1970 scheint es ständig Reibungen zwischen beiden gegeben zu haben, wobei Jaszczuk geltend machen konnte, daß Gierek Anordnungen der Zentrale mißachtete. Auf dem Februarplenum 1971 hat Grudzień, der Nachfolger Giereks in Kattowitz, ein wenig hinter die Kulissen geleuchtet und von Versuchen gesprochen, die Kattowitzer Wojewodschaft zu isolieren und einen Antagonismus zwischen ihr und anderen Wojewodschaften zu erzeugen. Gomułka habe der Partei in Kattowitz (im Januar 1969) gesagt, für die Kohle gäbe es keine Zukunft, daher würden die Investitionen für die Modernisierung des polnischen Bergbaus gekürzt werden, dies sei auch geschehen. Bei der Investitionsdebatte im ZK am 3. April 1969 wurde auch der Öffentlichkeit deutlich, wie sehr Gierek in den Hintergrund gedrängt war, denn den Ton gab der neue Favorit Jaszczuk an, während Gierek gar nicht zu Worte kam, was früher unmöglich gewesen wäre. In Hindenburg wies er im Dezember gleichen Jahres eine Erfolgsbilanz Oberschlesiens in Gestalt einer Planübererfüllung vor, die allein durch Produktionssteigerung gelungen sei, ohne die planmäßig zustehende Zahl von Arbeitskräften in Anspruch zu nehmen[22]. Er erteilte damit seinen Kritikern in der Zentrale eine Antwort. Bezeichnenderweise überging die »Trybuna Ludu«[23] in ihrem Bericht über die Veranstaltung diese Feststellung.

Langfristig hätte Gierek den Kampf mit Jaszczuk, der die oberschlesische Stellung aushöhlen konnte – eine wie gute Gelegenheit war die Degradierung der Kohle! –, verloren. Die ungewöhnlich scharfen Urteile über die »nicht durchdachten« Wirtschaftskonzepte Jaszczuks nach den Dezember-Ereignissen erklären sich aus den vorangegangenen Kontroversen. Wollte Gierek nicht resignieren, mußte er sich danach umsehen, wo er Unterstützung und Gelegenheit fand, einen Führungswechsel in Warschau herbeizuführen. Rumiński datiert die Oppositionssammlung auf den November 1969. Damals muß auch die Annäherung von Gierek und Moczar begonnen haben. Es war aber völlig ungewiß, ob und wann die Frondeure ihr Ziel erreichen würden. Im Grunde waren es nicht sie, sondern die Arbeiter in Danzig und Stettin, die Gomułka aus dem Sattel hoben.

Zusammen mit dem »suspendierten« Gomułka schieden am 20. Dezember 1970 aus dem Politbüro Zenon Kliszko, der Chefideologe der vergangenen Ära, das nominelle Staatsoberhaupt Marian Spychalski, Bolesław Jaszczuk und Ryszard Strzelecki aus, der lange die Personalpolitik der Partei unter Kontrolle gehabt hatte. Ignacy Loga-Sowiński[24] trat als Gewerkschaftsvorsitzender einen Monat später zurück und gab seinen Politbürositz auf dem VIII. Plenum ab.

Diese mehrfach angekündigte und verschobene ZK-Sitzung, die am 6. und 7. Februar 1971 stattfand, war von entscheidender Bedeutung. Die Opposition wurde hier endgültig geschlagen. Gierek bemerkte hinterher, das ZK habe zum erstenmal seit langer Zeit in einer Atmosphäre beraten, »in der seine Mitglieder voll ihre statutenmäßigen Rechte nutzen konnten[25]«. Die Öffentlichkeit bekam davon nur insofern einen Eindruck, als Giereks Schlußrede – ungewöhnlich für ZK-Veranstaltungen – vom Fernsehen übertragen wurde. Es war aber auch die einzige Rede, die von den Zeitungen gebracht wurde. Der neue Parteichef vertrat darin den Standpunkt, daß die Kundgebungen der Werftarbeiter ursprünglich einen ruhigen Charakter gehabt hätten. Mit den Arbeitern seien keine offenen Gespräche geführt und nicht genügende Bemühungen unternommen worden, um die Spannung zu entladen. Der entscheidende Fehler sei gewesen, daß man sich nur auf die Anwendung von Gewalt als »einziger Antwort auf das Vorgehen der Arbeiter« verlassen habe. Dies habe nicht nur keine Lösung der Krise gebracht, sondern im Gegenteil eine weitere Zuspitzung herbeigeführt, so daß eine Katastrophe gedroht habe. Die Versuche der gewaltsamen Konfliktlösung hätten zwischen der Volksmacht und dem Volk eine Kluft aufreißen müssen[26].

Als Folge dieser Beurteilung der Unruhen wurden Kliszko und Jaszczuk nicht bloß aus dem Politbüro, sondern auch aus dem ZK ausgeschlossen. In dem Beschluß über Kliszko hieß es: »Während der Dezember-Ereignisse zeigte er Mangel an Gefühl für die Wirklichkeit und trug durch unverantwortliches Handeln zur Verschärfung des Konfliktes mit der Arbeiterklasse bei.« Damit wurde Kliszko zumindest mit einer Teilverantwortung für den in diesem Zusammenhang nicht genannten Schießbefehl belastet. Als Jaszczuk – noch vor dem Verdikt, das über ihn gesprochen wurde – das Wort ergriff, verteidigte er in ruhiger und würdiger Art seine Wirtschaftspolitik und die frühere Parteiführung. Er bekannte sich zu seiner Verantwortlichkeit, allerdings nicht für alles, was geschehen war. Die an ihm geübte Kritik hielt er teilweise für zutreffend. »Ich bin beschuldigt worden, rechthaberisch zu sein. Daran ist etwas richtig.« Seine Bemerkung am Schluß, der Genosse Gierek werde die Freiheit haben, eine neue Führung zu bilden, sollte bedeuten, nunmehr sei es Sache des Gomułka-Nachfolgers zu zeigen, daß er eine bessere Politik zu treiben vermöge. Das ZK stellte fest, daß Jaszczuk sich »in unzulässiger und apodiktischer Weise unmittelbar in die Tätigkeit von Regierung und Wirtschaftsverwaltung eingemischt« habe und »zur Erzwingung einer Reihe von falschen wirtschaftlichen Entscheidungen beitrug, die den Dezember-Ereignissen 1970 zugrunde lagen«.

Ein komplizierter Fall war Stanisław Kociołek, der als Favorit Gomułkas seine Karriere begonnen, aber bald Neigungen für die Partisanen gezeigt hatte, was ihm einen schlechten Ruf in akademischen Kreisen eintrug. In enger Verbindung mit Moczar suchte er Kołakowski nach dessen Rede zum 10. Jahrestag der Oktober-Erhebung zu Fall zu bringen. Er scheute deswegen nicht die Denunziantenrolle. In der Warschauer Universität las er am 15. November 1966 Mitteilungen über eine Begegnung Kołakowskis mit dem amerikanischen »Antikommunisten« polnischer Herkunft Prof. Brzezinski vor, die Spitzel des Geheimdienstes dem Innenministerium geliefert hatten. Kociołek, unterstützt von Kliszko, zog daraus den Schluß, daß der Angeprangerte und andere Intellektuelle mit dem Imperialismus gemeinsame Sache gegen den polnischen Staat machten. Kociołek stellte die Einordnung über alles. »Disziplin ist das Kardinalprinzip des Parteilebens«, sagte er. Seine Verachtung für Geister wie Kołakowski faßte er in dem Satz zusammen, die Partei brauche keine Intellektuellen, »die weder Brot noch Stahl, sondern bloß Geschwätz produzieren[27]«. Dieses forsche Auftreten gegenüber einer selbständig denkenden Persönlichkeit, zu der die Jugend aufsah, sollte Kociołek noch Karrierevorteile eintragen. In der Sejmsitzung im April 1968 fiel er dadurch auf, daß er die Absetzung des Abgeordneten Zawieyski als Mitglied des Staatsrates forderte. Dieser gehörte zu der kleinen katholischen Znak-Gruppe, die eine Interpellation wegen des Vorgehens der Polizei gegenüber den Studentendemonstrationen eingebracht und nach der Regierungsauffassung über demokratische bürgerliche Freiheiten und Kulturpolitik gefragt hatte. Zawieyskis Unterschrift unter diese Interpellation war in Kociołeks Augen ein Verbrechen. Er nannte Znak ein »reaktionäres Restchen«, mit dem es keinen Kompromiß geben könne. Es wirkte sensationell, daß der 35jährige im November 1968 (V. Parteikongreß) zum Vollmitglied des Politbüros aufrückte, wozu im Juni 1970 noch der Rang des Vizepremiers hinzukam. Damals wurden Spekulationen darüber angestellt, ob er zum

Nachfolger Gomułkas ausersehen sei, dessen Gunst er sich noch immer erfreuen mußte. Er hat darüber nicht versäumt, sich noch rechtzeitig Gierek zu nähern, mit dem Ergebnis, daß er ursprünglich anstelle von Jaszczuk die Sparte Wirtschaftspolitik übernehmen sollte und auch noch einen ZK-Sekretärsposten erhielt. Glanzvoller konnte seine Laufbahn schon nicht mehr sein. Die Haltung, die er bei den Unruhen in Danzig gegenüber den Arbeitern zeigte, brachte ihn jäh zu Fall. Er war für Gierek nicht mehr tragbar, der auf dem VIII. Plenum ein Rücktrittsgesuch Kociołeks vom Politbüro und ZK-Sekretariat verlas, weil es ihm nicht gelungen sei, den Ereignissen in Danzig vorzubeugen. Er brauchte aber nicht um das Ende seines Glücks als Politiker zu trauern. Einige Monate später wurde er zum Botschafter in Brüssel ernannt[28]. Dort kann er in Ruhe die Entwicklung zu Hause abwarten, die EWG beobachten und vorsichtige Kontakte mit ihr pflegen.

Sympathischer als die Intrigantenhaftigkeit Kociołeks wirkte die Bockbeinigkeit Strzeleckis, die er auch vor dem ZK an den Tag legte. Er erklärte, falls er schwere Verfehlungen begangen habe, für die er so streng bestraft worden sei, wolle er die Anklage kennen. Er habe das Recht, sich unter dem Gesichtspunkt der Mitverantwortung für die damalige Parteiführung zu verteidigen. Er warf die Frage auf, warum nur fünf Politbüromitglieder für alles Schlechte verantwortlich gemacht würden. Jedem Mitglied, die Kandidaten eingeschlossen, solle sein Anteil an Fehlern und Verdiensten vorgerechnet werden. Damit berührte er eine wunde Stelle. Die Einseitigkeit der Argumentation der siegreichen Gierek-Gruppe war unverkennbar. Erstaunlicherweise kam Strzelecki, obwohl er, wie wir schon gesehen haben, auch gegen Gierek wegen dessen unheroischer Kriegsvergangenheit einen Pfeil abschoß, glimpflich davon. Der ZK-Beschluß erwähnte keine Fehler von ihm, er stand nicht auf der Ausschlußliste. Der angekündigte Parteitag gab ja Gelegenheit, ihn auf eine weniger demonstrative Weise auszuschalten.

Ebenso herrschte Schweigen um Spychalski, was soviel hieß, daß auch er vorerst ZK-Mitglied blieb. Er war zu unbedeutend, als daß sich eine Auseinandersetzung mit ihm gelohnt hätte. Józef Cyrankiewicz, der als Premierminister in allen politischen Stürmen unerschüttert geblieben war, erlebte diesmal einen

Sturz in Etappen, für den es im kommunistischen Machtbereich klassische Vorbilder gibt. Gewissermaßen als Milderungsgrund sprach für ihn, daß er langjähriger Zusammenarbeit zum Trotz nicht zum engen Freundeskreis Gomułkas zählte. Im Dezember 1970 trat er von seinem Regierungsamt mit der Begründung zurück, daß er das Desaster nicht habe verhindern können. Er wurde dafür mit dem repräsentativen, aber politisch einflußlosen Posten des Staatsratsvorsitzenden betraut. Auf dem VI. Parteitag verlor er auch die Mitgliedschaft im Politbüro, und für die Sejmwahlen 1972 wurde er nicht mehr als Kandidat aufgestellt. Infolgedessen wählte das neue Parlament einen anderen Staatsratsvorsitzenden. Cyrankiewiczs politische Laufbahn war beendet.

Auf dem VIII. Plenum erfuhr die Zusammensetzung des Politbüros gegenüber dem Dezember 1970 keine Veränderung. Damals waren als Vollmitglieder Moczar und Szydlak unter Beibehaltung ihrer Stellen im ZK-Sekretariat, Babiuch, der ebenfalls ZK-Sekretär wurde, und Jaroszewicz, der neue Regierungschef, eingerückt. Zusammen mit den verbliebenen Cyrankiewicz, Jędrychowski, Kruczek, Olszowski und Tejchma zählte zu dieser Zeit das Büro – vom Ersten ZK-Sekretär abgesehen – nur neun Mitglieder. Die anläßlich des Plenums erwartete Zuwahl blieb aus, weil die Machtauseinandersetzungen der verschiedenen Gruppen innerhalb der Partei noch nicht beendet waren. Von den Politbürokandidaten war infolge Beförderungen zu Vollmitgliedern nur Jagielski übriggeblieben. Er erhielt jetzt Gesellschaft durch Verteidigungsminister Jaruzelski, Hochschulminister Jabłoński und den Leiter der Warschauer Parteiorganisation Kępa.

Die Ämterverteilung im ZK-Sekretariat wurde – völlig ungewöhnlich – auf einer Pressekonferenz in Warschau für die Auslandsjournalisten nach dem VIII. Plenum bekanntgegeben: Gierek hatte die allgemeine Verantwortung in allen Angelegenheiten, d. h. die oberste Entscheidungsbefugnis und die Aufsicht über die Zentrale Parteikontrollkommission, Moczar war für Militär, Sicherheit, Verwaltung und Gesundheitswesen, Babiuch für Organisation, Olszowski für Presse, Kultur und Jugend, Tejchma für Außenpolitik, Wissenschaft und Sejm, Szydlak für Propaganda und Ideologie, der neue ZK-Sekretär Barcikowski für Landwirtschaft und Starewicz für das Sekretariat des Politbüros zuständig[29]. Auf die Frage, wer das Ressort Wirtschaft verwalte, erhielten die Korrespondenten keine Antwort. Gierek war noch unschlüssig, wen er als Ersatz für Kociołek bestimmen sollte. Er muß sich für Szydlak entschieden haben, denn dieser führte z. B. den Vorsitz bei einer Beratung der ökonomischen Wojewodschaftssekretäre der Partei[30] und übernahm auch im Ausschuß für die Parteitagsvorbereitung die Leitung der Unterkommission für Wirtschaft und sozio-ökonomische Politik[31]. Es waren nicht die einzigen Ausschüsse, denen er vorstand. Wegen seiner zu großen Belastung scheint Tejchma Ideologie und Olszowski Propaganda übernommen zu haben, wie sich aus Pressemeldungen über ihre Tätigkeit schließen läßt. Starewicz, der auf dem X. Plenum (am 25. Juni 1971) als ZK-Sekretär ausschied, wäre der letzte hohe Parteifunktionär jüdischer Herkunft gewesen, hätte nicht Jabłoński zu den neu ernannten Politbürokandidaten gehört. Über die Veränderung, die dadurch eintrat, daß Moczar den ZK-Sekretärposten aufgab, wird noch zu reden sein.

Eine Umwälzung in der Führungsspitze brachte der VI. Parteitag im Dezember 1971[32]. Cyrankiewicz, Moczar und Jędrychowski schieden aus dem Politbüro aus. Für Moczar war es das Ende einer Rivalität mit Gierek, die noch genauer untersucht werden soll. Jędrychowskis Rücktritt bedeutete, daß Gierek infolge seines inzwischen im Kreml gewonnenen Vertrauenskredits darauf verzichten konnte, als Ausweis seiner Zuverlässigkeit polnische »Moskowiter« um sich zu scharen. Auf die leeren Plätze rückten die bisherigen Kandidaten Jabłoński, Jagielski und Jaruzelski. Außerdem wurde Szlachcic sofort Vollmitglied und ZK-Sekretär, womit er eine seit dem Gomułka-Sturz ungewöhnliche Karriere hinter sich brachte. Zu neuen Kandidaten wurden die bisherigen ZK-Sekretäre Barcikowski, Kania und überraschenderweise Grudzień gewählt, von dem kaum etwas anderes bekannt war, als daß er die Eigenschaft hatte, ein treuer Gefolgsmann des Parteichefs zu sein, dessen Nachfolger in Kattowitz er vor knapp einem Jahr geworden war. In das ZK-Sekretariat gelangten neu – mit einer Ausnahme – wenig bekannte Personen. Kowalczyk hatte sich als Parteimann für Wirtschaftsfragen in Oberschlesien hochgedient. Auch Łukaszewicz besaß eine oberschlesische Vergangenheit und bildete später als Parteisekretär in Warschau ein gewisses Gegengewicht gegenüber Kępa. Frelek hatte sein Leben zwischen Presse und Partei verbracht. Als Pressesekretär Kliszkos eng mit der vergangenen Ära verbunden, hatte er sich rechtzeitig durch Kontakte und Betätigung in anderer Richtung gesichert. Infolge Spezialisierung auf Außenpolitik war er im April 1971 Leiter der Auslandsabteilung des ZK der Partei geworden. Große Bedeutung kam der Berufung von Andrzej Werblan zum Mitglied des ZK-Sekretariats zu. Über ihn soll noch bei Betrachtung der Führungsmannschaft, die Gierek um sich gesammelt hat, besonders gesprochen werden. Die Ämterverteilung in der Parteiführung wurde diesmal nicht der Presse bekanntgegeben.

In der Provinz wurden die Ersten Sekretäre der Wojewodschaftskomitees der Partei in der Mehrzahl ausgewechselt. Die Erfahrung hatte gezeigt, wie wichtig es war, daß die »Landesfürsten« zum obersten politischen Führer hielten. Es waren keine Veränderungen auf einen Ruck, sondern sie verteilten sich über ein Jahr. Eine passende Gelegenheit schien besonders die Zeit unmittelbar nach einer ZK-Sitzung zu sein, auf der natürlich entsprechende Entscheidungen gefallen waren. Der langsame Ablösungsprozeß war typisch für den Regierungsstil Giereks. Aus dem Studium der Liste der Neubesetzungen bis Januar 1972 ergibt sich, daß in vier Fällen das Aufrücken der bisherigen Amtsinhaber in die Zentrale, in zwei das Versagen bei den Unruhen und Streiks und in sieben die politische Haltung die Ursache waren, wobei der Moczar-Anhänger Łaszewicz in Białystok, der sich hartnäckig sträubte, seinen Posten zu räumen, zur letzten Kategorie zu zählen ist. Er wurde zwar auf dem Parteitag zum Vorsitzenden der Zentralen Revisionskommission, aber nicht wieder in das ZK gewählt. Damit war die Handhabe gegeben, um ihn in Białystok abzulösen. So haben von insgesamt 19 (einschließlich der gleichrangigen Stadtorganisationen von Warschau und Lodz) Ersten KW-Sekretären vorerst nur sechs den Führungswechsel überdauert.

Die Personalveränderungen betrafen zu einem guten Teil militante Repräsentanten und Sympathisanten der Moczar-Richtung. In dem schwierigen Stettin behauptete sich der erste Nachfolger von Walaszek nur ein Dreivierteljahr, dann wurde schon wieder gewechselt. In Danzig erhielt mit dem Weggang Karkoszkas der bisherige Vorsitzende des Wojewodschaftspräsidiums, Bejm, die Parteileitung. Ein Sprung dieser Art vom Regierungs- in das Parteiamt ist selten. Bejm hatte sich bei den Unruhen maßvoll und verständigungsbereit gezeigt. Auf der mittleren und unteren Parteiebene sind Veränderungen kaum bekanntgeworden. Man weiß, daß sie an einigen Stellen, z. B. Lodz, umfangreich waren, aber überwiegend scheint das Funktionärskorps, mit dem Gomułka fast anderthalb Jahrzehnte regierte, mit heiler Haut davongekommen zu sein. Es war praktisch auch schwer zu ersetzen. Rasch hat es sich auf die neue Linie eingestellt und legt täglich von seiner Anpassungsfähigkeit Zeugnis ab.

Die Veränderungen in der Regierung wurden etappenweise vorgenommen, auf den Sejmsitzungen im Dezember 1970, Februar, Oktober und Dezember 1971. Man hatte nicht den Eindruck eines fertigen Umbesetzungsprogramms, das allmählich erfüllt wurde, sondern von taktischen Zügen, die sich aus der jeweiligen Situation ergaben. Sejmmarschall Wycech war auf der Dezember-Sitzung 1970 des Parlaments nichts von Rücktrittsabsichten anzumerken, die er im Februar darauf bekanntgab. Der Vizepremier und Vorsitzende der Planungskommission Majewski wäre auf der groß aufgemachten Tagung der Volkswirtschaftlichen Gesellschaft Anfang Januar 1971 kaum als Sprecher der Regierung hervorgetreten, wenn seine Abberufung damals schon festgestanden hätte; sie erfolgte am 12. Februar. Ob die Versetzung des Unterstaatssekretärs im Kulturministerium Rusinek in den Ruhestand wegen Erreichung der Altersgrenze[33] eine reine Routineangelegenheit war, oder ob der Verzicht auf die Möglichkeit einer Verlängerung der Dienstzeit einen politischen Hintergrund hatte, bleibt offen. Rusinek war nebenbei Generalsekretär des ZBoWiD, eine Funktion, die er weiter ausübt.

Der Personalwechsel nahm im ganzen einen verhältnismäßig geringen Umfang an. Abgesehen von den Posten des Premiers und Innenministers sowie der Ernennung eines für Kulturpolitik zuständigen Vizepremiers wurden Wirtschaftsressorts mit mehr fachlich als politisch profilierten Persönlichkeiten besetzt. Der Vormarsch der Technokraten hatte begonnen. Erst im Oktober 1971 ließen zwei andersgeartete Fälle auf Störungen im Apparat schließen. Kulturminister Motyka und Justizminister Walczak schieden aus. Der ehemalige Sozialist Motyka gehörte zu den »liberalen« Kommunisten. Im Jahre 1968 hatte er mit keinem Wort in den nationalistischen und »antizionistischen« Chor eingestimmt. Sowohl den Partisanen wie den Stalinisten war er schon lange ein Dorn im Auge. Sein Abgang konnte nur bedeuten, daß gegenüber Schriftstellern und Künstlern ein Kurs ähnlich wie in der Sowjetunion gesteuert werden sollte. Wahre Rätsel gab der Wechsel im Justizministerium auf. Politische Gründe waren nicht zu erkennen, sachliche wurden nicht genannt, da aber Walczak, der bisherige Inhaber des Ressorts, auf keinen anderen Posten berufen wurde und auch bei den Sejmwahlen im März 1972 kein Abgeordnetenmandat erhielt, müssen Meinungsverschiedenheiten über die Rolle der Justiz vorgelegen haben.

Am 22. Dezember 1971 wurden im Anschluß an den VI. Parteitag vom Sejm wieder Regierungsveränderungen beschlossen[34]. Wie erwartet, schied Szlachcic, der ganz in die Parteiarbeit überging, als Innenminister aus. An seine Stelle trat der in der Öffentlichkeit weitgehend unbekannte Wiesław Ociepka, der bisher im Parteiapparat tätig gewesen war. Seine Funktion blieb untergeordnet, da der Sicherheitsdienst weiter fest in der Hand von Szlachcic lag. Nachdem Olszowski auf dem Parteitag eine Rede gehalten hatte, die zur einen Hälfte den Massenmedien und zur anderen der Außenpolitik gewidmet war, über die er sich auch vor der Auslandspresse äußerte, überraschte seine Ernennung zum Außenminister nicht mehr. Dies konnte im Sinne einer noch engeren Anlehnung an Moskau und einer noch deutlicheren Wahrung von Distanz zum Westen zu verstehen sein, soweit nicht rein innenpolitische Motive für den Personalwechsel vorlagen. Jędrychowski wurde mit dem Finanzministerium, einer undankbaren und politisch unbedeutenden Aufgabe, mangelhaft entschädigt. Für die Sejmwahlen 1972 wurde er nicht mehr als Kandidat aufgestellt. Als langjähriger Planungschef war er zu eng mit der Wirtschaftspolitik der Gomułka-Ära verflochten. Stanisław Wroński, der Nachfolger Motykas auf dem Kulturministersessel, brachte wenig Voraussetzungen für das Beschreiten neuer Wege auf geisteswissenschaftlichem und künstlerischem Gebiet mit. Wroński war Verlagsleiter von »Książka i Wiedza« (Buch und Wissen) gewesen. Was er 1968 in einem »Trybuna-Ludu«-Interview[35] – das Parteiorgan stellte ihn als den »bekannten ZBoWiD-Aktivisten« vor – über seine Verlagsplanung bekanntgab, bewegte sich im Sinne einer Geschichtsauffassung, die Nationalismus im kommunistischen Gewande und Heroenkult in Verbindung mit dem Kriegs- und Widerstandserlebnis in den Mittelpunkt stellte. Wenige Tage vor seiner Ernennung trat Wroński im Warschauer Rundfunk – vom Sender in gleicher Weise wie von der »Trybuna Ludu« als Partisanenparteigänger apostrophiert – mit einer Betrachtung über den Parteitag hervor. Er sprach u. a. davon, daß der Sinn der kulturellen Entwicklung vor allem darin liege, alle Werte der Vergangenheit nicht zu übergehen, sondern zu adoptieren[36]. Karkoszka als Minister für Bauwesen und Baumaterialindustrie war insofern wichtig, als die Partei den Wohnungsbau unbedingt stark vorantreiben wollte. Ihm war damit eine schwere Last aufgebürdet. Als örtlicher Parteiführer in Danzig war er bei den Dezember-Ereignissen nicht unangefochten geblieben. Er mußte sich sagen, daß Gierek die Gelegenheit wahrgenommen hatte, in der Hafenstadt einen neuen Leiter einzusetzen. Im ganzen bewegten sich die Personalveränderungen zwar nicht auf einer orthodox-dogmatischen, aber auch nicht liberalen Parteilinie. Es herrschte der Eindruck vor, daß eine geschickte Kräfteverteilung zur Kaltstellung von Mitarbeitern Gomułkas geführt hatte und bei der Auswahl neuer Männer neben der sachlichen Befähigung Stimmungen verschiedener Art in Partei und Bevölkerung Berücksichtigung fanden.

Die Regierungsbildung nach den Sejmwahlen 1972 brachte keine wesentlichen Veränderungen. Nachfolger von Cyrankiewicz wurde Professor Henryk Jabłoński, der in Frankreich Widerstandskämpfer gewesen war und der Sozialdemokratie bis zu ihrer Vereinigung mit den Kommunisten angehört hatte. Gierek hielt es offenbar für taktisch klug, einen ehemaligen Sozialisten und Repräsentanten des Geisteslebens zum nominellen Staatsoberhaupt zu kreieren. Er dürfte auch daran gedacht haben, daß Jabłońskis jüdische Abstammung dazu geeignet war, den Vorwürfen im Ausland wegen eines in Polen herrschenden Antisemitismus zu begegnen.

Den Vizepremierposten verlor Eugeniusz Szyr, einer der prominentesten Wirtschaftspolitiker aus der Stalin-Zeit, der 1956 stürzte, aber 1959 von Gomułka zurückgeholt wurde. Die antisemitische Welle schwemmte ihn 1968 aus der Parteiführung fort. Sein Regierungsamt verlor er jetzt, weil seine nationalökonomischen Anschauungen mit denen Giereks nicht übereinstimmten. Er wurde mit dem Vorsitz des Rates für Materialwirtschaft abgefunden.

Wer waren die Männer, mit denen Gierek sein Regiment begann? Sein Verhältnis zu Moczar, der im Dezember 1970 als der zweitmächtigste Mann im Staat gelten konnte, weil ihm Armee, Polizei und Verwaltung unterstanden, ist ein besonderes Kapitel. Nach außen hin trat am häufigsten Jan Szydlak hervor, ein gebürtiger Oberschlesier, der nach einer von Ewa Wacowska wiedergegebenen unbestätigten Version während des Krieges ein »deutsches Papier« annahm und in der Wehrmacht diente[37]. Wahrscheinlich habe er sich dabei irgendwelche Verdienste für die Kommunisten erworben. Sollte die Version stimmen, käme nur die letzte Kriegsphase – Szydlak ist Jahrgang 1925 – in Frage. Die offizielle Biographie gibt an, daß er während der Okkupation in Bergwerken arbeitete, eine Betätigung als Widerstandskämpfer wird nicht erwähnt. Im Polnischen Jugendverband, der im Januar 1957 der Auflösung verfiel, brachte er es bis zum Sekretär des Hauptvorstandes. In den fünfziger Jahren war er außerdem zweimal für einige Zeit als Parteifunktionär in Kattowitz tätig. Von daher stammen seine Beziehungen zu Gierek, die aber erst etwas enger wurden, nachdem im Oktober 1956 die stalinistischen Typen, die Szydlak sich als Vorbilder genommen hatte, verblaßten. Man wußte nicht recht, ob er mehr zu Gomułka, zu Gierek oder den Partisanen hielt. Es kann auch sein, daß Gierek ihn als Vermittler zu der Moczar-Gruppe benutzte. Was die Härte seines Auftretens gegen »Revisionisten«, »Zionisten« und »klerikale Reaktion« anbelangt, hätte er ganz gut zu den Partisanen gepaßt. Nach dem Führungswechsel geißelte er das gestürzte Regime, in dem er es schon zum Politbürokandidaten gebracht hatte, und ereiferte sich über Karrieristen und Intriganten sowie über die Beurteilung der Menschen »nach Gehorsam gegenüber der Obrigkeit und nicht nach dem, was sie können[38]«. Dies hinderte ihn nicht, auch in der neuen Situation gern von Geschlossenheit der Parteireihen und eiserner Disziplin zu sprechen. Seine Fähigkeiten liegen sicher nicht auf geistigem, offenbar aber auf organisatorischem Gebiet.

In dieser Beziehung steht ihm der um zwei Jahre jüngere Edward Babiuch kaum nach, der mit Gierek die Herkunft aus dem Kreise Będzin und aus einer Bergarbeiterfamilie gemein hat. Seine politische Karriere hat er in Kattowitz begonnen. Er war ein zäher und ruhiger Arbeiter, der schon eine wichtige Rolle spielte, als die Öffentlichkeit nicht einmal seinen Namen kannte. 1968 hat er innerhalb der Partei ausgleichend gewirkt und Vorstöße der Partisanen zusammen mit Gierek abgewehrt. Als ab 1969 die Spannungen der Zentrale mit Kattowitz zunehmen, wird Babiuch, nunmehr stellvertretender Leiter der Organisationsabteilung des ZK, als Warschauer Vertrauensmann und Informant für Gierek von unschätzbarem Wert. Er ist einer der engen Mitarbeiter, auf die der neue Parteichef sich unbedingt verlassen kann und deren organisatorische Inszenierungskunst sich stets bewährt. Mit der Ernennung zum Politbüromitglied und ZK-Sekretär hat der 43jährige einen kometenhaften Aufstieg erlebt.

Im Sejm schlug am 23. Dezember 1970 der Abgeordnete Gierek vor, anstelle des zurückgetretenen Cyrankiewicz zum neuen Vorsitzenden des Ministerrats Piotr Jaroszewicz zu wählen, was auch einstimmig geschah. Er war seit vielen Jahren führender Wirtschaftspolitiker und vertrat sein Land im »Rat für gegenseitige Wirtschaftshilfe« (Comecon). Seine fachlichen Qualitäten waren für Gierek nicht ausschlaggebend, denn der Name Jaroszewicz ist ebenso wie der von Jędrychowski und Jaszczuk mit den ökonomischen Fehlern der Vergangenheit verbunden. Aber er ist ein »Moskowiter«, der sich während des Krieges in der Sowjetunion aufhielt. Er ist sogar 1940 sowjetischer Staatsbürger geworden und hat in der auf sowjetischem Boden entstandenen polnischen Berling-Armee gekämpft, in der er rasch zum General aufstieg. Der aus einer westlichen KP hervorgegangene Gierek brauchte dringend einen »Moskowiter« mit weitreichenden persönlichen Beziehungen zum Kreml auf dem Premierposten. Jaroszewicz war bekannt für seine grenzenlose Ergebenheit gegenüber der »führenden Macht des Sozialismus«.

Innenpolitisch galt er als Opportunist, der sich der jeweils stärksten Parteigruppe anschloß, auch im Jahre 1968. Den Ehrgeiz, eine selbständige Rolle zu spielen, besitzt er nicht. Gierek konnte sicher sein, daß Jaroszewicz sich ihm unterordnete.

Schwer verständlich ist die Belassung von Władysław Kruczek im höchsten Parteigremium, dessen stalinistische Einstellung allgemein bekannt ist. Vor dem Kriege ist der 1910 geborene Kruczek als Mitglied der KPP mehrmals in Haft gewesen. In den beiden ersten Kriegsjahren weilte er in Lemberg, ab 1942 kämpfte er in den Reihen der Roten Armee. Die »Moskowiter« können ihn also als einen der Ihren betrachten, obwohl ihm die sowjetische politische Schulung fehlt. Er geriet in Gefangenschaft, floh und betätigte sich als Widerstandskämpfer in der Wojewodschaft Rzeszów. Von den Deutschen ergriffen, verbrachte er den Rest des Krieges in den Konzentrationslagern von Auschwitz, Oranienburg und Sachsenhausen. Da in der offiziellen Biographie genauere Daten fehlen, lassen sich die Dauer seiner Frontsoldatenexistenz und seiner Haft nicht genau umgrenzen. Als er durch die Oktoberbewegung wegen seiner hartnäckigen Gegnerschaft gegen alle Reformen als Parteichef der Wojewodschaft Bromberg abgesetzt wird, gelingt ihm ein einzigartiges Stück. Er kehrt in seine Heimat Rzeszów zurück, sammelt eine alte Garde stalinistischer Bürokraten um sich und intrigiert gegen den neuen Ersten Sekretär Zenon Wroblewski. Diesem spricht tatsächlich nach einigen Monaten das Wojewodschaftskomitee der Partei sein Mißtrauen aus und beruft Kruczek. Zum erstenmal ist auf diese Weise eine Entscheidung der obersten Parteiführung geändert worden. Das Grollen Gomułkas machte sich dadurch bemerkbar, daß Kruczek zwei Jahre auf die notwendige Bestätigung seiner Wahl durch das ZK warten mußte. Ewa Wacowska, die diese Geschichte erzählt, schildert ihn als einen rücksichtslosen Menschen und behauptet boshaft: »Es gibt keinen Preis, den er nicht aus öffentlichen Mitteln für den Aufbau der eigenen Karriere bezahlen würde[39].« Nach dem Sturz seiner alten stalinistischen Freunde im Oktober vertrat er weiter den orthodoxen Parteiflügel und unterhielt Beziehungen zu den Partisanen. Aus was für einem Holz er geschnitzt ist, zeigte er auf der ZK-Sitzung im Juli 1968, wo in der Diskussion Fehler und Übergriffe – die milde Umschreibung eines skandalösen Tatbestandes – bei Säuberungen der Partei von »Zionisten und Revisionisten« zugegeben wurden. Dazu meinte Kruczek kaltschnäuzig: »Wo gehobelt wird, da fallen Späne[40].« Es erscheint rätselhaft, daß ausgerechnet er, der nie etwas mit Gewerkschaftsfragen zu tun gehabt hatte und 1956 gegen die Bewegung der Arbeiterräte aufgetreten war, nicht nur seine Politbüromitgliedschaft behielt, sondern auch noch mit der Leitung der Gewerkschaften beauftragt wurde. Er mußte geradezu als ein Garant dafür angesehen werden, daß aus einer Arbeiterselbstverwaltung, die diesen Namen verdiente, aus Mitbestimmung und anderen Reformen, die von den Arbeitern bei den Unruhen verlangt worden waren, nichts wurde. Bei dem Streik im Februar 1971 in Lodz, auf den noch zurückzukommen sein wird, verhielt er sich passiv. In den ersten Monaten des Gierek-Regimes gehörte Kruczek zu den am häufigsten nach außen hervortretenden politischen Persönlichkeiten. Doch scheint er zunehmend eine Belastung geworden zu sein. Zur Motivierung des Fehlgriffs tauchte in Warschau die Version auf, man habe ihn durch die Übertragung der Gewerkschaftsleitung von seiner »Hausmacht« Rzeszów lösen wollen. Das war nur unvollkommen gelungen, denn Kruczek zeigte weiterhin großes Interesse für seine alte Wojewodschaft, besuchte sie oft und ließ sich als ihr Delegierter für den Parteitag aufstellen. Er brachte es sogar fertig, Kazimierz Kąkol, Chefredakteur der Zeitschrift »Prawo i Życie« und einer der exponiertesten Vertreter der Partisanenpolitik, nach Rzeszów mitzubringen und ihm ebenfalls einen Platz auf der Delegiertenliste zu verschaffen. Auf dem Parteitag gelang es dem gewandten Kąkol, Kandidat des ZK zu werden. Es sind Zweifel laut geworden, ob Kruczek sich lange in der obersten Parteiführung halten wird.

Außer Szydlak und Babiuch gehören zu den jüngeren Politbüromitgliedern Józef Tejchma und Stefan Olszowski. Tejchma (Jahrgang 1927) ist bäuerlicher Herkunft und betätigte sich in der Landjugend »Wici«, die sich 1948 mit dem »Verband der Jugend Polens« verschmelzen mußte. Hier gelangte Tejchma in führende Stellungen. Der Partei trat er erst 1952 bei. Nach der Auflösung des Staatsjugendverbandes übernahm er die Führung des neu gegründeten »Verbandes der Dorfjugend«. Er sorgte dafür, daß diese Organisation, um die sich die Bauernpartei sehr bemühte, ein Instrument der Gomułka-Partei auf dem Lande wurde. Damit schuf er sich die Voraussetzung, um Leiter der Landwirtschaftsabteilung des ZK zu werden. Als erster Angehöriger der aus der ehemaligen Staatsjugendorganisation stammenden Generation wurde er 1964 ZK-Sekretär. Er gebärdete sich nie radikal, hielt keine flammenden Reden und verfolgte eine pragmatische Politik. Der Übergang von Gomułka zu Gierek bereitete ihm keine Schwierigkeiten. In der neuen Regierung Jaroszewicz wurde er Ende 1972 Vizepremier, mußte aber den ZK-Sekretärsposten aufgeben. Er ist ein Mitarbeiter, der sich konventionell verhalten und nicht durch selbständige Initiativen auffallen wird.

Eher könnte Stefan Olszowski, ein Lehrersohn aus Thorn, Jahrgang 1931, Überraschungen bieten. Auch er ist aus der Staatsjugend hervorgegangen und leitete einige Jahre die »Vereinigung Polnischer Studenten«. Von hier machte er den Sprung in die Politik. Nach dreijähriger Tätigkeit als Parteisekretär in Posen, wo Szydlak sein Chef war, erreichte er mit 32 Jahren die Stellung des Leiters des Pressebüros des ZK. Erwin Weit schildert sein Verhalten anläßlich der Botschaft der polnischen Beschöfe an ihre deutschen Glaubensbrüder. Dieser Schritt wurde von der Partei zu heftigen Angriffen auf die Kirche benutzt, der Verräterei und »schändliches Treiben« vorgeworfen wurden. Als Kardinal Wyszyński und andere kirchliche Würdenträger von Verleumdungen sprachen, wurde die Botschaft zwar nicht in einer Zeitung, aber in der Zeitschrift »Forum« im angeblichen Wortlaut veröffentlicht. Wyszyński warf dem »Forum« Fälschungen vor, eine Behauptung, die er auch aufrechterhielt, als sich Gomułka im Januar 1966 in die Kampagne unter Bezug auf die »Forum«-Quelle einschaltete. Daraufhin wurde der Übersetzer Weit zu Olszowski zitiert, der unter den Augen von dessen beiden Stellvertretern den »Forum«-Text mit einer von dem PAP-Vertreter in Bonn übermittelten Fassung zu vergleichen hatte, die auf dpa-Material beruhte. Olszowski stellte die Weichen für die Prüfung mit der wiederholten Bemerkung: »Unserer Meinung nach gibt es keine Entstellungen.« Weit fand aber, als er die echte dpa-Meldung vorliegen hatte, im »Forum« 201 Fehler und Entstellungen, die den Sinn verfälschten oder einfach eine tendenziöse Fälschung darstellten. Dennoch wurde der

Öffentlichkeit versichert, es gebe keine wesentlichen Unterschiede[41]. Der Vorfall sagt etwas über den Charakter Olszowskis aus, der durch skrupelloses Machtstreben geprägt ist. Er hat Neigungen zu den Partisanen besessen, jetzt war er für Gierek, aber Gerüchte besagten, daß sich um ihn auch opponierende Männer des harten Kurses scharten. Er mußte den ZK-Sekretärsposten abgeben, als er zum Außenminister ernannt wurde. Für diesen Machtverlust in der Partei war der Minister kein vollwertiger Ersatz. Beizeiten sorgte der neue Parteichef dafür, daß Gegenpole sich nicht so leicht bilden konnten.

General Wojciech Jaruzelski ist ein anerkannt fähiger Offizier, der vorrangig in strategischen Kategorien, und zwar streng innerhalb des Rahmens des Warschauer Paktes denkt. Für Gierek wird er ein loyaler Mitarbeiter ohne eigene politische Ambitionen sein. Völlig militaristisch und autoritär war seine Entgegnung auf die Vorwürfe der Werftarbeiter, was er denn als in Stettin gewählter Abgeordneter in den kritischen Unruhetagen für die Stadt getan habe. Er berief sich darauf, daß in keinem Lande der Welt der Verteidigungsminister nicht auch Abgeordneter sei, eine nicht zutreffende Behauptung. Bei ihm, so sagte er, habe dies eine besondere Bedeutung, weil auf das einzige polnische Gebiet auf der anderen Oderseite die westdeutschen Revanchisten die stärksten Ansprüche erhöben. Auf die Idee, sein Mandat als Vertretung der Wählerschaft aufzufassen, kam er nicht. Bei den Sejmwahlen 1972 ist er in Stettin nicht wieder auf die Kandidatenliste gesetzt worden.

Der zweite militärische Repräsentant in der Parteispitze, General Franciszek Szlachcic, hat seine Laufbahn in Oberschlesien begonnen, wo er sich in der Verfolgung von ehemaligen Angehörigen der nationalen Heimatarmee (AK) hervortat. Nach dem Oktober 1956 unterhielt er als Sicherheitschef in Kattowitz gute Beziehungen zu Gierek, was ihm später zugute kommen sollte. Als Moczar Innenminister war, hieß sein 1. Stellvertreter Szlachcic. Man rechnete ihn damals zur Führung der Partisanengruppe. Er soll noch nach der Besetzung der Tschechoslowakei scharfe antizionistische Maßnahmen in Polen gefordert haben. An den Säuberungsaktionen des Jahres 1968 ist er ebenso maßgeblich beteiligt wie an der Niederschlagung der Dezember-Unruhen, obwohl er sich hinterher davon distanzierte. Seine Ernennung zum Innenminister nach Gomułkas Sturz galt als ein Erfolg Moczars. Jedoch geschah es, daß aus dem Saulus ein Paulus wurde. Gierek begegnete Szlachcic als altem Bekannten aus Kattowitzer Jahren. War es des neuen Parteichefs persönliche Anziehungskraft oder die kühle Einsicht des anderen, daß es sicherer sei, die Gewinnerseite zu wählen? Zur Enttäuschung der Partisanen schwamm Szlachcic bald ganz im Kielwasser des Schlachtschiffes Gierek. Der Lohn waren die Vollmitgliedschaft im Politbüro und der ZK-Sekretär. Gierek wußte damit die sicherheitsdienstlichen Aufgaben in erfahrenen Händen.

Langsam ist in die engere Führung Mieczysław Jagielski hineingerückt. In seinem offiziellen Lebenslauf wird die soziale Herkunft nicht erwähnt, aber seine Betätigung im Kriege in einer der Familie gehörenden Landwirtschaft weist in die bäuerliche Richtung. Widerstandskämpfer hätte er – Jahrgang 1924 – erst in den letzten Kriegsjahren sein können, darüber werden jedoch keine Angaben gemacht. Seine politische Karriere führte über landwirtschaftliche Organisationen und die Landwirtschaftsabteilung des ZK in das Landwirtschaftsministerium, das er seit 1959 leitete. Er bewältigte die schwierige Aufgabe, die Sozialisierung des Dorfes zu fördern, ohne von dem Mittel der Zwangskollektivierung Gebrauch zu machen, mit einigem Erfolg. Die Steigerung der Getreideproduktion bis zu dem Punkt, daß Importe überflüssig wurden, schaffte er freilich nicht, obwohl Gomułka darauf versessen war, dieses Ziel zu erreichen. Als er Mitte 1970 Vizepremier wurde, das Landwirtschaftsministerium jedoch abgeben mußte, war dies gleichbedeutend mit einem Abschieben auf ein totes Gleis. Der Führungswechsel, an dem er keinen Anteil hatte, gab ihm eine neue Chance. Gierek beauftragte ihn mit der Vertretung Polens im »Rat für gegenseitige Wirtschaftshilfe«[42]. Moskautreue gehört zur konservativen Parteiauffassung Jagielskis, für ihre Bekundung bietet der Comecon genügend Gelegenheit. Eine weitere Funktion wies Gierek ihm erst nach längerem Schwanken zu. Vielleicht war Jagielski dem Parteiführer zu sehr Beamtennatur. Der Posten des Leiters der Staatlichen Planungskommission war seit der Sejmsitzung im Februar 1971 frei und sollte laut Ankündigung von Jaroszewicz »in nächster Zeit« besetzt werden. Als Favorit galt Stanisław Kuziński, Leiter der Abteilung Leichtindustrie, Handel und Bauwesen im ZK. Gierek ließ ihn auf dem VIII. ZK-Plenum vom Kandidaten zum Vollmitglied dieses Gremiums aufrücken. Als Sprecher der Abgeordnetenklubs trat Kuziński im Sejm am 19. März bei der Einbringung des Gesetzentwurfs über eine Änderung des Wirtschaftsplans 1971 hervor. Der theoretisch und praktisch erfahrene Wirtschaftspolitiker paßte in seinem Pragmatismus gut zu Gierek. Gegen die geplante Ernennung gab es jedoch Widerstände, weil Kuziński 1956 wirtschaftliche Reformpläne der Revisionisten unterstützt haben sollte. Was war einfacher, um die Kandidatur zu Fall zu bringen, als auf die Möglichkeit zu verweisen, daß er in Moskau Anstoß erregen könnte? Ende März 1971 druckte die »Trybuna Ludu«[43] ein mehr als einen Monat früher in der »Prawda«[44] erschienenes Interview mit dem sowjetischen Planungschef Baibakow nach. Das polnische Parteiorgan brachte trotz der Verspätung das Interview, auf der ersten Seite beginnend, im vollen Wortlaut. Darin klang wie eine Mahnung an Polen die Forderung, bürgerliche und revisionistische Auffassungen ebenso wie die »Herabsetzung« der Rolle der zentralisierten Planung oder auch die »Übertreibung« der Rolle des Marktes und andere »Entstellungen« der Prinzipien planmäßiger Wirtschaftsleitung zu bekämpfen. Nachdem Jagielski auf dem Comecon-Wege mit den Sowjets guten Kontakt gewonnen hatte, betraute ihn Gierek mit der ein halbes Jahr unbesetzt gebliebenen Leitung der Planungskommission[45]. Die beiden Ämter waren bisher noch nie in einer Hand vereinigt gewesen. Aus dem Kandidatenzustande im Politbüro kam er erst durch den VI. Parteitag heraus. Kuziński wurde zwar noch auf dem Parteitag die Leitung der Arbeitsgruppe Außenhandel übertragen, aber er wurde nicht wieder in das ZK gewählt und erstattete deswegen auch nicht auf dem II. Plenum des neuen ZK den Bericht über seine Arbeitsgruppe.

Es ist kaum ein Geheimnis, daß zwischen Gierek und Józef Kępa Spannungen bestehen. Der Leiter der Warschauer Parteiorganisation hat immer zu einer radikalen Richtung im Parteisinne geneigt. Als Jahrgang 1928 bedarf er keiner Nachweise heroischer Kriegstaten. Über Jugend- und Studentenorganisationen hat er Eingang in den Parteiapparat gefunden. Seine Rolle bei der Liquidierung des Klubs »Krummer Kreis«, der den Geist der

Oktoberbewegung kultivierte, war wichtig und unrühmlich. Für ihn konnte es 1968 gegenüber der aufsässigen jungen Generation nicht scharf genug hergehen; er gehörte zu den eifrigsten Säuberern. Als Kandidat gelangte er wahrscheinlich durch Unterstützung der Moczar-Gruppe in den Vorraum des Politbüros. Es sollte sich bald herausstellen, daß es um seine Loyalität gegenüber Gierek nicht gut bestellt war. Im Sommer 1970 wurde er eine Zeitlang in der Öffentlichkeit nicht mehr genannt. Es hieß, daß er einen heftigen Zusammenstoß mit Gierek gehabt habe, dessen Politik des fortgesetzten Dialogs mit der Masse er nicht billigte. Als einziger der vier Politbüro-Kandidaten ist er auf dem VI. Parteitag nicht Vollmitglied des obersten Parteigremiums geworden. Er bleibt ein Gegner, mit dem der Parteichef rechnen muß. Seine Unbeliebtheit bei der Warschauer Bevölkerung zeigte sich darin, daß er, der Spitzenkandidat seines Wahlkreises, bei den Sejmwahlen 1972 von den sieben gewählten Abgeordneten die wenigsten Stimmen erhielt.

Unter den neuen Mitgliedern des ZK-Sekretariats ragt Andrzej Werblan hervor, ein »Moskowiter«, der den Zweiten Weltkrieg in der Sowjetunion verbrachte und in der dort aufgestellten polnischen Armee kämpfte. Aus dieser Zeit hat er die Einstellung eines kompromißlosen kommunistischen Dogmatikers mitgebracht. Er spielte früh eine einflußreiche Rolle als Sekretär von Bierut. Der Oktober 1956 war ihm innerlich zuwider, aus seiner Abneigung gegen die Oktoberleute hat er nie ein Hehl gemacht. In seiner Rede am 6. Mai 1958 anläßlich der Übernahme der Literaturzeitschrift »Nowa Kultura« durch die Partei machte er vor der Pressekommission des ZK Ausführungen, in denen er den Revisionismus zum Feind Nr. 1 erklärte. Er wandte sich gegen »ungehemmte Kritik« der Vergangenheit (d. h. des Regimes bis 1956) und verlangte, daß die Literatur zur Formung des »sozialistischen Bewußtseins« beitrage. Er sprach nur vom »sogenannten Stalinismus« und zog den Ausdruck »Berija-Periode« vor. Der Redaktion der »Nowa Kultura« warf er schädliche Veröffentlichungen, besonders aus der Feder von Kołakowski, vor. Er trat für eine scharfe Überwachung von Literatur und Kunst ein. Auf dem Lubliner Schriftstellerkongreß im September 1964 meinte er, der Partei könne es gleichgültig sein, »wie« die Schriftsteller schreiben, aber sie müsse ein scharfes Auge auf das »Was« haben. Diese Einstellung hat er in allen Phasen beibehalten. Er war immer dabei, wenn es sich um Unterdrückung geistiger Freiheit und Maßregelungen von Geistesschaffenden handelte. In der offiziellen Biographie ist angegeben, daß er dem »ZBoWiD«-Präsidium angehört. 1968 ist er als Interpret der Partisanenpolitik hervorgetreten und hat den Antisemitismus damit gerechtfertigt, daß kein Volk einen »übermäßigen Anteil« einer nationalen Minderheit an der politischen Führung dulde[46]. Dabei handelte es sich um kommunistische Juden, die sich überhaupt nicht als Minderheit empfanden. Werblan ist in eine Schlüsselstellung eingerückt, in der die Bekämpfung des Revisionismus oder von dem, was er dafür hält, oberstes Ziel seines Handelns sein wird. Er könnte der Chefideologe des Gierek-Regimes werden. Die Übernahme der Chefredaktion des theoretischen Parteiorgans »Nowe Drogi«[47] gibt ihm Gelegenheit, sich in dieser Beziehung zu entfalten.

Mit den neuen Funktionen Werblans wurde Wincenty Kraśko, der Verantwortliche für Kulturpolitik in der Regierung, in die zweite Linie gedrückt. Gleich Werblan war er mitverantwortlich für die fortgesetzte Beschneidung der Freiheiten auf literarischem Gebiet und die Verfolgung von Schriftstellern. 1968 fanden liberale Literaten bei ihm keinen Schutz; er erklärte vielmehr, die schöpferische Freiheit werde von einigen Schriftstellern zu Angriffen auf die Partei mißbraucht[48]. Auch er war ein Garant dafür, daß die unter Gomułka zum Schaden des polnischen Rufs in der Welt betriebene reaktionäre Kulturpolitik erhalten blieb. Die Zuständigkeit von Kraśko erstreckte sich auf Wissenschaft, Bildung, Kultur, Jugend und Kirche[49]. Er selber hat außerdem Kunst, Touristik und Sport als ihm anvertraut genannt[50]. Dieses umfangreiche Aufgabengebiet berührte natürlich die Kompetenzen von Politbüro und ZK-Sekretariat. Es scheinen sich Differenzen ergeben zu haben. Als Jaroszewicz im neuen Sejm Ende März 1972 seine Regierungsliste vortrug, nannte er Kraśko nicht mehr unter den Vizepremiers. Seine Aufnahme unter die Staatsratsmitglieder war eine magere Entschädigung dafür.

Im Sinne der angekündigten besseren Unterrichtung der Öffentlichkeit wurde ein Unterstaatssekretär für Information, Włodzimierz Janiurek, ernannt[51], ein Oberschlesier, der die

Kattowitzer »Trybuna Robotnicza« geleitet hatte und später Botschafter in Prag gewesen war. Er konnte als ausgesprochener Vertrauensmann Giereks gelten. Seine Widersacher verwiesen darauf, daß er Wehrmachtsangehöriger (Leutnant der Luftwaffe) gewesen sei[52]. Janiurek hielt Pressekonferenzen ab, in denen er über Regierungsarbeit berichtete und Auskünfte erteilte, aber kaum über das hinausging, was gelegentlich analytische PAP-Artikel brachten. Eine Erleichterung der Zensur war in der Presse nicht zu spüren, wie schon ein Vergleich der Rundfunkübertragungen von Reden mit den gedruckten Texten zeigte. Durften die Zeitungen einmal eigene, nicht bloß die von PAP verfertigten Kommentare bringen, so drückten sie auch nichts als Zustimmung zur Regierung aus. Schon wenige Wochen nach den Dezemberereignissen glich das Bild der Zeitungen ganz der Vergangenheit. Die Verstärkung der in den letzten Jahren nur geringen Störtätigkeit gegen ausländische Sender bedeutet sogar eine Verschlechterung im Bereich der Publizistik.

Es war eine heterogene Mannschaft, mit der Gierek zu arbeiten hatte. Allmählich hatte er die Mehrzahl der führenden Personen der Gomułka-Zeit zurückgedrängt, aber wen hatte er statt dessen gewonnen? Abgesehen von den Rücksichten, die er aus taktischen Gründen zu nehmen hatte, war es überhaupt schwer, eine Auslese im Funktionärskorps zu treffen. Es war zu beobachten, daß er Technokraten und Fachmännern vor reinen Apparatschiki den Vorzug gab. Leider machten auch Parteileute Karriere, die eine mehr oder weniger belastende sicherheitsdienstliche Vergangenheit hatten. Bei dem Reservoir, aus dem Gierek schöpfen mußte, ließen sich diese Typen schwer völlig übergehen. Es war auch kein Glück für ihn, daß er auf eine Schicht jüngerer politischer Emporkömmlinge stieß, die aus dem einst allmächtigen Staatsjugendverband stammten, der bei der polnischen Jugend derart in Verruf geraten war, daß sie ihn in den Oktoberstürmen glatt hinwegfegte. Im Januar 1957 blieb ihm nichts anderes als die Selbstauflösung übrig. Die kompromittierten Funktionäre von damals befanden sich 1970 in einem Alter, das sie zur Übernahme hoher verantwortlicher Stellungen an sich geeignet erscheinen ließ. Sie lösten eine ältere Generation ab, die durch Untergrundkampf und Konzentrationslager hindurchgegangen war. Mit der Gierek-Ära begann dieser aus natürlichen Gründen unausweichliche Prozeß ein größeres Ausmaß anzunehmen. Er kam Menschen zugute, die der Politik besser ferngeblieben wären. Die Würdenträger der gescheiterten Jugendorganisation hatten zu früh Macht geschmeckt, Privilegien genossen und Erfahrungen mit dem politischen Ränkespiel gesammelt. Sie waren bei der Wahl ihrer Mittel mitunter weniger von Skrupeln geplagt als die Männer vor ihnen, die schwere Leiden kennengelernt hatten. Ihre leeren Gesichter spiegelten nicht tiefere innere Regungen, dafür Kälte und Härte wider. Ihr Glaube an den Sozialismus erforderte von ihnen keine revolutionären Opfer, eröffnete vielmehr glänzende Karriereaussichten. Wer Charakter hatte, ordnete sich in diese Reihen nicht ein.

Obwohl Gierek in Danzig versicherte, daß nie die Zeit wiederkommen werde, da »alles in einer Hand« läge[53], ist es zweifelhaft, ob er ein Organ für »kollektive Führung« besitzt. Dennoch fehlt es ihm nicht an der Gabe, ihm geeignet erscheinende Leute für sich zu gewinnen und mit passenden Aufgaben zu betrauen. Freie Bahn in der Auslese hat er weitgehend nur in der Industrie, in der eine leitende Schicht heranwächst, die sich durch fachliche Qualitäten auszeichnet, jedoch nur schwach im Parteiboden Wurzeln geschlagen hat. Ihr spezialisiertes Wissen erlaubt der technischen Intelligenz die Bewahrung einer gewissen Unabhängigkeit des Urteils und des Handelns gegenüber manchen Parteientscheidungen. Über diese technische, in Polen von der humanistischen stark unterschiedene Intelligenz ist viel geschrieben worden. Auf den ausländischen Betrachter wirkt sie geradezu faszinierend. Klaus Wiborg berichtet aus Niederschlesien: »An der Spitze der Betriebe steht noch relativ junges, der Diskussion und dem freimütigen Gespräch offenes Management. Es sind rein fachlich ausgerichtete Technokraten, zwischen 35 und 45 Jahre alt, die nach dem Kriege ihr Hochschulstudium absolviert haben, alles andere als ›Apparatschiks‹ oder dogmatische Funktionärstypen, auch im äußeren Habitus oft ›westlich‹ modern. ›Unsere Aufgabe heißt Arbeit und technischer Fortschritt; wir haben keine Zeit, uns um Parteiarbeit, etwa gar noch im Betrieb zu kümmern‹, spricht es einer von ihnen beim zungenlösenden Begrüßungswodka unumwunden aus[54].« Man spürt, wie alt die Welt geworden ist, in der sich die Parteileute mit einem Denken bewegen, das ewige Jugend beansprucht, wofür sie bei ihren modernen Managern nur ein Hohnlachen ernten. So überlegen sich jedoch die Technokraten gegenüber einer »Diktatur der Dummheit« vorkommen, so störend sie Eingriffe der Parteibürokratie in die Wirtschaft empfinden, sie lassen sich regieren und entfalten keinen politischen Willen. Der Mißerfolg der Arbeiter bei den Bemühungen, die Studenten in Danzig zum Anschluß an die Demonstrationen zu bewegen, ist bezeichnend. Die technischen Hochschüler verharrten in politischer Abstinenz. »Der Fachmann«, sagt Aleksander Matejko, »will nicht wissen, wem das dient, was er macht. Das entschuldigt ihn in seinen eigenen Augen und befreit ihn von moralischer Verantwortlichkeit[55].« Er ist mit Überzeugung apolitisch, weil er sich nicht mit dem unmoralischen Geschäft der Politik beflecken will, wie Kępa festgestellt hat. Dennoch ist Gierek bei seinen Plänen weitgehend auf die Technokraten angewiesen. Sie werden ihm, der irgendwie einer der Ihren ist, lieber dienen als Gomułka, aber da er über ihre Mentalität Bescheid weiß, kann er nur in beschränktem Umfange daran denken, sie in Spitzenstellungen der Partei aufsteigen zu lassen. Er ist nicht in der Lage, auf ein auf Parteischulen herangezüchtetes Menschenmaterial zu verzichten, dessen Unzulänglichkeiten und charakterliche Schwächen er nur zu gut kennt.

Eine gewisse Abhilfe könnte vorerst, wenigstens was das Loswerden unmöglicher Existenzen anbelangt, die schon fast zu einer jugoslawischen Idee gewordene »Rotation der Kader« schaffen, mit der Kociołek Anstoß erregt hat. Gierek hat sich ebenfalls eindeutig dazu bekannt, wenn auch nicht öffentlich, sondern in dem Gespräch mit den Stettiner Werftarbeitern. Er meinte, daß er als kranker Mann nur einige Jahre an der Parteispitze stehen werde. Außerdem wolle er keine Führerfigur sein, er sei Bergarbeiter wie alle seine Verwandten. Einen guten Anfang gedenke er in der Beziehung zu machen, daß nicht, wie man scherzhafterweise sage, der König »lebenslänglich« bekomme und der Erste Sekretär nicht entweder sterbe oder von einer Welle zerschmettert werde. Nach Bernhard Heimrich hat Gierek den Plan gehabt, auf dem VI. Parteitag eine Rotation sogar für das Amt des Parteichefs offiziell einzuführen. Es sollte künftig – wie in der amerikanischen Verfassung – nur eine Wiederwahl erlaubt sein. Verhandlungen mit den sozialistischen Verbündeten hätten ihn von diesem Plan abgebracht[56]. Gierek mag schon nach kurzer Zeit die Bürde der Parteiführung schwer auf seinen Schultern gespürt, vielleicht auch daran gedacht haben, durch ein einmaliges Sichstellen zur Wiederwahl seine Popularität und seinen Einfluß zu steigern. Die Rotation sollte der Erstarrung des Apparats und der »neuen Klasse« entgegenwirken. In der Kattowitzer Wojewodschaft kam es vor, daß Ingenieure einige Jahre in die Parteiarbeit hinüberwechselten und später in ihren Betrieb zurückkehrten. Keinesfalls wollte Gierek einen Abgang wie seine Vorgänger erleben, vielmehr das Problem des Führungswechsels auch im totalitären System ordnungsgemäß lösen.

Einen solchen Schritt konnte er nicht isoliert tun; er ist prompt auf heftigen Widerspruch im Ostblock gestoßen. Die Nachbarn waren keineswegs daran interessiert, daß das polnische Beispiel, das ihnen schon genug Schwierigkeiten bereitete, auch in dieser Beziehung Schule machte. Die »neue Klasse« der Berufsfunktionäre hatte sich überall mit Behagen etabliert. Der Dämonie der Macht verfallen, zeigte sie sich keineswegs bereit, ihre Plätze zugunsten anderer im Rang unter ihr Stehender aus bloßen Turnusgründen zu räumen. Derartige Vorstellungen rüttelten an den Grundfesten des Systems. Gierek war in Gefahr – der »Westler« schien bei ihm wieder zum Vorschein zu kommen –, als Renegat betrachtet zu werden. Es war genug, daß er die zum Standardvokabular gehörende »Verbundenheit der Partei mit den Massen« in einer Weise interpretiert und praktiziert hatte, die andere Parteiführungen als untragbar empfanden. Mehr wollte man von seinem in der polnischen Publizistik viel zitierten »neuen Stil« nicht wissen. Gierek hat auf die laute oder leise Resonanz sorgsam geachtet und ihr anläßlich des Parteitages 1971 Rechnung getragen.

Veränderter Stil

Unter dem Eindruck der Ereignisse im Dezember 1970 veröffentlichte Leszek Kołakowski in der Pariser »Kultura« einen Aufsatz »Thesen über Hoffnung und Hoffnungslosigkeit«[1], in dem er seinen reformistischen Standpunkt darlegte. Er zählte zuerst ausführlich die Argumente auf, die für die Unveränderlichkeit des kommunistischen Systems in seiner jetzigen Gestalt ins Feld geführt werden. Er nahm diese Argumente durchaus ernst und hielt sogar eine Weiterentwicklung in dieser Richtung unter einer bestimmten Voraussetzung für möglich oder unvermeidlich. Zu viel bittere Erfahrungen hatte er selber mit dem »despotischen Sozialismus«, wie er sich ausdrückte, gemacht, um sich irgendwelchen Täuschungen hinzugeben. Aber er vermochte den »Alles-oder-Nichts«-Standpunkt, daß ein absolut starres System nur durch eine einmalige totale Vernichtung beseitigt werden könne, nicht zu teilen. Die Überzeugung von der Nichtreformierbarkeit des Systems könne sogar als im vorhinein erteilte Sündenvergebung für alle Feigheit, Passivität und Kooperation mit dem Schlechten betrachtet werden. Seine Überzeugung faßte Kołakowski in vier Punkten zusammen: Wir seien erstens nicht imstande, die Grenzen der Formbarkeit irgendeiner gesellschaftlichen Ordnung im voraus zu bestimmen. Die Starrheit des despotischen sozialistischen Modells hänge zweitens zum Teil davon ab, bis zu welchem Grade die in ihm lebenden Menschen von diesem Systemcharakter überzeugt seien. Die Alles-oder-Nichts-Strategie sei drittens kennzeichnend für die in marxistischer Tradition herangebildeten Menschen, werde aber keineswegs von historischen Erfahrungen gestützt. Schließlich sei viertens der Despotismus in widersprüchliche innere Tendenzen verstrickt, die er in keine Synthese zu bringen vermöchte und die unvermeidlich seine Geschlossenheit schwächten.

Entscheidend für Kołakowski ist der Widerstand, der dem System geleistet wird. Ohne ihn werde der Mechanismus der demokratischen Macht immer intensivere Formen einer Tyrannei stalinistischen Stils erzeugen, genau in Richtung auf das Orwellsche Modell. »Ein Naturrecht des Despotismus ist die moralische Inflation, die verursacht, daß der Güterverteiler sich immer teurer bezahlen läßt, wenn der gesellschaftliche Druck ihn nicht zu Ermäßigungen zwingt.« Widerstand vermöge Macht einzuschränken und zu einer, zwar nicht vollkommenen, aber wenigstens lebensfähigen sozialistischen Organisation zu führen. Gewiß sei die Situation schwerer als der Kampf gegen den Kapitalismus, denn »keine Ausbeuterklasse der Geschichte verfügt über einen solchen Machtbereich«. Jedoch stehe die absolute Tyrannei eines Selbstherrschers im krassen Widerspruch zu den Sicherheitsbedürfnissen des Apparats, dessen Funktionäre nicht unter Bedingungen leben wollten, wo sie jeden Augenblick aus ihren Arbeitszimmern in einen Polizeikeller versetzt werden könnten. Fortschritte in Technik und Produktion schüfen weitere innere Widersprüche, weil die herrschende Klasse in ihrem Monopol einer nicht kontrollierten Machtausübung bedroht sei. Der technische Fortschritt erlange den Primat über die politischen Werte. Kołakowski glaubt an Reformen in dem Sinne, daß er von der Wirksamkeit einer Druckausübung gegenüber dem System auf lange Sicht überzeugt ist. Er skizziert, was er selber unter Sozialismus versteht: Ein souveräner nationaler Organismus, der eine gesellschaftliche Kontrolle über die Produktionsmittel und die Teilung des Nationaleinkommens sowie über den administrativen und gesellschaftlichen Apparat ausübt, der ein Organ der Gesellschaft und nicht deren Herr zu sein hat. In diesem Sozialismus gibt es Freiheit der Information und Kommunikation, Achtung der Kriterien der Wahrheit, Vereinigungsfreiheit, Freiheit vor polizeilicher Willkür, politischen Pluralismus, eine Vielfalt der Formen des gesellschaftlichen Eigentums und eine Strafgesetzgebung zum Schutz der Gesellschaft, nicht mit der Absicht, alle Bürger als Verbrecher zu behandeln.

Für die Wirksamkeit des von Kołakowski propagierten Widerstandes scheint der Aufruhr an der Küste ein Beleg zu sein. Auch nach Beendigung des blutigen Konflikts hielt dieser Widerstand im Frühjahr 1971 an und schuf für den Nachfolger Gomułkas schwere Belastungen. Die Zustände in den Hafenstädten blieben so gespannt, daß Giereks Anwesenheit erforderlich wurde. Doch zögerte er. Als er schließlich eine Arbeiterdelegation aus Danzig und Stettin empfing, waren keine Werftarbeiter darunter. Zu den Forderungen der Delegierten gehörten die Abschaffung der neuen höheren Produktionsnormen, die ihnen nach Gewährung einer Lohnerhöhung – beinahe müßte man sagen: heimtückisch – auferlegt worden waren, die Freilassung der bei den Unruhen Verhafteten und als wichtigstes die Entfernung Moczars und Kociołeks aus dem Politbüro[2]. Damit stieß die Rebellion in das Zentrum der politischen Macht vor. Die Arbeiter hatten dafür gewichtige Gründe. Sie behaupteten, der Befehl, auf die Demonstranten zu schießen, sei von Moczar und Kliszko, den inzwischen sein politisches Schicksal ereilte, erteilt worden. Kociołek wurde sein Verhalten während der Unruhen vorgeworfen; er hatte genügend die Arbeiterschaft provozierende und sogar irreführende Reden gehalten. Vielleicht ist in Gesprächen Giereks mit den Arbeitern auch der Name Korczyński erwähnt worden, dessen schweres Verschulden im Falle Gdingen nach und nach bekanntwurde.

Gierek befand sich in einem Dilemma. Gab er den Forderungen nach, so erhielt die Bevölkerung die Gewißheit, daß sie durch Rebellion Änderungen mit unabsehbaren Folgen für die totalitäre Ordnung erzwingen konnte. Stellte er sich aber gegen die Arbeiter, so wurde er für einen Gomułka gehalten, der die Entfremdung von Partei und Volk auf die Höhe getrieben hatte. Nach Angaben der beteiligten Werftarbeiter machte Gierek seinen Vorgänger und dessen Anhänger dafür verantwortlich, daß es zu den Unruhen gekommen war, und sagte weitere politische Veränderungen zu. Ein konkretes Ergebnis hatte die Besprechung nicht. Inzwischen spitzte sich in Stettin die Lage zu. Eine Reportage in der Warschauer Zeitschrift »Polityka« schilderte, die Arbeiter hätten in diesen Tagen besonders empfindlich auf jede Behandlung reagiert, bei der sie nicht als Partner, »sondern als Masse, die man beliebig steuern kann«, gewertet worden seien. Als in dem Lokalblatt »Głos Szczeciński« schon im Dezember beschlossene Arbeitsverpflichtungen veröffentlicht worden seien, hätten die Arbeiter dies als eine Ohrfeige empfunden. In der Warski-Werft habe am 21. Januar ein neuer Streik begonnen. An Gierek sei ein offener Brief gerichtet worden, in dem es geheißen habe: »Die Belegschaft der Stettiner Werft war immer für den Sozialismus und gegen seine Feinde. Wir sind für eine Erneuerung des politischen, sozialen und wirtschaftlichen Lebens.« Widerstand leisteten Leute, die sich davor fürchteten, sich für ihre bisherige Tätigkeit verantworten zu müssen, und keinen »aufrichtigen und unmittelbaren« Dialog mit der Arbeiterklasse aufnehmen wollten[3].

Jetzt hielt es Gierek für angebracht, zusammen mit Jaroszewicz und Szlachcic, am 24. Januar in Stettin zu erscheinen. Anschließend wollte er Danzig aufsuchen. Die regimekatholische Zeitschrift »Kierunki« berichtete später: »Stettin lebt unter diesem Ereignis und wird noch lange darunter leben. Die Leute sagen: Es war ein politischer Akt höchsten Ranges. Die Führer von Partei und Regierung gingen ohne jeden Schutz während des Streiks in einen Betrieb [die Warski-Werft], von dem gesagt wurde, daß es nicht lohnt, mit seiner Belegschaft zu sprechen, daß dort unverantwortliche Elemente dominieren, die ... Stimmen der Vernuft nicht hören wollen[4].« Das ist eine unbegründete Dramatisierung zugunsten des Heroenkults. Gierek folgte einer Einladung der Werftarbeiter, die vor ihm schon andere Unterhändler hereingelassen hatten. Was sich dann abspielte, war allerdings denkwürdig. Bis spät in die Nacht führte Gierek ein neunstündiges Gespräch in einem Unterhaltungssaal, der knapp 300 Personen faßte, von denen etwa zwei Drittel Arbeitervertreter waren[5]. Die Belegschaft der Werft konnte über Lautsprecher an der Verhandlung teilnehmen. Der Parteiführer hörte sich viele Wünsche und Klagen an, die der Öffentlichkeit nur sehr bruchstückhaft bekanntgegeben worden sind. Aber die Pariser »Kultura« ist in den Besitz eines Tonbandes der Diskussion gelangt, dessen Niederschrift in einem von ihr herausgegebenen Dokumentenband enthalten ist. Es kam zu heißen, von stürmischen Zurufen unterbrochenen Debatten. Einmal sagte Gierek den Arbeitern, wenn man ihn als einen Schuldigen behandele, werde er ihnen nicht mehr zuhören, worauf eine Stimme aus dem Saal ertönte: »So sprach Gomułka!« Die Stimmung war deswegen so erregt, weil die Streikenden in der Werft von einem Polizeikordon umgeben waren, der nicht einmal ihre Versorgung mit Lebensmitteln und Wasser zuließ. Es waren sehr unangenehme Fragen, denen sich Szlachcic als der verantwortliche Leiter des Innenministeriums deswegen ausgesetzt sah. Auch daß das Werftgelände von einem Hubschrauber aus gefilmt wurde, mußte er zugeben. Er versicherte aber, daß das Filmmaterial vernichtet werden würde. In dem Augenblick des Beginns des Gesprächs habe er angeordnet, die Polizei zurückzuziehen und mit allen Maßnahmen gegen Streikende aufzuhören. Der Vorsitzende des Streikkomitees der Werft Paługa verlas die Forderungen der Arbeiter, die auch in dem Brief an Gierek enthalten gewesen waren: Rückgängigmachung der Preiserhöhungen, legale Wahlen der Gewerkschaftsvertretungen und Arbeiterräte sowie der Partei- und Jugendorganisationen in den Betrieben, Lohnfortzahlung während des Streiks, Garantien dafür, daß die Teilnehmer am Streik und die Mitglieder des Streikkomitees keine Konsequenzen zu erwarten haben, ständiger Dialog mit den Vertretern der Arbeiter, ehrliche Unterrichtung über die politische und wirtschaftliche Lage, Veröffentlichung der Forderungen in den lokalen Massenmedien, Garantien, daß die Arbeiterkommission, deren Mitglieder persönliche Sicherheit genießen müßten, bis zur Abhaltung legaler Wahlen tätig sein könne, u. a. durch Überwachung der Erfüllung der Forderungen, und – als letztes – sofortige Einstellung der Schikanen, Einschüchterungen und Verhaftungen von Streikteilnehmern. Die Diskussion über diese Forderungen ist hin und her gegangen. Mit dem Verlangen der Abhaltung ordnungsgemäßer Wahlen in den Betrieben, das Rückschlüsse auf die herrschenden Zustände zuließ, erklärte sich Gierek völlig einverstanden. (Diese Stelle aus dem Gespräch ist auch vom Polnischen Fernsehen gesendet worden.) Dagegen lehnte er eine Veröffentlichung der Streikforderungen ab, weil sie sich zum Teil nicht verwirklichen ließen und von allen Belegschaften als ein Appell angesehen werden würden, das gleiche zu tun. Die Rückgängigmachung der Preiserhöhungen erklärte er mit Rücksicht auf die Wirtschaftslage für unmöglich. Er räumte ein, daß Streik kein Verbrechen sei. Einige Punkte wie die Garantie der persönlichen Sicherheit der Arbeitervertreter umging er. Aber am Schluß sprach er dem Streikkomitee seinen Dank aus und war damit einverstanden, daß eine Schweigeminute zu Ehren derjenigen eingelegt wurde, »die nicht mehr zu uns zurückkehren«. Faktisch hatte damit die Partei die Anerkennung und Legalisierung des Streiks vollzogen, ein vom kommunistischen Standpunkt aus einmaliger Vorgang, dem historische Bedeutung zukommt. Die Arbeiter hatten auch die Genugtuung, daß ihre Erhebung nicht mehr als Ausschreitung irgendwelcher zweifelhafter Elemente, sondern als eine Tat der Arbeiterklasse angesehen wurde. Die Versicherung, daß für Beteiligung am Streik niemand bestraft werden sollte, war ihnen gegeben worden. Ewa Wacowska macht auf den Unterschied zu Posen 1956 aufmerksam, wo es nicht die enge Umgrenzung der Forderungen und Gedanken von Arbeitern gegeben habe, die sich »ausschließlich auf ihren eigenen Partikularismus konzentrierten«.

Aufgrund der Aussprache mit Gierek nahmen die Werftarbeiter am nächsten Morgen die Arbeit wieder auf. Natürlich waren damit die alten Mißstände noch nicht behoben. Ein sich als parteilos bezeichnender Arbeiter bemerkte skeptisch: »1956 gaben wir Gomułka einen vollständigen Vertrauenskredit, und es zeigte sich, daß es vergebens war. Wie sehr wünschten wir jetzt, daß uns nie mehr eine Enttäuschung bereitet würde[6].« In einer vom 13. bis 14. Februar dauernden, sich über 26 Stunden hinausziehenden Konferenz in der Stettiner Werft wurde »mit Worten der Kritik nicht gespart« und scharf polemisiert. Die Rolle der Gewerkschaften im sozialistischen System stand generell zur Debatte, speziell ihr Versagen in den kritischen Tagen. Die Arbeiter verlangten nunmehr Beachtung der »gewerkschaftlichen Demokratie[7].« Sie wollten, daß die Funktionäre, statt sich als Obrigkeit zu fühlen, ihren Willen erfüllten.

In ähnlicher Weise wie in Stettin verlief Giereks unmittelbar anschließende Diskussion in Danzig, die sieben Stunden in Anspruch nahm. Einen besonderen Effekt erzielte er, als er von der gemeinsamen Aufgabe sprach, das Land zu entwickeln, den Sozialismus zu stärken und die Lebensbedingungen der arbeitenden Menschen zu verbessern. An die Versammelten gewandt fragte er: »Helft ihr?« Das Echo: »Wir helfen!« blieb nicht aus. Der PAP-Bericht verzeichnet an dieser Stelle: »Stürmischer Beifall«[8]. Beide Teile leugneten nicht, daß sehr schwere und harte Gespräche geführt worden waren. In Danziger Betrieben wurden hinterher Tonbänder über das Treffen mit Gierek abgespielt, was wiederum zu heißen Diskussionen führte. Den Arbeitern lag daran, daß der Begegnung auch Taten folgten. Die Belegschaft der Danziger Werft stellte eine Liste von nicht weniger als 2000 Punkten zusammen, die in der Hauptsache die Arbeitsorganisation, Löhne und Normen betrafen. Der Danziger Arbeiterrat setzte zu ihrer Bearbeitung eine Sonderkommission ein[9]. Außerdem legte in Gdingen die Werft »Pariser Kommune« 800 Forderungen vor, von denen viele politischen Charakter hatten[10]. Die polnische Gewerkschaftsleitung hat Zehntausende von Forderungen gesammelt, für berechtigt erklärt und der Regierung als dringlich vorgetragen[11]. In den Betrieben mußten die Funktionäre immer wieder Rede und Antwort stehen. Die gesamte polnische Öffentlichkeit nahm an den Vorgängen starken Anteil, das Regime war auf entsprechende Presseresonanz bedacht. Fünf Tage hintereinander bildeten die Gespräche Giereks und die Lage in den beiden Hafenstädten die Aufmachung der »Trybuna Ludu« auf der ersten Seite[12].

Zwar wurde stets betont, daß in den Diskussionen das System niemals in irgendeiner Form in Frage gestellt worden sei, jedoch ließ sich nicht verbergen, daß allein die Tatsache der Reise Giereks zu den Aufrührern eine Grundposition der Partei berührte. Ein totalitäres Regime verhandelt mit Demonstranten, die in eine wahre Schlacht mit der bewaffneten Macht geraten sind; es entschuldigt sich gewissermaßen für den Schießbefehl und akzeptiert zu einem guten Teil die ihm gestellten Forderungen. Das heißt nichts anderes, als daß die Masse als Faktor bei politischen Entscheidungen auch in Zukunft in Rechnung zu stellen ist. War dieses Verhalten noch mit leninistischen Prinzipien vereinbar? War dadurch nicht die Herrschaft der zentralen Parteispitze gefährdet, der allein Macht gebührte, die sie auch designieren konnte mit dem selbstverständlichen Vorbehalt jederzeitiger Rücknahme? Es wäre erstaunlich gewesen, hätte sich kein Widerspruch innerhalb und außerhalb der Grenzen Polens geregt. Radio Warschau bemerkte, es sei die ziemlich unsinnige Behauptung zu hören gewesen, daß das Erscheinen der Parteiführer in den Ostseehäfen »die Autorität der Staatsmacht untergrabe«[13]. Ein solches Argument hatte deswegen Gewicht, weil es eigentlich nur aus den Reihen der Partei selbst stammen konnte. Der Sender antwortete, die Reise sei kein präzedenzloser Fall gewesen, auch nicht erzwungen worden und stelle unter den gegebenen Umständen nichts Außergewöhnliches dar. Es habe ein Dialog gleichberechtigter Partner stattgefunden, die mit dem Mandat der Macht und dem Mandat staatsbürgerlicher Mitverantwortung versehen gewesen seien.

Einige Tage später tauchte das gleiche Thema in einem Bericht des Warschauer Sonderkorrespondenten der Belgrader »Borba« auf[14]. Der jugoslawische Journalist verwies auf »nicht bestätigte Meldungen«, nach denen »in gewissen Nachbarländern« die Gierek-Reise doch als Präzedenzfall betrachtet werde und kritische Äußerungen hervorgerufen habe, »da ihre weiteren Konsequenzen die in diesen Ländern für die innenpolitischen Verhältnisse geltenden Normen beeinflussen könnten«. Abgesehen von der KPdSU war sicher an die ideologisch besonders empfindliche SED gedacht, ebenso an die KPČ, die Anlaß hatte, eine neue Erschütterung zu fürchten. Ganz allgemein drohte die Frage der Reaktion der polnischen Partei auf inneren Widerstand zu einem Ostblockgespräch von hoher Brisanz zu werden.

Gierek hat sich auf dem VIII. ZK-Plenum im Februar 1971 nicht direkt zu dem Vorwurf der »Untergrabung der Autorität« geäußert, aber er hat versichert, daß »die Praxis der Gespräche mit der Arbeiterschaft« fortgesetzt und weiterentwickelt werden solle. Diese Auffassung hat er später mehrfach bekräftigt. Gelegenheit zur Anwendung seiner Grundsätze ergab sich sofort nach der Sejmsitzung vom 13. Februar durch die Reise von Jaroszewicz zu den streikenden Lodzer Arbeitern.

Der Ministerpräsident war in Begleitung von drei Politbüromitgliedern (Szydlak, Kruczek und Tejchma) erschienen, ein Zeichen für die Wichtigkeit des Konflikts. Die Zustände in Lodz, über die hinterher in Reden, Artikeln und Fernsehsendungen allerlei verlautete, verwiesen diese zweitgrößte Stadt Polens in bezug auf den kommunalen, industriellen und Lebensstandard auf den ungefähr letzten Platz. Die dogmatisch begründete Vernachlässigung der Leichtindustrie hatte dazu geführt, daß der Maschinenpark, die Einrichtungen und Fabrikhallen total veraltet, die Arbeitsbedingungen für die zu mehr als 60 Prozent weibliche Textilarbeiterschaft schlechthin unzumutbar waren, ihre Entlohnung erheblich unter dem Durchschnitt blieb und die

Wohnungssituation durch einen Verfall der Häuser und ein unzulängliches Neubauprogramm gekennzeichnet war. Die neuen Wohnungen waren kleiner als anderswo, ihr Standard niedriger als in anderen polnischen Großstädten. Wenn ein PAP-Kommentator von der bloßen Erhaltung von »Relikten von Lebensbedingungen« sprach, die von der modernen Zivilisation abwichen[15], so war das alles andere als eine Übertreibung. Er machte auch auf die Wassernot aufmerksam. 30 Prozent der Einwohner hatten kein Leitungswasser in ihren Wohnungen. An 300 Stellen dieser Großstadt wurde täglich einmal Wasser in Fässern transportiert. Erst um die Wende 1973/74 soll durch – beschleunigte – Fertigstellung eines Wasserwerks Abhilfe geschaffen werden. Die Preiserhöhungen hatten die Lage vollends unerträglich gemacht. Nach den Vorgängen an der Küste gärte es in Lodz bedenklich. Als auch die ZK- und Sejmsitzungen keine Preiserleichterungen brachten, entlud sich die Unzufriedenheit in einem, wie die Lodzer »Głos Robotniczy« schrieb, »verzweifelten Protest eines Teiles der Arbeiterschaft«, der »drastische Formen« annahm[16]. Näheres erfuhr die Öffentlichkeit nicht. Es war nur bekannt, daß Jaroszewicz die geforderten Lohnerhöhungen, besseren Arbeitsbedingungen und Preissenkungen am Sonntag, dem 14. Februar, in dem überfüllten Großen Theater der Stadt für »derzeit irreal« erklärt hatte[17]. Im Ausland wurde bekannt, daß der Premierminister versucht hatte, den Parteichef zu kopieren, ihm aber auf die Frage: »Helft ihr?« aus der großenteils weiblichen Versammlung ein schriller »Nein«-Chor entgegengetönt war[18]. Gerade in diesem Moment war ausschlaggebend, daß er als Persönlichkeit im Vergleich zu Gierek schwach wirkte.

Jaroszewicz muß mit den schwersten Befürchtungen nach Warschau zurückgekehrt sein, denn schon am Tage darauf beschlossen Politbüro und Regierung die Rückgängigmachung der Dezember-Preiserhöhungen, die bisher strikt abgelehnt worden war. Auch im Sejm war wenige Tage vorher davon noch keine Rede gewesen. Die überraschende Entscheidung wurde mit der Steigerung der eigenen Fleischerzeugung und einer »in den letzten Tagen« erlangten Kredithilfe der Sowjetunion begründet[19], über deren Höhe und Bedingungen zunächst keinerlei Angaben gemacht wurden. Erst zwei Monate später nannte Jaroszewicz in Stettin die Summe: 100 Millionen Dollar[20]. In die Regierungshektik dieser Februar-Tage fiel der Besuch des Bundestagsabgeordneten Herbert Wehner in Warschau. Gierek sagte ein mit ihm schon vereinbartes Treffen zweimal ab[21]. Er mußte am 16. Februar in Białowieża mit dem sowjetischen Politbüromitglied Suslow und dem Gosplan-Vorsitzenden Baibakow über Einzelheiten verhandeln. Wegen der Dringlichkeit war der Kredit aber »im Grundsatz« schon einen Tag vorher genehmigt worden[22].

Nach Danzig und Stettin stellte Lodz für das Regime die zweite große Belastungsprobe dar, die wiederum Zugeständnisse nötig machte. Man kann sich kaum vorstellen, wieviel es die polnische Führung gekostet haben muß, sich zu dem Entschluß der Preisrevision durchzuringen. Sie erreichte damit wohl eine vorläufige Befriedung im Lande – in Lodz wurde noch tagelang weitergestreikt –, aber niemand nahm ihr die Sorge wegen der Wirtschaftslage ab. »Diese Sorge sahen wir auf dem Gesicht von Premier Jaroszewicz«, bemerkte im Fernsehen der Kommentator Chocianowicz[23]. Der Warschauer Rundfunk vertrat die Ansicht, daß man einen »Wechsel auf die Zukunft« gezogen habe, der nur durch die Leistungen von Industrie und Landwirtschaft eingelöst werden könne. Im anderen Falle drohe eine Schwächung des Geldwertes, eine Inflation[24]. Andere Kommentare betonten, daß man bis an die äußerste Grenze gegangen sei. Aber war diese Grenze nicht schon überschritten worden? Es wurden auch solche Meinungen laut. Die polnische politische Führung hätte sich sicher nicht zu dem Schritt ohne das Vorliegen von Nachrichten entschlossen, daß in einer ganzen Reihe von Städten Streiks und Unruhen zu erwarten seien. Eine Wiederholung des Dezember auf breiterer Grundlage hätte regulären Bürgerkrieg herbeigeführt und Interventionen ausgelöst. Polen hat im Februar 1971 nicht weniger kritische Augenblicke durchlebt als zwei Monate vorher. An dem Scheidewege, entweder zu einem reinen Polizeiregime zu entarten oder »sozialistische Demokratie« im Sinne eines fortdauernden Dialogs mit den Arbeitern zu praktizieren, hat sich Gierek für die zweite Lösung entschieden.

Diese nicht abreißende Diskussion zwischen Regierenden und Regierten war das wesentliche Merkmal des »neuen Stils«, den

Gierek einführte. Selbst wenn seine Gespräche bei Besuchen in Fabriken und auf Parteikonferenzen im Lande noch keine neuen Tatsachen schufen und meist unverbindlich blieben, auch jederzeit gestoppt werden konnten, so schien das Gefühl allein, Beschwerden vorbringen zu können, angehört zu werden und sogar widersprechen zu dürfen, für diejenigen, die gewohnt waren, daß Sozialismus von oben diktiert wurde und mit Applaus hingenommen werden mußte, ein realer Wert zu sein. In einem Halbjahrsrückblick von Radio Warschau hieß es: »Der Dialog, wie er zuerst von Edward Gierek und Piotr Jaroszewicz bei ihrem Besuch im Küstengebiet auf den Werften geführt wurde, ist nun in unserem gesellschaftlichen und politischen Leben zur täglichen Praxis geworden ... In den vergangenen sechs Monaten konnten wir eine Reihe von Parteikonferenzen beobachten, die es zahlreichen Gruppen von Parteimitgliedern auf allen Ebenen der Organisation möglich machten, ihre Meinung zu den wichtigsten Angelegenheiten der Partei und des Landes zu äußern[25].« Jaroszewicz hob auf einer Breslauer Parteikonferenz hervor, zur Erfüllung der Rolle der Partei gehöre, daß es »echte Diskussion, echte Kritik und Selbstkritik und echte parteiliche Bescheidenheit« gebe[26], womit gesagt war, daß es daran bisher in der Partei gemangelt hatte. Man bewegte sich auf Neuland.

Gierek ist viel im Lande umhergereist, hat immer wieder Betriebe besucht, sich in Stettin und Danzig an Ort und Stelle erkundigt, ob sich die Verhältnisse auch gebessert hätten. Er sagte den Arbeitern, daß er einer der Ihren sei und sie ihm ihre Sorgen anvertrauen könnten. Er ist am 1. Mai 1971 in Warschau eine Strecke zu Fuß marschiert. Das Volk sollte nicht den Eindruck haben, daß Mauern zwischen »oben« und »unten« bestanden. Unabhängig davon, wieweit sein politisches Handeln mit diesen Gesten übereinstimmte, das Verhältnis der Masse zur Macht und Autorität hatte seinen Charakter geändert. Das war nicht ungefährlich für ein System, das laut Kołakowski auf einen »despotischen Sozialismus« angelegt war, dessen Grundlagen auch Gierek nicht antasten konnte oder anzutasten gedachte. Aber er vertraute darauf, daß er als Person Anziehungskraft besaß und dem Staate einen Mittelpunkt gab, dessen Lebendigkeit die Menschen spürten, wo ihnen früher nur tödliche Kälte entgegengeschlagen war.

Für die Bevölkerung war ausschlaggebend, daß zunächst einmal ein anderer Wind wehte und nun wieder Hoffnung auf ein Besserwerden gehegt werden konnte. Die Stelle zur Erforschung der öffentlichen Meinung beim Polnischen Rundfunk hat im Frühjahr 1971 eine Umfrage veranstaltet, welche Beschlüsse des VII. und VIII. ZK-Plenums (Dezember 1970 und Februar 1971) am positivsten beurteilt würden, mit dem Ergebnis, daß von den Befragten 70 Prozent den Führungswechsel und 78 Prozent Reformen nannten. Alle anderen Fragen – ausgenommen die Frage nach dem Frieden in der Welt – erwähnten nur Minderheiten[27].

Der Wunsch der Bevölkerung nach durchgreifenden Reformen war eindeutig, ohne daß sie die ideologische Frage quälte, ob die Neuordnung »revisionistischen« Charakter trug oder nicht. Jaroszewicz meinte zwar: »Auf uns sind die Augen von Millionen Menschen gerichtet, für die der Sozialismus nicht nur gute oder sehr gute Lebensbedingungen bedeutet, sondern auch geistige Werte, die der Kapitalismus nicht zu schaffen imstande ist[28].« Aber der einfache Bürger behielt seine Skepsis gegenüber den »geistigen Werten«, die ihm manchmal ein verdächtiges Entschädigungsangebot für mangelhafte materielle Ergebnisse zu sein schienen. Realistischer als Jaroszewicz schätzte Machejek die Lage ein, der in seiner Zeitschrift schrieb: »Den Leuten ist es grundsätzlich gleichgültig, ob die Bürokratie ein kapitalistisches oder sozialistisches Etikett trägt, immer zwingt sie die Arbeitsmenschen, verneint die Demokratie und entmündigt[29].« Diese Auffassung entsprach im Grunde der von der Parteiorthodoxie scharf abgelehnten Konvergenztheorie, die nicht lebensfremd war. Für den Arbeiter, der durch das Fabriktor schritt, war nicht ausschlaggebend, ob der Betrieb sich in den Händen von Privat- oder Staatspersonen befand. Ihm kam es darauf an, mit welchen Arbeits- und Lebensbedingungen er zu rechnen hatte. Aufgrund seiner Erfahrungen wußte er, daß der Staat ein hartherziger Unternehmer, ja brutaler Ausbeuter sein konnte, gegen den er sich nicht wehren durfte und für den er die Folgen seiner groben Schnitzer in der Wirtschaftspolitik zu tragen hatte. Der Arbeiter war für den Sozialismus, weil es keine Alternative gab, aber den himmelstürmenden Glauben an die bessere Welt brachte er nicht mehr auf. Das Dogma ging von der Fiktion aus, daß es in einem sozialistischen System keine antagonistischen Interessen gebe. Die Unruhen waren ein klassisches Beispiel für eine radikal andere Wirklichkeit. Noch am 4. Februar 1972 gab die »Trybuna Ludu« eine »Spannung« zwischen Ausführenden und Leitern der Wirtschaft zu und bemerkte vorsichtig, es werde erwartet, daß eine Verbesserung des Lenkungs- und Planungssystems eine wachsende Beteiligung der Arbeiter an der Betriebsleitung ermöglichen und zum allmählichen Verschwinden des Gefühls einer Teilung in »Verwaltende und Verwaltete« führen werde. Ein Jahr vorher hatte das Blatt die Arbeiter konkreter und umfassender als »Mitwirte« angesprochen und ihnen das Recht der Kontrolle und Aufsicht über die Gesamtheit der Unternehmenstätigkeit zugestanden. In den Diskussionen seien viele bittere Worte über das Funktionieren der Arbeiterdemokratie gefallen. Die allgemeine Schlußfolgerung sei gewesen: »Geben wir der Arbeiterselbstverwaltung das Maximum ihrer Kompetenzen zurück[30].« Der Zentralrat der Gewerkschaften meinte in einem langen Beschluß[31], die Repräsentation der Arbeiterinteressen dürfe nicht nur formalen Charakter haben, ohne daß die Möglichkeit eines Einflusses auf Entscheidungen bestehe. Er meinte Löhne, Preise, Versorgung, Beschäftigungsart, Gesundheitsschutz, Arbeitsbedingungen, Bildung und Kultur. Eine Änderung der Arbeitsnormen – eine der Ursachen der Unruhen – sollte nicht ohne Verbesserung der Technik und Technologie vorgenommen werden und nicht zur Herabsetzung des Verdienstes führen. Zwar wurde auch davon gesprochen, daß die Arbeiter auf dem Wege über die – gar nicht überall und teils nur auf dem Papier bestehenden – Arbeiterräte an der Betriebsleitung beteiligt werden sollten, aber die Forderung der Mitbestimmung wurde nicht exakt erhoben. Bisher kann der Betriebsleiter Beschlüsse der Arbeiterräte oder der Arbeiterselbstverwaltung, wie ein umständlich aus allen Partei-, Gewerkschafts- und Jugendorganisationen innerhalb des Betriebes zusammengesetzes Organ genannt wird, jederzeit wieder aufheben oder inhibieren. Wahrscheinlich werden in dem geplanten neuen Arbeitsrecht Bestimmungen über gewisse Möglichkeiten für die Belegschaften, sich gegen Entscheidungen der Betriebsleitung auszusprechen, enthalten sein, die jedoch nicht das vom Gierek-Regime ausdrücklich bestätigte Prinzip der Ein-

Mann-Führung beeinträchtigen sollen. Ein Streikrecht wird es nicht geben, jedoch ist der Streik hingenommen und für nicht strafbar erklärt worden. Arbeitsverpflichtungen und Sonntagsarbeit, heftig umstritten bei Diskussionen der Arbeiterschaft, wurden unter Gierek wie eh und je als lobenswerte Taten hingestellt. Insgeheim dachte auch der polnische Arbeiter daran, ob nicht das jugoslawische Modell mit seiner Arbeiterselbstverwaltung besser sei als das von den Sowjets geprägte und für alle Ostblockländer obligatorische. Was er an Neuerungen unter Gierek erlebte, hielt sich in engen Grenzen. Immerhin war die lähmende Stagnation unter Gomułka überwunden. Eine Umfrage des Meinungsforschungsinstituts, ob die Lebensbedingungen sich in den kommenden fünf Jahren verbessern würden, ist überwiegend bejaht worden. 33 Prozent glaubten an »merkliche« und 54 Prozent bloß an – man kann hinzufügen: leichte – Verbesserungen. Auf die Frage: »Werden sich die Dinge verschlechtern?« wurde keine Antwort erteilt[32].

Noch ganz erfüllt von seinen Gesprächen mit den Arbeitern in Stettin und Danzig, legte Gierek auf der ZK-Sitzung im Februar 1971 starkes Gewicht auf die innerparteiliche und sozialistische Demokratie, der demokratische Zentralismus trat in den Hintergrund; in späteren Reden war das Verhältnis umgekehrt. Er wünschte Korrekturen der Partei, eine Verbesserung ihrer Arbeit und Methoden. Von grundsätzlicher Bedeutung war die Feststellung: »Die führende Rolle der Partei kann nur erfüllt werden, wenn die Partei selbst funktioniert[33].« Die Bedeutung dieses Konditionalsatzes konnte auch nicht dadurch abgeschwächt werden, daß Gierek rasch die Stützung auf den demokratischen Zentralismus hinzufügte. Es handelte sich also nicht mehr allein um die Anerkennung der Führungsrolle, sondern die Partei mußte sich diesen Rang sozusagen verdienen. Es konnte kein Zweifel darüber bestehen, daß sie sich dazu in einer besseren Verfassung befinden mußte als im Dezember 1970. Vor Parteisekretären aus dem ganzen Lande forderte Gierek, sich dem »Stagnieren« in der Personalpolitik zu widersetzen und überall mit der schädlichen Praxis zu brechen, »unfähige und mit ihrer Tätigkeit Schaden anrichtende Leute von einem verantwortlichen Posten auf den anderen zu schieben«. Er brauche qualifizierte Funktionäre in einer Zeit, wo es um die

»Verbindung von Sozialismus mit der wissenschaftlich-technischen Revolution« ging[34], ein Gierek sehr bewegender Gedanke. Er hat mehrfach für die Absetzung von Partei- und Regierungsbeamten gesorgt, die versagt oder sich kompromittiert hatten. Diese Fälle wurden stets in der Presse herausgestellt, jedoch war ihre Zahl gering.

Es gab Stimmen, die das niedrige Bildungsniveau der Repräsentanten der Partei für ihre Niederlage bei den Unruhen verantwortlich machten. Waldemar Kamiński von der Warschauer Universität schrieb in der Warschauer »Kultura«: »Die Dezember-Ereignisse zeigten, daß nicht alle Parteifunktionäre eine solche gesellschaftliche und moralische Autorität zu erwerben vermochten, um im Moment des gesellschaftlichen Konflikts eine gemeinsame Sprache mit der Arbeiterschaft zu finden und die Richtigkeit ihrer grundlegenden Ideen und Forderungen zu verstehen. Dies geschah u. a. deshalb, weil ein Teil der Parteifunktionäre nicht genügend ökonomisches, soziologisches und politisches Wissen besaß, das ihnen erlaubte, die gesellschaftlichen Gründe der Unzufriedenheit eines Teiles der Arbeiterklasse zu verstehen.« Auch hätten Funktionäre nicht über das pädagogische Wissen verfügt, um mit Erfolg die ideell-politische Erziehung der Massen zu lenken[35].

Die Parole ertönte: Der richtige Mann auf den richtigen Posten! Radio Warschau berichtete, daß viele Hörer in ihren Briefen dieses Thema aufgriffen[36]. Aber wurde dieser Ruf im Parteiapparat gern vernommen? Zu viele mußten sich von der vernichtenden Kritik an der Gomułka-Periode und der peinlichen Frage nach Wissen und Leistung betroffen fühlen. »Wir sollten uns klarmachen«, meinte Ryszard Wojna, »daß in diesem Augenblick in unserem Lande auf sehr vielen Ebenen ein scharfer Kampf des Alten mit dem Neuen geführt wird[37]«. Der Danziger Parteiführer Karkoszka warnte vor der großen Gefahr, in der Partei »auf neue Art zu sprechen und auf alte Art zu denken[38]«. Der junge Jerzy Wojcik machte darauf aufmerksam, daß ein Teil der Kader die Abgabe einer Loyalitätserklärung gegenüber der neuen Parteiführung für genügend halte, dann könne alles beim alten bleiben. Er wünschte die Schaffung neuer Bedingungen gemäß den Veränderungen der Mentalität oder den Abgang von Leuten, »die nichts verstanden und nichts gelernt haben«. Die von der ganzen jungen Generation ersehnten Veränderungen zum Besseren ergäben sich nicht von selbst, sondern im scharfen Kampf mit konservativem Denken, Inkompetenz, Unfähigkeit und menschlichen Charakterfehlern[39].

Vielleicht ärger als sachliches Ungenügen wurde eine kalt berechnende Einstellung zur Partei empfunden, die lediglich als Aufstiegschance, um Privilegien zu genießen, benutzt wurde. Ein Provinzblatt, »Trybuna Opolska«, äußerte sich darüber: »Unsere Partei ist als regierende Kraft von der Durchdringung ihrer Reihen mit karrieristischen Elementen bedroht, also mit solchen Leuten, die mit dem Sozialismus im Munde sich zur Macht drängen oder wenigstens zu kiebitzen suchen. Für diese Leute ist z. B. eine leitende Stellung nicht eine schwere Pflicht, eine schwere Plackerei in der ihnen durch die Partei anvertrauten Position, sondern ein warmer Posten. Dies sind die schlimmsten. Sie schaffen absichtlich eine Atmosphäre der Angst vor der Partei und ihren Instanzen. Sie verschleiern öfters ihre schändlichen Taten mit der Autorität der Instanz[40].« Gierek wußte, wie stark dieser Typ verbreitet und angesichts des Monopolcharakters der Partei, die der Gegengewichte entbehrte, auch gar nicht auszuschalten war. In seiner Rede vor den Chefredakteuren sprach Gierek von dem Plan, daß jedes Jahr mit einem Drittel der Parteimitgliedschaft »Gespräche« geführt werden sollten[41]. Diese Formel ist in kommunistischen Staaten die Chiffre für Säuberungsaktionen. Gierek ging es hier weniger um Prüfung der Gesinnung als um Ausmerzung von Unfähigen und Opportunisten. Er wollte verhindern, daß die »Gespräche« als Gelegenheiten zu Schikanen und Racheakten benutzt wurden. Auf der Sitzung der Zentralen Kontrollkommission der Partei am 22. Dezember 1971 erklärte er (laut PAP): »Wir sollten auch niemals Entscheidungen treffen, die einen Menschen für immer zerstören.« Die Geschichte des Kommunismus kennt zahlreiche Tragödien dieser Art, in denen der »despotische Sozialismus« klassischen Ausdruck gefunden hat. Gierek war für Mäßigung, zumindest seit seinem Machtantritt. Seiner Nüchternheit widerstrebten Methoden, deren Anwendung im Namen der materialistischen Heilslehre für berechtigt gehalten wurde. Er konnte wohl dämpfend wirken, aber die volle Beseitigung der Behandlung von Gesprächspartnern als Angeklagte hätte die totalitäre Ordnung in Frage gestellt.

Kühne Reformer wurden bald gezügelt. Szydlak warnte in Rzeszów vor »Abrechnungstendenzen« mit der Vergangenheit, es gelte, die Aufgaben von heute zu bewältigen[42]. Das Thema sollte, so verlangte er sogar, in den Debatten vor dem Parteikongreß gemieden werden[43]. Jagielski schreckte mit von außen kommenden Gefahren. Er sagte in Białystok, Polen lebe nicht in der Isolierung. Es müsse diesen Umstand bei Festlegung des Umfangs seiner demokratischen Freiheiten berücksichtigen. »Alles, was die Grundregeln unseres Systems sowie die Zusammenarbeit im Bündnis mit der Sowjetunion und die ganze Gemeinsamkeit der sozialistischen Länder verletzen kann, findet keinen Platz und wird keinen Platz in unserem System . . . finden.« Diese Wendung wurde von Radio Warschau übertragen[44], war aber in dem Bericht der »Trybuna Ludu«[45] nicht enthalten. Auf diese Weise wurde jeglichem Reformeifer Zügel angelegt. Die abgesetzten, in der Gomułka-Zeit kompromittierten Personen wurden im auswärtigen Dienst – Ernennung zu Botschaftern – oder in der Verwaltung und Wirtschaft gut versorgt. Als in der schon erwähnten Fernsehsendung »Staatsbürgerliche Tribüne« am 17. September 1971 ein Zuschauer an der Betrauung belasteter Personen mit verantwortlichen Posten Anstoß nahm, antwortete Olszowski, in einigen Fällen wolle das Politbüro im Kampf für die Arbeiterschaft und im Widerstand verdienten Personen die Möglichkeit geben, in bestimmten Stellungen aufgrund ihrer politischen Erfahrungen zu arbeiten. Dies bedeute aber nicht, daß solche Personen im Staate Schlüsselpositionen von zentraler Bedeutung erhielten. Ganz anders war die Einstellung der jungen Generation. In der erwähnten Umfrage der Zeitschrift »Student« wird die Äußerung zitiert: »Unserer Meinung nach sind die ehemaligen Machthaber nicht nur aus ihren Ämtern zu entfernen, sondern auch gegenüber der Partei und Gesellschaft voll zur Rechenschaft zu ziehen. Welche Garantie haben wir, daß der alte Mechanismus nicht wieder in Funktion tritt? Wir haben das Vertrauen zu verschiedenen Leuten verloren, die immer noch führende Positionen bekleiden.« Für die Jugend konnte Olszowskis Antwort schon deswegen nicht überzeugend klingen, weil sie außer acht ließ, warum Menschen, die versagt hatten, sich auf einem anderen Gebiet, z. B. Diplomatie, wo ihnen jegliche Erfahrung fehlte, besser bewähren sollten. Die wahre Erklärung konnten nur Rücksichten sein, die auf das überwiegend konservativ gestimmte Funktionärskorps genommen wurden.

Es wurde scharf darauf geachtet, daß Streiks sich nicht wiederholten, seitdem Babiuch auf dem IX. ZK-Plenum im April 1971 erklärt hatte, die Bedingungen zur friedlichen Lösung aller Konflikte seien nun geschaffen. »In dieser Situation hielten wir es für notwendig, uns an die Wojewodschaftskomitees mit Anordnungen zu wenden, sich entschieden allen Tendenzen zur Hervorrufung von Arbeitsunterbrechungen zu widersetzen[46].« In dem Gewerkschaftsblatt »Głos Pracy« und in der Provinzpresse war dieser Satz ausgelassen worden. Dafür gab es Gründe. Im Fernsehen hielten wenige Tage danach Arbeiter der Stettiner Werft, über Arbeitsbedingungen befragt, mit ihrer scharf kritischen Meinung nicht zurück. Gierek hatte im März wieder in Stettin sein wollen, aber den Termin nicht eingehalten. Im Oktober sagte er brieflich ab[47]. Erst drei Wochen vor dem Parteitag erschien er und fand eine »gemeinsame Sprache«, wie es in dem offiziellen Bericht hieß[48]. In einem Aufsatz von Jerzy Olbrycht über die Danziger Schiffswerften im Augustheft 1971 der Parteizeitschrift »Życie Partii« fiel auf, wieviel ungelöste Probleme bei Fortdauer von Spannungen in den Belegschaften er aufzählte. Doch wäre es falsch, daraus einfach auf eine Wiederkehr der Gomułka-Zustände zu schließen. Worin besteht der Unterschied? Die Belgrader Wochenschrift »NIN« interpretierte Giereks »Stil« folgendermaßen: »Die neue Führung wünscht nicht, die Bevölkerung durch unrealistische Versprechungen und lackierte Darstellungen der Wirklichkeit zu betrügen. Von der Bevölkerung wird verlangt, bewußt den Kurs der Unterstützung der Politik einzuschlagen, die zumindest in der nächsten Zukunft noch viele Entbehrungen auf dem Gebiet des persönlichen und sozialen Lebensstandards verlangen wird. Im Austausch dafür wird eine Sicherheit im sozialen Bereich, im Lebensstandard sowie in der Stütze auf die Partnerschaft vorgeschlagen. So zumindest sehen die Dinge heute aus[49].« Der Begriff »Partnerschaft« ist im Sinne des Dialogs zu verstehen, der breitere Schichten zur Anteilnahme an öffentlichen Angelegenheiten bewegen soll.

Immer wieder tauchte in den Diskussionen die Frage auf, worin die Garantien für die Fortdauer eines Erneuerungsprozesses bestünden. Parteiführer wie Szydlak versicherten zwar: »Wir werden nicht nach einer gewissen Zeit in das Jagdrevier früherer Methoden zurückkehren[50]«, aber die häufig in ihren Hoffnungen betrogene Bevölkerung blieb skeptisch. Gierek hatte selbst dazu Anlaß gegeben, als er im April 1971 vor einer Parteikonferenz in Danzig sehr nachdrücklich die Verstärkung der Autorität der Partei und Disziplin verlangte, zwar vom demokratischen Zentralismus, aber nicht mehr von innerparteilicher Demokratie sprach, auch vor Streik und Demonstrationen warnte. Die höchsten Interessen von Volk und Partei geböten, betonte er, nicht den Weg der Geltendmachung sogar der gerechtesten Forderungen durch ein Auftreten zu beschreiten, das zur Zerstörung der Produktion und öffentlichen Ordnung führe. Dies sei ein unermeßlich kostspieliger Weg mit großen Gefahren für Nation und Staat[51]. Diese Worte wirkten sonderbar im Munde eines Mannes, der einige Monate vorher durch eine Arbeiterrevolte an die Macht gekommen war. Verfiel er damit nicht in den alten Stil? Gierek hat sich später Mühe gegeben, die Bevölkerung davon zu überzeugen, daß zumindest eine spürbare atmosphärische Veränderung eingetreten sei.

Der Parteitag wurde durch eine große Versammlungskampagne vorbereitet. Bei den Delegiertenwahlen genügte nicht mehr Akklamation, sondern es fand eine geheime Abstimmung statt, auch konnten die Wähler durch Zuruf Kandidaten nennen. Statt »Thesen« wurden im September 1971 »Richtlinien« zum Parteitag herausgegeben. Die Formulierung überraschte, weil zunächst Gierek und Szydlak selber in traditioneller Manier von »Thesen« gesprochen hatten. Den Ausdruckswechsel begründete Gierek damit, daß zu dem Dokument zweifellos aus dem ganzen Lande Anträge, Bemerkungen und Vorschläge zur Bereicherung des Entwicklungsprogramms eingehen würden[52]. Thesen besaßen einen definitiven Charakter, sie konnten nur zur Kenntnis genommen werden. Über Richtlinien vermochte man zu diskutieren, sie waren ergänzungs- und änderungsfähig. In diesem Sinne ist das Dokument, das keineswegs umwälzenden Charakter trug, sondern vornehmlich die bisherigen Partei- und Regierungserklärungen in eine gewisse systematische Ordnung brachte, aufgenommen worden. Die Lektüre der 64seitigen Broschüre war infolgedessen für die Bevölkerung nicht sonderlich interessant. Bei einer Umfrage des Meinungsforschungsinstituts des Rundfunks wurde die Frage: »Haben Sie die Richtlinien des VI. Parteitages gelesen?« von 65 Prozent der Befragten verneint. 21 Prozent bejahten und 14 Prozent meinten, sie hätten »einen Blick darauf geworfen«[53].

Es war wirklich schwer, aus den Richtlinien einen neuen Geist herauszulesen. Am umfangreichsten waren die Ausführungen zur wirtschaftlichen Entwicklung gehalten, die dem eigentlichen Interessengebiet und der pragmatischen Natur des neuen Parteichefs entsprachen. Bei Erwähnung der sozialistischen Demokratie fehlte nicht die Bemerkung, ihrem Wesen widerspreche politische Aktionsfreiheit für antisozialistische Kräfte und das freie Spiel fremder politischer Tendenzen und Pressuregroups. In der gleichen Art wurde über die Kultur gesprochen. Wiederholt wurde daran erinnert, daß man sich feindlicher Diversion widersetzen und ideologisch kämpfen solle. Aber eine der aktuellen Situation entsprechende Darlegung der Ideologie wurde nicht gegeben. Die Beratungen der Ideologiekommission der Partei hatten sich auf Begriffe wie »gesellschaftliche Gerechtigkeit« und »Effektivität der Wirtschaftsentwicklung« bezogen, wobei eine Verbindung sich dadurch ergab, daß das Nationaleinkommen gemäß dem Grundsatz »Jedem nach seiner Arbeit« geteilt werden sollte. Der gesellschaftliche Fortschritt und die Gleichheit der unter sozialistischen Bedingungen lebenden Menschen warf eine ähnliche Problematik auf. Die Kommission wollte sich vor allem mit der technischen Revolution, mit ihren allgemeinen und spezifischen d. h. sich aus der sozialistischen Ordnung ergebenden Kennzeichen beschäftigen[54]. Ihre Gedanken, die anscheinend auf eine Art Gebrauchsideologie hinausliefen, fanden in den Richtlinien nur geringen Niederschlag.

Versuche mit einem neuen Stil sind auf dem VI. Parteitag vom 6. bis 11. Dezember 1971 gemacht worden. Dem Kongreß, wenige Tage vor dem ersten Jahrestag des Ausbruches der Unruhen an der Küste, auf dem Breschnew das Ende der ersten Nachkriegsperiode in Europa und den Übergang zu einer neuen historischen Phase ankündigte, wurde zum erstenmal der Charakter einer Arbeitstagung gegeben. Die 1815 Delegierten teilten sich in 19 Arbeitsgruppen auf, an deren Diskussionen auch Gäste, Parteimitglieder wie Parteilose, Fachleute und polnische Botschafter aus europäischen Ländern teilnahmen. Ein Kommentar der »Trybuna Ludu« behauptete, daß dies Verfahren sich schon auf Wojewodschaftskonferenzen bewährt habe. Ein sachlicher Ton habe in den Gruppen geherrscht, es habe keine künstlich eingeengte Thematik gegeben. Erscheinungen der Einseitigkeit, des engpragmatischen Herangehens an die Dinge und der beschränkten Ansichten seien überwunden. Das Blatt erwartete von der neuen Verhandlungsart einen »höheren Koeffizienten der innerparteilichen Demokratie«. In seiner Schlußansprache hob Gierek hervor, es sei zur Konfrontation von Ansichten in konkreten Fragen gekommen, zu einem Suchen nach besseren Lösungen und Arbeitsmethoden. Aber es habe keine politischen Divergenzen gegeben, in den Grundfragen sei ein gemeinsamer Standpunkt vorhanden. Damit hatte er ganz allgemein Grenzen für eine Diskussion in Polen bezeichnet. Manchen Dogmatikern wird der Spielraum schon zu weit gewesen sein. Über die Vorteile der Arbeitsgruppenpraxis und ihre Anwendung in der Zukunft scheint auf dem Parteitag noch keine abschließende Meinung zustande gekommen zu sein.

In seiner Programmrede hatte Gierek von dem »allgemeinen Willen« der Parteimitgliedschaft gesprochen, bei dem man unwillkürlich an Rousseaus »volonté générale« denken mußte. Der Grundsatz des demokratischen Zentralismus verband sich für ihn »in dialektischer Einheit mit der sozialistischen Demokratie und Staatsdisziplin«, eine kühne Vorstellung, die Gegensätze etwas zu glücklich harmonisierte. Die vergangene Epoche beschuldigte er ideologischer Versäumnisse: »Im praktischen Leben geriet die Tätigkeit der Parteiorganisationen unter den starken Einfluß eines engen ökonomischen Pragmatismus. Der Unterricht in Marxismus-Leninismus wurde im Schulwesen eingeschränkt, auf den Parteischulen liquidiert, ideologisches Schwanken, Revisionismus und Opportunismus wurden toleriert.« Hiermit kann nicht allein Gomułka belastet werden. Der tiefere Grund war die in Polen allgemein verbreitete Gleichgültigkeit gegenüber dem Thema Ideologie.

In dem wichtigen Punkt einer Reform des Staats- und Wirtschaftsorganismus ist der Parteitag noch zu keinen Ergebnissen gekommen. Das vom Politbüro im Februar-Plenum 1971 vorgelegte Material hob in dem Abschnitt »Politische Schlußfolgerungen« hervor: »In unmittelbarer Zukunft müßte ein hochqualifiziertes Expertenteam gebildet werden, das an Vorschlägen für ein modernes Regierungssystem, die Schaffung und Ausarbeitung eines neuen Informationssystems arbeiten soll.« Außerdem sollte es nach Wegen suchen, »bürokratischen Tendenzen« entgegenzuwirken. Im März 1971 gab Gierek vor der Warschauer Parteikonferenz bekannt, daß das Politbüro eine Kommission für eine umfassende Modernisierung von Wirtschaft und Staat berufen habe. Ihre besondere Aufgabe werde das Entwerfen von Grundsätzen und Methoden für die Zentralbehörden sein[55]. Die Schwierigkeiten waren so groß, daß ein halbes Jahr später nach Angaben von Szydlak die Arbeiten zwar aufgenommen waren, aber erst nach dem Parteitag vollendet werden sollten[56]. In den Richtlinien wurden nur allgemeine Bemerkungen unter Hinweis darauf gemacht, daß die Grundrichtungen der Systemreformen noch ausgearbeitet und dem Parteitag vorgelegt werden würden. Daraus ist nur soviel geworden, daß Gierek dem Kongreß erklärte, es liege jetzt ein reiches Material vor, aufgrund dessen das neue ZK Entscheidungen zu treffen vermöge. In der Arbeitsgruppe für Vervollkommnung des Systems der Planung und Lenkung der Wirtschaft war zwar nach dem offiziellen Bericht die Überzeugung allgemein, daß eine wohlerwogene, aber kühne und weitgehende Reform – der Ausdruck tauchte sonst selten auf dem Kongreß auf – eine unumgängliche Bedingung zur Erreichung der geplanten Ziele sei. Gleichzeitig wurde jedoch stark unterstrichen, daß die zentrale Planung nicht nur ihren Rang bewahren, sondern auch noch Verstärkung erfahren sollte. Auf der ZK-Sitzung im März 1972, die Korrekturen des Fünfjahrplanes beriet, beschäftigte man sich überhaupt nicht mit der »Vervollkommnung« des Wirtschaftsmechanismus. Als die Kommission am 12. April 1972 ihre »Erste Etappe« beendete, erfuhr die Öffentlichkeit durch den Vorsitzenden Szydlak nur, daß im Sozialismus politische und wirtschaftliche Probleme als Einheit zu behandeln und sowohl »dogmatische Stagnation« wie auch »alle Arten revisionistischer Konzeptionen« abzulehnen seien. Von der Reform blieb eigentlich nur die vage Ankündigung größerer

Selbständigkeit und Initiative der Betriebe übrig.

Unabhängig von einer offenbar nur sehr langfristig zu verwirklichenden Systemreform – der Ausdruck verleitet zu falschen Vorstellungen – könnte sofort eine saubere Teilung der Kompetenzen von Partei und Regierung vorgenommen werden. Über Doppelarbeit und Einmischung der Partei in die Regierungsgeschäfte ist von jeher geklagt worden. Auch Gierek hat bei verschiedenen Gelegenheiten diesen Punkt berührt. In der erwähnten März-Rede 1971 legte er dar, daß die Partei die politische Führung habe, die Entwicklungsrichtung angebe und die grundlegenden Entscheidungen treffe. Ihre Rolle dürfe jedoch nicht darin bestehen, die Verantwortlichkeit der Regierung zu untergraben oder zu beschränken; diese habe vielmehr selbständig die von der Partei beschlossene Politik zu realisieren. Er gab zu, daß die Sache sich nicht durch Vorschriften regeln lasse, sondern »im Leben erarbeitet« werden müsse. Viel hat die Giereksche Definition zur Klärung nicht beigetragen. Das Dogma von der führenden Rolle der Partei ließ letzten Endes eine Selbständigkeit der Regierung nicht zu. Die Parteifunktionäre betrachteten Regierungsstellen als reine Exekutivorgane, denen sie Vorschriften zu machen und die sie zu kontrollieren hatten. Die Partei besaß die Macht, sie wollte sie sich auch nicht durch Fachleute und Technokraten im Ministerrang schmälern lassen. Gierek stand im Verdacht technokratischer Neigungen. Zu dessen Zerstreuung legte er in der März-Rede fest, daß für das Fällen von Entscheidungen, denen politische Bedeutung zukomme, der Klassenstandpunkt notwendig sei. Dort, wo es um Beziehungen zwischen den Klassen gehe und die gesellschaftlichen Interessen auseinanderstrebten, genüge nicht »technokratische Gewandtheit«. Damit hatte er selbst der Parteireform eine Schranke errichtet; zu ihr wurde auf dem Parteitag nichts Wesentliches mehr gesagt.

Ausgiebig ist im Verlauf des Jahres 1971 eine Verstärkung der Stellung des Sejm als ein Merkmal des neuen Kurses in Reden, der Presse und im Rundfunk erörtert worden. Zahlreiche Abgeordnete, so behauptete »Polityka«[57], seien nicht in der Lage, ihre Aufgaben in angemessener Weise zu erfüllen. Die Wochenzeitung wünschte eine Lockerung der Parteidisziplin zugunsten größerer Handlungsfreiheit der einzelnen Volksvertreter. Eine Veränderung in der Parlamentsarbeit machte sich insofern bemerkbar, als häufiger Plenarsitzungen mit halbwegs echten Debatten stattfanden, aber »Życie Warszawy« meinte einschränkend: »Es ist keineswegs einfach, mit eingefahrenen Gewohnheiten alten Stils zu brechen. Noch gibt es zu viele Ansprachen, in denen Deklaration und Berichterstattung miteinander vermengt werden. Noch kommt es vor, daß Vorschläge von Abgeordneten unbeantwortet bleiben[58].« Optimistischer gab sich Sejmmarschall Gałaj, der darauf verwies, daß Gesetzentwürfe jetzt sehr gründlich beraten würden und Verbesserungen durch den Sejm nicht selten weitgehend die Substanz beträfen. Neu sei auch die Unterrichtung der Abgeordneten über die Tätigkeit und Vorhaben der Regierung. Sejmsitzungen bildeten das Forum für einen fortgesetzten Dialog mit der Regierung[59]. Gleichwohl bleibt das Maß des Erreichten bescheiden. Die polnische Öffentlichkeit hat nicht den Eindruck, daß das Parlament eine Stätte geworden ist, in der wichtige Entscheidungen fallen und die Regierung die Kontrolle durch die Abgeordneten zu fürchten hätte. Auf dem Parteitag spielte das Thema nur insofern eine Rolle, als Gierek eine Vorverlegung der Sejmwahlen und eine Verfassungsänderung ankündigte. Was Tejchma in seiner Eigenschaft als Abgeordneter und Sprecher des Sejmklubs bei Einbringung des Gesetzentwurfes zur Verfassungsänderung über die Wichtigkeit des Sejm sagte, blieb völlig unverbindlich[60]. Das Wahlverfahren im März 1972 wurde in der alten Weise abgewickelt. Der einzige Unterschied war, daß bei der Kandidatenaufstellung, die bei Einheitslisten praktisch gleichbedeutend mit Wahl ist, eine, wie Babiuch es nannte, »breitere Konsultation des Parteiaktivs« stattgefunden hat: Von zwei Millionen Mitgliedern sind 150 000 daran beteiligt worden[61]. Das bemerkenswerteste Ergebnis der Wahl war die Veränderung der Zusammensetzung des Abgeordnetenhauses in einer dem Gierek-Regime passenden Weise. Das hieß Ausschaltung der Gomułka-Anhänger, aber gleichzeitig wurden Stalinisten und Partisanen Konzessionen gemacht. Gierek erhielt in seinem Wahlkreis 99,8 Prozent der abgegebenen Stimmen und wiederholte damit seinen Rekord bei den Wahlen von 1969. Diese völlig nach dem Gomułka-Schema veranstalteten Wahlen wirkten im nachhinein enttäuschend. Nichts von einem »neuen

Stil« war zu spüren gewesen. Der Verdacht, daß es dann mit einer Erneuerung nicht weit her sein könne, verstärkte sich bei der Bevölkerung.

Noch weniger ließ sich über Veränderungen im Wirtschaftsapparat sagen. Einige Entlassungen von Direktoren, von denen die Öffentlichkeit demonstrativ unterrichtet wurde, hatten noch nichts mit systematischen Verbesserungen zu tun. Bei Diskussionen in den Betrieben oder auf Parteiversammlungen wurden immer wieder die gleichen Klagen laut. Es ging um die Unbeweglichkeit der Wirtschaftsbürokratie, die Ungerechtigkeit der Prämienverteilung, unzureichende Entlohnung, mangelhafte Sicherheitsvorkehrungen, nicht gewährte Arbeitszeitverkürzung, verfehlte oder fehlende Investitionen, gering entwickelte Dienstleistungen und die unvermindert anhaltende Wohnungsnot. Ein wesentlicher Unterschied zur Gomułka-Periode besteht nur in der Grundeinstellung zur Wirtschaft. Szydlak hat ihn auf die Formel gebracht, früher seien Konsumtion und Lohn als eine Last, als Beschwerlichkeiten betrachtet worden, denen man ausweichen oder die man beschränken sollte. Die heutige Politik sehe in dem Wachsen des Realeinkommens und Konsums ein Hauptziel ihrer Tätigkeit[62]. Das war eine vereinfachte, jedoch das Wesen des Gegensatzes herausschälende Formel. Die »Trybuna Ludu«[63] glaubte sogar eine Veränderung des Charakters des Marktes feststellen zu können: Er gestaltet sich allmählich von einem Markt der Produzenten und Lieferanten in einen Markt des Käufers um, dessen Rechte und sich ändernde Bedürfnisse respektiert würden. Der Käufer mochte den Wandel nicht als so fundamental empfinden, außerdem wurde ihm sehr schnell klargemacht, daß es Schranken für ihn gebe. Szydlak hat bei anderer Gelegenheit eine Warnung für angebracht gehalten: »Es droht uns die Gefahr von konsumtiver Einseitigkeit, um so mehr als sich viele verdiente ›Freunde‹ im Innern des Landes und im Auslande finden, die versuchen werden, die Diskussion in diese Richtung zu lenken[64].« Für einen Westeuropäer, der die bescheidenen Lebensansprüche der polnischen Bevölkerung kennt, ist es erstaunlich, daß der Staat schon Befürchtungen hegt, ein höherer Konsum würde ihm das Marktgleichgewicht stören – wie in der Zeit Gomułkas. Noch gilt der Satz der »Trybuna Ludu« vor dem ZK-Plenum im Februar 1971: »Seien wir ehrlich, es geht uns nicht sehr gut, ja nicht einmal gut. Millionen Werktätiger in diesem Lande haben kaum das Nötigste, und unser Leben ist nicht frei von vielen Kümmernissen und Sorgen[65].« Hinter vielen Worten auf dem Parteitag über eine Hebung des Lebensstandards und Verstärkung der Konsumwirtschaft steckte vorläufig mehr gute Absicht als Realität. Der vom Statistischen Hauptamt vorgelegte Bericht über die Erfüllung des Volkswirtschaftsplanes 1971, des »ersten Gierek-Jahres«, spricht verschiedentlich von Verbesserungen der Marktversorgung, aber auch davon, daß in einer Reihe von Fällen dem Bedarf und den Qualitätswünschen der Bevölkerung nicht genügt wurde. Für in der sozialisierten Wirtschaft beschäftigte Familien wird eine Erhöhung des Realeinkommens um durchschnittlich 5,3 Prozent errechnet. Dabei ist allerdings zu berücksichtigen, daß der Rückgängigmachung der Preiserhöhung für Lebensmittel Preissteigerungen auf dem freien Markt gegenüberstehen. Außerdem wird von verschleierten Preiserhöhungen berichtet. Es ist nicht klar, ob dieser Umstand die statistischen Erhebungen beeinflußt hat. Sicher ist, daß der Staat sich zur Verbesserung des Lebensstandards in Schulden gestürzt hat.

Die polnische Bevölkerung ist ungewiß, ob in den kommenden Jahren die Vollbeschäftigung gesichert bzw. wiederhergestellt werden kann. Von Gomułka ist nach seinem Abgang bekanntgeworden, daß er 1971 bis 1975 mit einer Arbeitslosenquote von ungefähr einer halben Million gerechnet hat. Er hielt es nicht für möglich, für die starken in das Berufsleben eintretenden Jahrgänge (die Hälfte der heute in Polen lebenden Menschen ist in der Nachkriegszeit geboren) bis 1975 annähernd zwei Millionen zusätzliche Arbeitsplätze zu schaffen. Rechnet man hinzu, daß Modernisierung in Industrie und Landwirtschaft Arbeitskräfte freisetzt, so wird diese Ziffer wahrscheinlich übertroffen. Aus der Kurve der Beschäftigungszunahme der letzten Jahre ist abzulesen, daß so viel Arbeitsuchende nicht untergebracht werden können. Arbeit im Ausland wird als Lösung abgelehnt, denn eine solche Politik würde »nur die Schwäche des Wirtschaftssystems« bestätigen[66] und den Verlust der jüngsten und am meisten dynamischen Arbeitskräfte bedeuten[67]. Dennoch gibt es polnische Arbeiter in der DDR und Tschechoslowakei, wenn auch in der Größenordnung von einigen Zehntausend. Die Beschäftigung von Polen in der Bundesrepublik nach jugoslawischem Beispiel erscheint Warschau aus politischen Gründen untragbar.

Es kommt außerdem nicht allein darauf an, Jugend unterzubringen, sondern auch auf die Art, in der sie beschäftigt wird. Nicht selten irren Absolventen von Oberschulen, die keinen Studienplatz erhalten haben, und Akademiker bestimmter Fächer auf der Suche nach einem geeigneten Arbeitsplatz umher. Wegen der Unterbringung von Graduierten, d. h. von Personen mit höherer Bildung, ist schon eine Sonderkommission eingesetzt worden. Ersatzlösungen werden versucht. In der Presse wird behauptet, man habe bei der Beschäftigung junger Leute mit Abitur als Arbeiter gute Erfahrungen gemacht, doch sind hier Zweifel anzumelden. Vom Standpunkt der höher qualifizierten Jugend, der in der Schule die Zukunft in hellen Farben gemalt wurde, kann es sich weder um eine glückliche noch zweckmäßige oder dauerhafte Lösung handeln. Auf besondere Schwierigkeiten stoßen Frauen, bei denen Beschäftigungslosigkeit auch zugegeben wird. In einer anonymen Zuschrift an die Zeitschrift »Życie i Nowoczesność«[68] taucht die auf 1,5 bis 2 Millionen Menschen geschätzte »verborgene Arbeitslosigkeit« wieder auf, die auf Vorkriegspolen schwer gelastet hat und nach dem Kriege angeblich für immer beseitigt wurde. Diese Behauptung ist zwar heftig bestritten worden, enthält aber doch einen wahren Kern, wenn man an die Frauen denkt, die keine Aussicht haben, den Weg ins Berufsleben zu finden, die überbesetzten Höfe der Zwergbauern und an Scheinbeschäftigungen.

Aus einer von der Gewerkschaftszeitschrift »Przegląd Związkowy« (1, 1972) veranstalteten Diskussion von Fachleuten über volle und rationelle Beschäftigung ergab sich ein recht problematisches Bild der Wirtschaftszustände: Fast in jedem Betrieb sei ein Überhang von Arbeitskräften vorhanden, der gewöhnlich soziale Beschäftigung genannt werde, die nicht aus produktionellen Bedürfnissen hervorgehe, sondern dazu diene, den Menschen Unterhaltsmittel zu verschaffen. Aus dieser wachsenden Erscheinung ergebe sich die Feststellung, daß Vollbeschäftigung keine rationelle Beschäftigung sein könne. Investitionen zur Förderung der technischen Revolution und des raschen Wachstums des Lebensstandards fehlten. Es sei ein Programm zur Beseitigung der Schäden bei über zwei Millionen Arbeitsplätzen erforderlich. Die Unternehmungen dürften keine Raubwirtschaft mit der Arbeitskraft betreiben. Bei Frauen sei die Vollbeschäftigung nicht erreicht. Sehr viele ergriffen einen Beruf allein aus wirtschaftlichem Zwang, weil in ihren Familien auf ein Mitglied weniger als 500 Złoty Einkommen entfalle. In vielen Kreisen sei die Zahl der arbeitsuchenden Frauen erheblich höher als die (nach einer offenbar stillen Richtlinie) zulässigen drei Prozent im Verhältnis zu der Gesamtzahl der Beschäftigten. In Ortschaften, in denen 100 arbeitslose Frauen registriert seien, meldeten sich, wenn ein neuer Betrieb entstehe, 200 Frauen zur Arbeit. 30 Prozent der Bevölkerung lebten unter den biologischen Erfordernissen. Dennoch sei eine gemäßigte Inflation immer noch besser als Arbeitslosigkeit.

Vom Standpunkt der Vollbeschäftigung ließe sich sogar etwas zugunsten der Aufrechterhaltung einer unmodernen, mit veralteten Maschinen und Methoden arbeitenden polnischen Industrie und Landwirtschaft sagen, die einen hohen Beschäftigungsstand garantieren. Tatsächlich wird ein echtes Dilemma zwischen einer Investitionspolitik zum Zwecke dringend notwendiger Neuerungen und der Arbeitsbeschaffung für die neuen Jahrgänge gesehen. Ein Artikel in der »Polityka«[69] hielt einen »Kompromiß« für die einzig mögliche Lösung. Dies würde bedeuten, daß man in einem mäßigen Tempo der modernen Entwicklung folgte, um den »Überhang« an Arbeitskräften nicht allzusehr wachsen zu lassen. Gierek wird in seiner Versessenheit auf Modernisierung von dem Gedanken des Kompromisses nicht begeistert sein, aber auch keinen anderen Ausweg wissen. Es wäre übrigens eine echt polnische Art, mit der Situation fertig zu werden.

Eine Forcierung des Industrialisierungsprozesses kann natürlich auch neue Arbeitsplätze schaffen, aber ihr sind Grenzen gesetzt. Die Kohle ist nach wie vor der wichtigste Rohstoff; ihr Sturz von einem weltwirtschaftlichen Thron ließ auch Polen nicht unberührt. Gomułka war schon entschlossen, Bergwerke stillzulegen, jedoch konnte nach seinem Rücktritt Polen den Kohlenexport sogar steigern und angesichts einer neuen Konjunktur auf den Weltmärkten gute finanzielle Ergebnisse erzielen. Auf allen anderen Gebieten, Stahl, Buntmetalle, Maschinenbau, Kunststoffe usw., gehört das Land nicht zur Weltklasse im engeren Sinne. Große Bedeutung hat hingegen der Schiffsbau gewonnen, dessen Nutznießer in erster Linie die Sowjets sind. Neue Zweige der chemischen, Elektromotoren- oder elektronischen Industrie können zwar ohne besondern Aufwand neue Arbeitsplätze schaffen, nur brauchen sie nicht viele menschliche Kräfte. Theoretisch wäre auf drei Gebieten eine wesentliche Stärkung des Arbeitspotentials möglich: In der Bauwirtschaft, dem Dienstleistungsgewerbe und der Autoindustrie. Hier hätte Polen erhebliche Rückstände aufzuholen, stößt dabei jedoch auf verschiedene systembedingte Hindernisse.

Am stärksten brennt der Bevölkerung die Wohnungsnot auf den Nägeln. Szydlak schätzte auf der ZK-Sitzung im Februar 1972 den unbefriedigten Wohnbedarf auf mehr als eine Million Wohnungen[70]. Diese Angabe liegt erheblich unter anderen Berechnungen. Allein bei den Wohnungsbaugenossenschaften sind über 1,250 Millionen Bewerber eingetragen[71]. Diese Genossenschaften besitzen noch nicht den zehnten Teil der Wohnungen, die in Polen vorhanden sind; ihre Mitglieder müssen über gewisse Mittel verfügen. Es gab 1970 insgesamt 9,2 Millionen Haushalte und 8,1 Millionen Wohnungen. Viele junge Leute, die gern einen eigenen Hausstand gründen möchten, sehen nicht die Möglichkeit dazu. Es muß nicht nur in Betracht gezogen werden, daß Wohnungen überbelegt sind (statistisch entfallen 1,4 Personen auf ein Zimmer), sondern auch, daß Hunderttausende von Altwohnungen eigentlich wegen ihres baulichen Zustandes geräumt werden müßten. Da der Prozeß der Verstädterung in Polen noch in vollem Gange ist, vergrößert sich auch dadurch die Wohnungsmisere rasch von Jahr zu Jahr. Tadeusz Zarski vom Institut für Wohnungswirtschaft schätzte in der Gewerkschaftszeitschrift »Przegląd Związkowy«[72] den Wohnbedarf bis 1975 mit drei Millionen Wohnungen wahrscheinlich keineswegs zu hoch ein. Das Regime hat einen Plan auf lange Sicht. Bis 1990 soll laut Szydlak der Wohnraum verdoppelt werden. Für die Wahlpropaganda fand Gierek, daß diese Perspektive zu weit hinausgeschoben sei. Er gebrauchte knapp einen Monat vor den Sejmwahlen in Kattowitz die wirkungsvolle Wendung, daß man »noch ein Polen« in »mehr oder weniger als 15 Jahren« bauen werde[73]. Da in der laufenden

Fünfjahrplanperiode kaum mehr als eine Million Wohnungen errichtet werden, bleiben für die nächsten zwei Perioden noch sieben Millionen übrig. Eine derartige Steigerung der Bautätigkeit erscheint heute jedenfalls irreal. Der Staat hat nicht die Absicht, in den Wohnungsbau erhebliche Mittel zu investieren. Er wälzt diese Last auf die Wohnungsbaugenossenschaften ab, in deren Bauten bisher 700 000 Familien untergebracht sind (Durchschnittsgröße der Wohnungen 44 qm). Bis 1975 wollen die Genossenschaften annähernd eine halbe Million Wohnungen bauen. Der Staat will sich auf Hilfe für bedürftige Familien, d. h. auf sozialen Wohnungsbau, in dem bisherigen Rahmen beschränken. Daneben sind noch die Kommunen Bauträger. Werden die Genossenschaften auf dem Baumarkt maßgebend, wie der Staat es will, so ist das Ende der billigen Miete gekommen, die immer als eine sozialistische Errungenschaft gepriesen wurde, denn die Genossenschaften berechnen kostendeckende Sätze. In Briefen an den Rundfunk und die Presse wird darüber geklagt, daß die Wohnungsbaugenossenschaften sich wie Behörden benähmen, das einzelne Mitglied zwar Pflichten, aber so gut wie keine Rechte habe und ihm auf Anfragen nur dann Antwort erteilt werde, wenn es ihm gelänge, andere Instanzen zu einer Intervention zu bewegen. Unter totalitären Bedingungen sind solche Allüren offenbar unvermeidlich. Wenn die »Schere« sich weiter öffnet und die Wartelisten länger werden, erleidet das Prestige Giereks eine empfindliche Einbuße. Er wird sich daher um eine vorläufig unvorstellbare Ausweitung der Bautätigkeit und zusätzlich um den Import von Fertigteilen bemühen müssen.

Das Dienstleistungsgewerbe, in dem knapp 25 Prozent der Beschäftigten (in der ČSSR 32 Prozent, DDR 35 Prozent) untergebracht sind, hat in Polen einen niedrigen Stand und stagniert; Klagen darüber sind an der Tagesordnung. Jaroszewicz hat sich für eine Erweiterung sowohl dieses Wirtschaftszweiges wie der Heimarbeit eingesetzt, die in Polen noch Bedeutung hat. Auch von der Förderung des Handwerks, das teilweise in privaten und teilweise in vergesellschafteten Formen betrieben wird, ist wieder die Rede gewesen. Ein Zwischengebilde zwischen Privat- und Staatswirtschaft ist das sog. Agentensystem, das in Wirklichkeit ein Verpachtungssystem mit Provision und Pauschale ist. Damit sind in der Gastronomie, im Fremdenverkehr, bei der Vergabe von Tankstellen usw. gute Erfolge erzielt worden. Die Partei sieht hierbei jedoch die Gefahr der Entwicklung eines Kapitalismus im Kleinen. Nach dem Oktober 1956 gebrauchte die »Trybuna Ludu« einmal den Ausdruck »zulässiger Kapitalismus«, auf den sie jedoch nicht wieder zurückkam. Durch Steuern sind die privaten Handwerksbetriebe so belastet worden, daß ihre Zahl zurückging. Daneben blühte aber das in der Illegalität tätige Handwerk, das sich Rohstoffe auf dem schwarzen Markt verschaffte. Polizeiliche Eingriffe haben diese Untergrundwirtschaft nicht zum Verschwinden bringen können. Das Gierek-Regime hat die Absicht, Wandel zu schaffen. Nach einem von »Życie Warszawy«[74] bekanntgegebenen Gesetzentwurf bedürfen Privathandwerker zu Dienstleistungen für die Bevölkerung keiner behördlichen Genehmigung mehr, wenn sie in ihrem Betrieb nur Familienmitglieder beschäftigen. Einkommen- und Umsatzsteuer entfallen zugunsten einer einheitlichen »fiskalischen Abgabe«. Die Regierung verspricht sich davon die Lösung des Schwarzhandwerks aus der Illegalität. Auf gleicher Ebene wie das private Handwerk wird in dem Gesetzentwurf der kleine Privatunternehmer behandelt, der in Polen immer noch geduldet ist. Er erhält damit eine bessere rechtliche und steuerliche Stellung. Die Einsicht, daß auf individuelle Initiative für Zwecke eines wirtschaftlichen Aufschwungs nicht verzichtet werden kann, beginnt sich hie und da bemerkbar zu machen. Bezeichnend ist eine kleine Notiz im katholischen Wochenblatt »Tygodnik Powszechny«[75], die lautete: »In Krakau wurde die Vergesellschaftung der Taxautos liquidiert. Die städtischen Behörden zahlen für jedes Taxi jährlich 20 000 bis 30 000 Złoty zu, mehr oder weniger soviel, wie die Steuer für Privattaxen beträgt.«

In der Motorisierung schien es so, als ob mit Gierek eine neue Phase beginnen würde. In Oberschlesien hat er sich schon lebhaft für die Autoindustrie interessiert und ein Autowerk in Bielitz-Biała bauen lassen. Auf dem V. Parteitag im November 1968 bot er die Produktion eines Kleinwagens Typ Syrena an, ohne Anklang zu finden. Bei der Regierungsumbildung im Dezember 1970 wurde Minister für Maschinenindustrie der 37jährige Ing. Wrzaszczyk, bisher Generaldirektor der Vereinigten

Automobilindustrie und maßgeblich am Lizenzbau des »Polnischen Fiat« beteiligt. Auf der ZK-Sitzung im Februar 1971 erklärte Gierek eine rasche Entwicklung der Motorisierung für wichtig und wünschte die Massenherstellung eines für breite Schichten erschwinglichen PKW. Dabei schwebte ihm Zusammenarbeit mit anderen Ostblockländern vor. Fast visionär sah der nüchterne Wirtschaftsmann in seinem Lande Autostraßen »schon in den nächsten Jahren« entstehen, die auch der Touristik zugute kommen sollten. Vizepremier Mitręga sagte im April 1971 in Kattowitz, nach Jahren der Unentschiedenheit werde von der neuen politischen Führung individuelle Motorisierung als Element des Fortschritts behandelt. Es hatte darüber Auseinandersetzungen in der Partei gegeben, ob nicht durch den persönlichen Autobesitz eine dem Sozialismus abgewandte Haltung gefördert werde. Ein Artikel der »Trybuna Ludu« anläßlich des VI. Parteitages meinte, daß das für die breite Masse bestimmte Auto die Polen von einem Minderwertigkeitskomplex kurieren werde. In den vor dem Parteitag erschienenen Richtlinien und in Giereks Programmrede auf dem Kongreß wurden Motorisierung und Kleinauto jedoch nur gestreift. Wrzaszczyk teilte mit, daß jährlich 150 000 billige Wagen gebaut und die ersten – von einem neuen Typ »Fiat 126« – 1974 geliefert werden sollten. Das klang nach einer gewissen Dämpfung der Erwartungen, die noch im Frühjahr 1971 gehegt wurden.

Gegenüber farbigen Schilderungen einer motorisierten Zukunft, die mitunter in Zeitungen und Zeitschriften Polens zu finden sind, ist eine Besinnung darauf nötig, in welchem Stadium sich dieses Land mit 33 Millionen Einwohnern befindet. Auf polnischen Straßen fuhren Mitte 1971 insgesamt 350 000 PKWs, 27 000 LKWs und 28 000 Autobusse[76]. Die PKW-Jahresproduktion belief sich 1971 auf 85 000. Bis 1974 müßte die Erzeugung fast verdoppelt werden; dahinter ist schon ein Fragezeichen zu setzen. Das Ziel, 1980 einen Bestand von 1,7 Millionen Personenwagen (ein Auto auf 20 Einwohner) zu erreichen, muß bescheiden genannt werden. An Autostraßen sind für die erste Etappe, die von 1971 bis 1980 bemessen wird, ganze 600 km geplant. Solange nicht völlig andere Kapazitäten geschaffen werden, kann nicht davon die Rede sein, daß entscheidende Schritte zur Motorisierung getan worden wären. Eine drastische Herabsetzung der prohibitiven Zölle auf Autoimport ist im März 1972 vorgenommen worden. Notwendig wäre auch eine ebenso drastische Senkung der Preise bei der eigenen Erzeugung. Erst eine mit vervielfachter Produktion aufwartende Autoindustrie könnte in Verbindung mit einem Netz von Autostraßen und Autowerkstätten Polen in einen westlichen Maßstäben angenäherten Zustand versetzen und eine große Zahl von Arbeitskräften beschäftigen. Auch mit dem Schicksal der Motorisierung ist der Name Gierek eng verknüpft.

So schwer auch die Wirtschaftsprobleme den polnischen Parteiführer belasten, mehr und mehr ist ihm die Wichtigkeit seines Verhältnisses zum polnischen Geistesleben bewußt geworden. Eng vertraut war ihm allein die technische Intelligenz, die nicht über die kämpferische politische Tradition der humanistischen Intelligenz verfügte, deren Einfluß auf die öffentliche Meinungsbildung erheblich ist. In den für die innere menschliche Entwicklung entscheidenden Jahren hatte Gierek in Frankreich und Belgien gelebt. Als er 1948 zurückkehrte, sah er das negative oder distanzierte Verhalten der Schriftsteller und Wissenschaftler gegenüber der kommunistischen Macht und zog daraus sowohl 1956 wie 1968 die vom Parteistandpunkt üblichen Konsequenzen. Nach Übernahme der Verantwortung brachte er wohl den Wunsch nach einer breiten Entfaltung des kulturellen Schaffens zum Ausdruck, band ihn aber an »patriotisches Engagement« und »vertieftes sozialistisches Bewußtsein«. Er empfahl den Künstlern unmittelbare Verbindung mit den Arbeitsmenschen, um eine genaue Kenntnis der gesellschaftlichen und politischen Prozesse zu erwerben. Diese Vorstellung von Kunst entsprach dem Sozialistischen Realismus mit seinen Produktionsromanen und Plastiken, die Arbeitsheroen verewigten. Polnische Schriftsteller haben darüber ihren beißenden Spott ausgegossen. Als einziges Kriterium für Kulturwerke ließ Gierek auf dem Parteitag ihren »ideell-gesellschaftlichen und künstlerischen Wert« und Beitrag zur »Verstärkung der patriotischen und nationalen Einheit« gelten. In gleicher Art pflegten sich auch Anhänger der Partisanenrichtung über die Kultur zu äußern. In seiner Neujahrsansprache 1972 wandte sich Gierek an alle Berufsstände, erwähnte aber nicht ausdrücklich Schriftsteller, Journalisten, Künstler und Studenten. Seine Rangordnung verwies die humanistische Intelligenz auf die Hinterbänke.

Wenn es in Polen um Erneuerung ging, war der Schriftsteller stets in der ersten Linie zu finden, jedoch gegenüber dem Wechsel im Dezember 1970 verhielt er sich reserviert. Was sollte er von einem Manne erwarten, der sich 1968 zu dem gegen Studenten, Wissenschaftler und Schriftsteller ertönenden Chor gesellt hatte? Wie es auch immer um Giereks Verständnis für das geistige Polen bestellt sein mochte, er wußte genau, daß eine Erneuerung, die von den Schriftstellern nicht mitgetragen wurde, für das polnische Volk keine Erneuerung war. Nach wie vor genoß der Schriftsteller, der Künder des polnischen Wortes, ein ungewöhnliches Ansehen. Von ihm konnte ein politischer Führer, der auf Popularität bedacht war, nur profitieren. Ganz ohne Aufsehen haben Gespräche zwischen Regierungsstellen und Schriftstellerkreisen stattgefunden. Publikationsverbote für Schriftsteller wie Kisielewski und Słonimski wurden aufgehoben. Andere, die geschwiegen hatten, ohne unmittelbar dazu gezwungen zu sein, traten wieder vor die Öffentlichkeit. Der Drucklegung von Manuskripten wurden weniger Hindernisse in den Weg gelegt, die Zahl der kulturellen und literarischen Zeitschriften vermehrt. Der als Regisseur berühmte Kazimierz Dejmek, der 1968 wegen der Mickiewicz-Aufführung die Leitung des Nationaltheaters hatte niederlegen müssen, konnte seit Januar 1971 wieder arbeiten. Die Lockerung hielt sich freilich in einem engen Rahmen und durfte nicht mit Liberalismus gleichgesetzt werden. Jan Papuga schrieb über seine eigenen Erfahrungen im Januar 1972 in »Życie Literackie«[77]: »Im vergangenen Jahr wiesen Wochenblätter und literarische Zeitschriften meine Artikel und meine Prosa mit kritischer Verve zurück, also schien es, daß die Zeit für kühneres Schreiben noch nicht gekommen war. Ich denke, daß in den Redaktionen die notwendigen Veränderungen und Instruktionen noch nicht vorgenommen wurden.«

Der Öffentlichkeit wurde der Kurswechsel durch die Tagung des Schriftstellerverbandes in Lodz im Februar 1972 deutlich gemacht[78]. Den Auftakt bildete ein nicht gezeichneter redaktioneller Artikel der »Trybuna Ludu«, in dem einige in eine Kritik an der Gomułka-Ära gekleidete Zugeständnisse gemacht wurden. In den Diskussionen vor dem Parteitag, so hieß es, sei die Aufmerksamkeit auf zahlreiche Mängel im Kulturleben gerichtet worden. Einige Dinge seien Folgen von Versäumnissen der vergangenen Jahre und schwer rasch zu beseitigen. Bei den Erörterungen über Fehler der Vergangenheit seien Stimmen laut geworden, die zu eilfertig die amtliche Kulturpolitik in Frage gestellt hätten. Offensichtlich sei es ein Fehler, die Rolle und Bedeutung der Literatur und Kunst nur unter dem engen Begriff der Aufgaben von Nützlichkeitscharakter für die Gegenwart zu sehen. Auch die Partei habe ein offenes Verhältnis zur Kultur und lasse Ansichten zur Diskussion zu, sofern diese nicht die Lebensinteressen der Nation verletzten. Ungute Gewohnheiten »noch aus den Zeiten der bürokratischen Beschränkungen und Behinderungen des Kulturlebens« sollten überwunden und ein Vertrauensklima geschaffen werden.

Die Kongreßberichterstattung in Presse und Rundfunk fiel bei Ausschluß westlicher Journalisten ziemlich blaß aus, aber die Delegierten in Lodz wußten nach dem »Trybuna-Ludu«-Artikel, daß die politische Führung einen modus vivendi anstrebte. Kulturminister Wroński machte das Eingeständnis, daß es »unbegründete Härte« gegeben habe, aber – wie er gleich einschränkend hinzufügte – auch den Mißbrauch der Freiheit des Schriftstellers für gegen den Sozialismus gerichtete Zwecke. Man werde sich bemühen, weder das eine noch das andere zuzulassen. Untergrabungen der Grundsätze des eigenen und des Systems der brüderlichen sozialistischen Länder dürfe es nicht geben, ein Hinweis darauf, wie argwöhnisch die Sowjets das polnische Geistesleben beobachteten. Der Vorsitzende des Schriftstellerverbandes, Jarosław Iwaszkiewicz, der durchaus schriftstellerisches Format besitzt, aber als politischer Opportunist bekannt ist, sprach von der augenblicklichen Schwäche der polnischen Literatur. Auf den großen Gegenwartsroman warte man immer noch, viele Widerstände seien gegen die Inangriffnahme eines solchen Themas vorhanden. Deutlicher äußerte er sich in einem Interview mit einer Lodzer Zeitung: »Die Wahrheit ist schwierig. Nicht immer und nicht über alles war den Schriftstellern zu schreiben erlaubt; es gab Themen, die tabu waren. Hoffen wir jedoch, daß die neue politische

Atmosphäre, in der das Land und die Schriftsteller leben, zur Schaffung solcher (bisher tabuisierter) Werke ermutigen wird[79].« Der polnischen Öffentlichkeit blieb verborgen, was im Ausland über westliche Agenturen und Korrespondenten durchsickerte, daß nämlich auf dem Kongreß sowohl Iwaszkiewicz wie auch der Literaturkritiker Artur Sandauer die Zensur scharf wegen Beeinträchtigung konstruktiver Tendenzen der Literatur und Nötigung der Autoren, »nur Halbwahrheiten« zu schreiben, angegriffen hatten. Zwar wurde in der polnischen Berichterstattung erwähnt, daß auch Antoni Słonimski, der Nestor der Literaten, dem übel mitgespielt worden war, das Wort ergriffen hatte, jedoch nichts über den Inhalt seiner Rede verraten. Er äußerte sich versöhnlich in dem Sinne, daß er Hoffnung auf bessere Aussichten für die Schriftsteller hege und für einen Kompromiß zwischen dem Staat und den literarischen Kreisen einerseits und zwischen »Freiheit und Einheit« andererseits eintrete. Sandauer berührte ein zentrales Thema, indem er auf die abendländische Kulturverbundenheit hinwies. Er nannte das »Mittelmeerländische« die Jugend Polens.

Die größte Überraschung waren die Vorstandswahlen des Verbandes. Ein Vorspiel hatten die Delegiertenwahlen für den Kongreß gegeben. Dabei waren bisherige prominente Verbandsmitglieder wie Machejek, die sich 1968 gegen die Mehrheit ihrer Kollegen für die staatliche Kulturpolitik engagiert hatten, durchgefallen. Dagegen wurden in den Augen des Regimes so belastete Schriftsteller wie Jerzy Andrzejewski, der sich öffentlich gegen die Invasion in der Tschechoslowakei zu erklären gewagt hatte, zu Delegierten gewählt. Die Vertreter der großen Warschauer Sektion des Verbandes waren in der Mehrheit Parteilose. Der liberale und neutrale Flügel hatte in Lodz die Oberhand. Die Kritik richtete sich nicht allein gegen die Zensur, auch die Statutänderungen kamen zur Sprache, die auf dem vorigen Kongreß im Februar 1969 unter dem Druck Gomułkas beschlossen worden waren. Dadurch waren der Verbandsleitung Vollmachten bei der Aufnahme neuer Mitglieder und Ausschließung von solchen, die einer für einen Schriftsteller nicht gemäßen Tätigkeit beschuldigt wurden, erteilt worden. Da der Vorstand damals von der Partei beherrscht wurde, war die Handhabe zu politischen Säuberungsaktionen gegeben, die von den Schriftstellern immer abgelehnt worden waren. Bei den Vorstandswahlen traten zum erstenmal zwei Bewerber für den Vorsitz auf: Außer Iwaszkiewicz der Novellist Igor Newerly, der sein Parteibuch aus Protest gegen die Ausstoßung von Kołakowski aus der Partei zurückgeschickt hatte. Iwaskiewicz wurde mit einer nicht sehr überzeugenden Mehrheit wiedergewählt, wahrscheinlich weil die Delegierten sich bewußt waren, das Newerly von der Partei als eine Herausforderung betrachtet worden wäre. Das ZK-Mitglied Putrament, einst Apologet der Gomułkaschen Kulturpolitik, der es rasch verstanden hatte, das Vertrauen Giereks zu gewinnen, gelangte erst durch eine Stichwahl in den neuen Vorstand. Außer ihm war nur noch Zbigniew Załuski, der im Partisanengeiste schrieb, prominentes Parteimitglied. Parteiergebene Beschlüsse waren nicht mehr ganz sicher. Gegenwärtig herrscht Burgfrieden zwischen Regime und Schriftstellern. Gierek hat nicht die gegenüber Geistesschaffenden 1968 verhängten Maßnahmen aufgehoben oder die Zensur eingeschränkt. Wenn er gewisse Gesten gegenüber den Schriftstellern macht, erwartet er von ihnen zumindest wohlwollende Neutralität, wenn nicht aktive Unterstützung. Es ist noch ungewiß, wie sich das künftige Verhältnis gestalten wird, nur beginnen mit dem Lodzer Kongreß die Schriftsteller wieder selbstbewußter zu werden nach dem schweren Schlag, der ihnen 1968 versetzt wurde.

In einer kaum besseren Lage als die Schriftsteller befanden sich die Journalisten, soweit es ihnen um Erforschung der wahren Tatbestände und unabhängige Meinung ernst war. Die Presseleute mußten täglich das Zeitungsbild nach alter Manier gestalten. Auch Außenstehenden waren charakteristische Auslassungen bei dem Druck von Reden, die vorher durch Rundfunk übertragen worden waren, Beweise der unveränderten Wirksamkeit der Zensur. Mit der Zurückhaltung des Sonderheftes von »Nowe Drogi« vor dem normalen Bezieher zögerte das Regime, der Öffentlichkeit volle Aufklärung zu erteilen. Auf der ZK-Sitzung im Februar 1971 versicherte Gierek, die Information würde sachlich gehalten sein, ohne den »leeren und weitschweifigen amtlichen Protokollarismus«. Aber die regelmäßigen Berichte über die Tätigkeit des Politbüros besagten in ihrer Farblosigkeit im Grunde nichts. Ab Februar 1971 setzte die

Störung ausländischer Sender wieder ein, die Jahre hindurch praktisch aufgehört hatte. Das Regime gab sich zwar aufgeschlossen für Öffentlichkeitsarbeit, ließ sogar einen Reporter und einen Fotografen bei drei Kabinettssitzungen zu[80], blieb aber in Wahrheit verschlossen. In dem Abschnitt der Richtlinien für den Parteitag über die Massenmedien kommt das Wort »Freiheit« für die Journalisten nicht vor. Soviel auch über die Richtlinien gesagt und geschrieben wurde, eine kritische Beschäftigung mit ihnen hat nicht stattgefunden. Jeder Journalist, der vernichtende Urteile über Gomułkas Einstellung zu Presse und Rundfunk fällte, hätte fast ohne Einschränkung die gleichen Argumente für die Gegenwart wiederholen können, wäre es ihm gestattet gewesen. Gierek verstand die Publikationsmittel lediglich als Instrument seiner Politik. Demgemäß bezeichnen die Beschlüsse des Parteitages als Hauptaufgabe die Information zur »ständigen Konsolidierung des ganzen Volkes und der Partei« sowie die Verstärkung der »parteilichen Leitung« der Massenmedien. Der Journalist muß »ideell engagiert« sein. Auf dem Kongreß ließ sich Olszowski darüber aus, wie sehr die Partei die Medien zur Beeinflussung der Öffentlichkeit gebrauche, eine andere Problematik existierte für den Redner nicht. Es störte ihn nicht, daß die Unterrichtung der Öffentlichkeit über die Unruhen und das wichtige Februar-Plenum unterblieben war. Nur die Parteitagsdelegierten hatten in den ihnen übergebenen Mappen eine 32seitige Broschüre »Bericht des Zentralkomitees der PZPR über die Zeit zwischen dem V. und VI. Parteitag« gefunden, die ihnen zum größten Teil schon aus der Presse bekannt war. Aber die letzten Seiten mit der umständlichen Überschrift: »Erklärung des Politbüros und ZK-Sekretariats der PZPR über die Tätigkeit einiger ehemaliger Mitglieder der Parteiführung sowie einiger Parteiinstanzen in der Zeit zwischen dem V. Parteitag und dem VII. ZK-Plenum« stellten eine Überraschung dar. Allerdings bot die Erklärung inhaltlich wenig Aufschlüsse und zeichnete sich durch Sparsamkeit im Umgang mit Namen aus. Wichtig war lediglich, daß das Mandat der Szydlak-Kommission verlängert werden sollte, damit das neue ZK auf einer Sitzung endgültige Beschlüsse fassen könne[81]. Den Delegierten mußte sich der Eindruck aufdrängen, daß hier Verschleppungstaktik mit der Absicht betrieben wurde, aufsehenerregende Enthüllungen und Konsequenzen gegenüber Schuldigen zu vermeiden.

Unerfüllt blieben auch die Zusagen gegenüber der Jugend. Auf dem VIII. Plenum hat Gierek eine Sondersitzung über die Zukunft des Landes angekündigt, auf der u. a. die Situation und Probleme der jungen Generation sowie Veränderungen des Bildungsmodells behandelt werden sollten. Zu diesem Zweck habe man sich an Fachleute gewandt. »Möge die Jugend wissen, daß sie, indem sie die Zukunft des Landes mitgestaltet, eine eigene Perspektive schafft.« In der Presse wurde darauf aufmerksam gemacht, daß es eine ZK-Beratung über das Jugendthema noch nicht gegeben habe. Am 27. März 1971 erwähnte Olszowski in Krakau, daß Vorbereitungen hierzu getroffen würden. Auf dem IX. ZK-Plenum am 16. April gab Babiuch bekannt, die Jugendsitzung werde um die Wende Oktober/November stattfinden. Olszowski versicherte dem Vorstand der Polnischen Studentenvereinigung am 28. Juni, daß das Politbüro die Sitzung für Oktober anberaumt habe. Auch Gierek erinnerte in Kattowitz auf einem Jugendtreffen am 21. Juli an seine Absicht, die in »nicht allzu langer Zeit« verwirklicht werden würde. In der Fernsehsendung »Staatsbürgerliche Tribüne« am 17. September erklärte dagegen Olszowski etwas kleinlaut, einen genauen Termin vermöge er im Augenblick nicht anzugeben, da die Vorbereitungsarbeiten »im Zuge« seien, es sich zudem um weder geringfügige noch leichte Probleme handele. Jedoch solle der Termin möglichst rasch festgesetzt werden, entweder noch vor dem Parteitag oder unmittelbar danach. Dies war eine höchst blamable Ankündigungsserie, die ahnen ließ, daß es Schwierigkeiten bei der Erörterung des Projektes gegeben hatte. Die Richtlinien enthielten einen Abschnitt »Bildung und Erziehung der Jugend«, der viel darüber aussagte, was die Jugend alles sein sollte, nichts aber über ihre »eigene Perspektive«. Den Jugendorganisationen wurde angeraten, ihre Tätigkeit aufeinander abzustimmen, ein leiser Hinweis auf eine zukünftige Einheitsorganisation. Die Partei hatte nicht verwunden, wie schmählich im Gefolge des Oktobers 1956 die monopolitische Staatsjugendorganisation untergegangen war. Auf dem erwähnten Jugendtreffen in Kattowitz hatte Gierek davon gesprochen, in weitem Maße den Aufstieg junger Leute in wichtige Positionen des wirtschaftlichen, sozialen und politischen Lebens zu fördern. Er fügte hinzu: »Wir möchten nicht ohne die Jugend über die Jugend reden. Wir fordern euch deshalb herzlich dazu auf, euch selber Gedanken darüber zu machen, wie man die junge Generation am besten aktivieren könnte.« In dieser Weise sprachen nicht alle Angehörigen der Parteiführung, denn Unterhaltungen mit der Jugend waren unbequem, weil diese sich nicht in den ausgefahrenen Gleisen des Parteidenkens bewegte und bei Betrachtung der Geschichte der Nation gern einen Spiegel vorhielt. Bei Eröffnung des neuen ideologischen Parteischulungsjahres sagte Szydlak in Kattowitz im Oktober 1971 zu der, wie er meinte, kritischen und empfindlichen Jugend, er persönlich sei nicht Anhänger einer historiosophischen Diskussion über den polnischen Nationalcharakter, weil sie sehr leicht von der für den Marxismus fundamentalen These der gegenseitigen Beeinflussung von Sein und Bewußtsein ableite und sich zu einem schwarzen Pessimismus verdichte[82]. Die Funktionäre wollten sich auf kein Gebiet begeben, bei dem sie keinen Boden mehr unter den Füßen spürten. Auf dem Parteitag wurde in der Arbeitsgruppe für Jugendfragen über ungenügende Propagierung der Ideologie in studentischen Kreisen in der Gomułka-Zeit geklagt. Die Schlußwendung des Berichtes: »Fast alle Teilnehmer der Diskussion unterstützten heiß die Entscheidung über die Einberufung eines Spezialplenums des ZK«, zeigte, wie stark der Drang war, endlich mit der Parteiberatung über die Jugend ernst zu machen. Aber Gierek sprach wieder nur von der »Vorbereitung« dieser schon bis zum Überdruß angekündigten ZK-Sitzung und vermied eine Terminfestlegung. Die Beschlüsse des Parteitages wiederholen über »Jugenderziehung« nur die üblichen Formeln. Nicht einmal unmittelbar nach dem Kongreß ist aus der Beratung über die Jugend etwas geworden.

Einen neuen Ton ließ das Regime gegenüber der Kirche vernehmen. Unmittelbar nach seiner Wahl zum Parteiführer forderte Gierek in seiner ersten Ansprache an das polnische Volk Gläubige und Nichtgläubige auf, sich an der Lösung der Lebensfragen der Nation zu beteiligen. »Für jeden Bürger ist Platz zur Entscheidung und Realisierung dieser Dinge.« Diese Auffassung wiederholte er bei verschiedenen Gelegenheiten. Jaroszewicz sprach sich im Sejm Weihnachten 1970 für das Zusammenwirken aller gläubigen und nichtgläubigen Bürger mit dem Ziel der vollen Normalisierung der Beziehungen zwischen Staat und Kirche aus. Die Regierung erwarte, daß ihre Bestrebungen auf Verständnis in geistlichen und weltlichen katholischen Kreisen träfen[83]. Der Primas von Polen, Kardinal Stefan Wyszyński, nahm in seiner Weihnachtspredigt 1970 in der Warschauer St.-Johannis-Kathedrale zu den Unruhen Stellung. »Ein Gewissensschock«, so sagte er, »scheint die ganze polnische Nation erschüttert zu haben.« Er klagte sich selbst an, seine Stimme vielleicht nicht laut genug erhoben und nicht genug gemahnt zu haben.

Am Neujahrstag 1971 wurde ein Hirtenbrief des Episkopats in allen Kirchen des Landes verlesen, der eine Reihe von Forderungen für das öffentliche Leben enthielt. Die Kirchenleitung trat für Freiheit des Gewissens und religiösen Lebens bei vollkommener Normalisierung der Beziehungen zwischen Staat und Kirche, für freie Gestaltung des Zusammenlebens der Menschen nach christlichen Prinzipien, soziale Gerechtigkeit, die in Befriedigung berechtigter Ansprüche zum Ausdruck komme, Wahrhaftigkeit im gesellschaftlichen Leben, wahrheitsgetreue Information, Freiheit zur Äußerung von Ansichten, annehmbare Existenzbedingungen für alle Bürger und ein Verhalten der Staatsorgane ein, durch das der Bürger nicht beleidigt, verletzt oder verfolgt werde. Die Anwendung von Mitteln der Unterdrückung, hieß es in der Neujahrsbotschaft, trägt nicht zur Aufrechterhaltung des sozialen Friedens bei, besonders dann, wenn Unschuldige, auch Frauen und Kinder, nicht verschont werden. In einer Predigt zum Dreikönigstag meinte der Kardinal, Unruhen wie im Dezember müßten einfach auftreten, wenn die Menschenrechte verletzt würden. Er ermahnte die politische Führung, die Arbeitskraft der Menschen nicht zu überfordern, und spielte damit auf die Sonderschichten und Überstunden an, die angeblich »freiwillig« – die Unruhen hatten darüber andere Tatsachen ans Licht gebracht – von der Arbeiterschaft beschlossen wurden. Er verlangte Einstellung der Sonntagsarbeit in den Kohlengruben.

Das Eintreten der Kirche für die Arbeiterschaft wirkte wie eine Herausforderung an die politische Macht. Die Regierung antwortete aber nicht mit Gegenerklärungen, sie wollte keinen neuen Kirchenkampf. Gierek wandte sich in seiner Neujahrsrede 1971 wiederum an Gläubige und Ungläubige. In dem Material für das VIII. Plenum heißt es: »Möglich und in einem hohen Maße nützlich für Staat und Volk wäre eine volle und dauerhafte Normalisierung der Beziehungen zwischen Staat und Kirche. Die Bedingung dieser Normalisierung ist jedoch die loyale Anerkennung des sozialistischen Systems in unserem Lande als einer dauerhaften Erscheinung durch den Episkopat. Nur auf dieser Ebene läßt sich für die Kirche und ihre Tätigkeit der geeignete Platz im Rahmen der polnischen sozialistischen Gesellschaft bestimmen.« Jaroszewicz verwies im Sejm darauf, daß die Regierung schon konkrete Schritte in Richtung einer Normalisierung unternommen habe. Er meinte damit die angekündigte Absicht, der katholischen Kirche in den Oder-Neiße-Gebieten die ihr bisher nur zur Nutzung überlassenen kirchlichen Gebäude als Eigentum zu übertragen. In der Presse wurde dieser Entschluß beifällig kommentiert. »Życie Warszawy« stellte sich ein »gegenseitig toleriertes Nebeneinanderleben aller Polen in einem Hause, ob sie nun an Gott glauben oder nicht«, vor. Volkspolen habe nicht die Absicht, sich »von der Tradition des aufgeklärten Katholizismus loszusagen«. Eine »loyale und patriotische Antwort« des Episkopats auf die Bereitschaft des Ministerpräsidenten zur Normalisierung würde ein »grundlegender Schritt auf dem Wege der nationalen Stabilisierung und Konsolidierung« sein[84].

Eine Bischofsynode am 27. und 28. Januar 1971 hatte den Regierungserlaß begrüßt und als Auftakt für die Normalisierung bezeichnet. Sie brachte in einem Aufruf an die Nation den Schmerz über die Dezember-Ereignisse und die Hoffnung zum Ausdruck, daß aus der Lehre fruchtbare Folgen gezogen und eine wahre Demokratisierung herbeigeführt werden mögen. Am 3. März fand eine Unterredung Wyszyński–Jaroszewicz über Fragen der Normalisierung statt. Das »Echo des Tages« von Radio Warschau begann am nächsten Morgen die Sendung mit dem Satz: »Viel Raum widmen ausländische Kommentatoren dem gestrigen Besuch des Kardinals Stefan Wyszyński bei Premier Piotr Jaroszewicz, wobei sie unterstreichen, daß Treffen dieser Art des Regierungschefs mit dem Primas sich zum erstenmal seit 25 Jahren ereigneten.« Die Kirche hatte einen ganzen Katalog von Beschwerden, der u. a. ihre Diskriminierung durch die staatlichen Behörden, den Religionsunterricht in den Schulen, die Priesterausbildung, den Neubau von Gotteshäusern, die kirchliche Öffentlichkeitsarbeit und die steuerliche Behandlung kirchlicher Institutionen als Privatunternehmen betraf. Der Staat wünschte eine Loyalitätserklärung des Episkopats gegenüber der sozialistischen Ordnung und die endgültige Anerkennung der Bistumsordnung in den Oder-Neiße-Gebieten durch den Vatikan.

Im Juni verabschiedete der Sejm das Gesetz über die Übertragung des Besitzrechtes an Immobilien in den Oder-Neiße-Gebieten an kirchliche Rechtspersonen. In einem Telegramm an den Papst gaben die polnischen Bischöfe der Hoffnung Ausdruck, daß in Kürze nun auch eine kanonische Kirchenorganisation in den westlichen Territorien Polens errichtet werde[85]. Hierzu wollte der Vatikan aber erst die Ratifizierung des Warschauer Vertrages zwischen Polen und der Bundesrepublik abwarten. Anfang September erschienen in Warschau die Richtlinien für den Parteitag, in denen an einer, wenn auch recht unauffälligen Stelle gesagt wurde, der Staat schaffe durch seine Politik unentbehrliche Bedingungen für die Befriedigung der Bedürfnisse gläubiger Menschen durch die katholische Kirche und andere Religionsbekenntnisse. Er werde weiter nach einer vollen Normalisierung der Beziehungen mit der Kirche streben. Die Partei schätze und anerkenne den Wert der schöpferischen Arbeit der gläubigen Staatsbürger als Miterbauer Volkspolens. Auf dem VI. Parteitag vermied Gierek jedoch, auf die Kirchenfragen einzugehen. Offenbar wollte er sich vor der definitiven Bistumsordnung in den Oder-Neiße-Gebieten nicht äußern. Die Beschlüsse des Parteitages zur Kirchenfrage stimmen fast wörtlich mit den Richtlinien überein.

In Ergänzung der Eigentumsübertragung hat eine Verordnung des polnischen Finanzministers vom 10. Februar 1972 die 1962 für die Kirche eingeführte Verpflichtung aufgehoben, über die Wirtschaft auf ihrem Landbesitz Rechenschaft abzulegen und besondere Inventarverzeichnisse zu führen. In der Presse wurde dazu bemerkt, es sei kein Geheimnis, daß diese Verpflichtung eine Quelle von Reibungen zwischen Kirche und Regierung gewesen sei. Zugleich wurde aber auch mahnend gegenüber der Kirche betont, daß der Normalisierungsprozeß »nicht nur einseitig« verstanden werden dürfe.

Papst Paul VI. tat am 17. Oktober 1971 einen Schritt, der für Polen und seine Kirche von moralischer Bedeutung war: Er nahm die Seligsprechung des Franziskanerpaters Maksymilian Kolbe vor, der in Auschwitz freiwillig anstelle eines polnischen Familienvaters in den Tod gegangen war. Der Papst zelebrierte persönlich bei der Feier. Der PAP-Korrespondent Zdzisław Morawski berichtete aus Rom, dortige Beobachter seien einmütig der Ansicht, daß diese Seligsprechung einen bedeutenden politischen und moralischen Erfolg Polens darstelle. »Das Ausmaß dieses Erfolges reicht weit über die Mauern des Vatikans hinaus. Die höchste Kirchenbehörde hat in Anwesenheit einer polnischen Delegation und einer großen Pilgergruppe den Nazi-Faschismus und -Rassismus verurteilt und die Tatsache unterstrichen, daß Volkspolen der Bewahrer antifaschistischer Traditionen ist und die freiheitlichen und patriotischen Traditionen der polnischen Nation weitertragen wird. Die Zeremonie bot dem Papst Gelegenheit, die Naziverbrechen und die Nazibarbarei zu brandmarken. Aus diesem Grunde kann man von einem Ereignis von bleibender Bedeutung, auch auf internationaler Ebene, sprechen[86].« Die Pressebehandlung in Polen zeigte die Tendenz, aus der Seligsprechung mehr ein nationales als ein religiöses Ereignis zu machen und ihre Bedeutung für die Kirche in den Hintergrund treten zu lassen. Anders verhielt sich der dem Episkopat nahestehende Krakauer »Tygodnik Powszechny«. Die Redaktion wandte sich an den Vorsitzenden der deutschen Bischofskonferenz, Kardinal Julius Döpfner. So erschien zum erstenmal nach dem Kriege in einer polnischen Zeitschrift ein Beitrag eines hohen kirchlichen Würdenträgers in der Bundesrepublik. Unter dem Titel »Maksymilian Kolbe in den Augen der Deutschen« schrieb Döpfner, der Tod des Franziskanerpaters ermögliche es, daß die Saat des Opfers Früchte trage und im Laufe der Zeit in das brüderliche Einverständnis der beiden Völker eingehe. Zur gemeinsamen christlichen Überwindung der Vergangenheit bedürfe es der gegenseitigen Hilfe und Verzeihung[87]. Der Gedanke der »Gegenseitigkeit« hat dem deutschen Kardinal von polnischer Seite Kritik eingetragen.

Es wäre ein Irrtum anzunehmen, als ob nunmehr eine Verständigung zwischen Staat und Kirche, vorsichtiger gesagt ein friedlicher Koexistenzzustand, leicht zu erreichen wäre. Gemäß den Umständen, unter denen Gierek zur Macht kam, angesichts einer erregten Stimmung im Lande hatte er sich keinen Konflikt mit der Kirche leisten können, vielmehr war es für ihn wichtig gewesen, daß die Geistlichkeit beschwichtigend auf die Bevölkerung einwirkte[88]. Sobald die Träger der politischen Macht sich wieder sicher fühlten, fielen sie in die gewohnte Sprache zurück und verlangten von dem Episkopat Beweise für Loyalität und bestimmte Bindungen an ihr System. Die Sammelorganisation »Front der nationalen Einheit« forderte vor den Sejmwahlen Normalisierung »auf der Grundlage der Anerkennung und Respektierung der patriotischen und sozialistischen Räson unserer Innen- und Außenpolitik«. Was hieß das? Die Agencja Robotnicza[89] kommentierte, die Anerkennung der sozialistischen Ordnung und grundsätzlichen politischen Orientierung des Staates sei ein »unverletzliches und oberstes Gebot« für die obersten Kirchenbehörden. Es dürfe keine Spannungen und Konflikte mehr »aufgrund unfreundlicher Tendenzen gegenüber Volkspolen« geben. Damit wurde auf kritische Reden Wyszyńskis angespielt, die im In- und Auslande Aufsehen erregt hatten. Diese Äußerungen waren aber durch permanent unfreundliche Tendenzen der Behörden gegenüber der Kirche verursacht worden. Der Kardinal hatte nach dem Ende der Gomułka-Ära hinreichend Grund, von einem an der Kirche begangenen Unrecht zu sprechen, das gutgemacht werden müsse. Die weitere Forderung der Agentur, daß »Verletzungen des Prinzips der Trennung von Staat und Kirche« aufzuhören hätten, ist so zu verstehen, daß die Kirche sich an vom Staat gesetzte Grenzen ihrer Tätigkeit zu halten hatte, während der atheistische Staat sich Einmischungen in den Religionsunterricht herausnahm. Auf der anderen Seite sollte der Kirche nicht erlaubt sein, Geistlichen die Beteiligung an Parteiaktionen zu verbieten, auch wenn diese eindeutig gegen den Episkopat gerichtet waren. In der Sprache der Agentur heißt dies: Aufhebung der Beschränkungen für Priester, »prosozialistische Verpflichtungen« einzugehen. Als Ergänzung zu dem sicherlich offiziös inspirierten Agencja-Robotnicza-Artikel wirkt der Vorwurf der Breslauer

Zeitung »Slowo Polskie«[90], die Kirche ziehe es vor, statt sich für eine Unterstützung des sozialistischen Aufbaus zu entscheiden, auf einem »Rondell« zu bleiben, von dem aus jederzeit ein Kurswechsel möglich sei. Sie wolle sich einen Rückzug auf einen dem Sozialismus entgegengesetzten Flügel offenhalten. Der Episkopat hat versichert, daß die Kirche keine politische Opposition sein und auch keine Kräfte zum Kampf gegen die verfassungsmäßige Staatsorganisation mobilisieren wolle. Umgekehrt wird aber die Kirche sich auch nicht zu einem politischen Instrument des Regimes degradieren lassen. Sobald die Normalisierungsverhandlungen ins Detail gehen, werden die gegensätzlichen Anschauungen hart aufeinanderprallen. Aus der Sicht der Partei formulierte im April 1972 Zbigniew Załuski in den »Argumenty«: »Die letzte Kraft der ›alten Welt‹ ist in Polen die Katholische Kirche.«

Der »polnische Genosse«, der in dem Organ der Unabhängigen Kommunisten Italiens »Il Manifesto«[91] feststellte, daß Polen sich tatsächlich noch in einer Krise befinde, die vor allem eine Krise der Partei sei, prangerte die Ausbeutung der arbeitenden Massen und das Fehlen demokratischer Institutionen an. Für den Kongreß gab es das Wort »Krise« in einem dem Vorjahr vergleichbaren Maße nicht mehr. Breschnew bescheinigte ihm, daß Polen die Fehler der Vergangenheit überwunden habe. Wenn Radio Warschau von einem »modernen Denken« auf dem Parteitag sprach, so verstand es darunter keinesfalls ein Überwinden des alten Parteischemas, sondern bezog seine Bemerkung auf »Spezialisierung, Mechanisierung, bessere Disziplin und Arbeitsorganisation sowie bestimmte Wirtschaftsziele«[92], als ob es selbstverständlich wäre, daß Modernität im Denken sich nur auf Technik und Produktion erstrecken könnte. Philosophische Kategorien erschienen demgegenüber wesenlos.

Ebensowenig wie neue Gedanken kamen neue Menschen auf dem Parteitag zur Geltung. Der Stettiner Streikführer Dopierała, nun Leiter der Parteiorganisation der Warski-Werft, der auf diesem Wege zum Delegierten gewählt worden war, griff in der Arbeitsgruppe für Entwicklung und Strukturverbesserung der Partei das Thema »Rotation der Kader« auf. Er meinte, drei Jahre angestrengter Tätigkeit in verantwortlicher politischer Stellung wirkten ermüdend. Man sei dann nicht mehr so empfänglich für

Angelegenheiten der Menschen, die sogenannte Produktivität ergebe keine Effektivität mehr. Man sollte diesen Genossen den Abtritt von der politischen Arena ermöglichen, damit sie ihre Macht nicht wegwürfen und kompromittierten[93]. Noch einen anderen Punkt berührte er in einer – nur zu Protokoll gegebenen – Rede: »Unter vielen Fragen ... bleibt die Frage, welches die Garantien sind, daß nach Jahren – trotz öffentlicher Erklärungen – sich die Situation, mit der wir im Dezember zu tun hatten, nicht wiederholt. Das ist eine Frage von kapitaler Bedeutung[94].« Die »Trybuna Ludu« hat kein Wort von Dopierałas Auftreten auf dem Parteitag gedruckt.

Die tiefer greifenden Reformen abgeneigte Grundtendenz des Parteitages, die Beschränkung auf wirksamere Planung und Lenkung, die Gierek als Leitlinie angab, seine Kampfansage an den Revisionismus in der Programmrede und Betonung der Unversöhnlichkeit gegenüber fremden Tendenzen in der Schlußansprache sowie Olszowskis Schreckgespenst der »revisionistischen Erosion in den eigenen Reihen« zeigten hinreichend, daß die Partei einem Rückfall zwar nicht in die Methoden, aber in den Geist des Jahres 1968 näher war als einer Erneuerung des Systems an Haupt und Gliedern, die eine angemessene Konsequenz der Dezember-Katastrophe gewesen wäre.

Die Öffentlichkeit war darauf vorbereitet, denn in der »Staatsbürgerlichen Tribüne« des Fernsehens im September hatte Olszowski auf die Frage zu antworten gehabt: »Wie ist das zukünftige Los von Hunderten aus den Hochschulen hinausgeworfenen Studenten und Wissenschaftlern? Hält die gegenwärtige Führung, was mit ihnen im März 1968 geschah, für richtig?« Olszowski gab zwar zu, daß bei den März-Ereignissen Fehler im Hochschulbetrieb und Erziehungssystem eine Rolle gespielt hätten, aber »in nicht geringerem Maße ungehemmte politische Ambitionen einer bestimmten Gruppe revisionistischer Orientierung«. Es könne wohl hie und da mal bei den Personalveränderungen etwas vorgekommen sein, dennoch sei der Prozeß »unerläßlich und nützlich« gewesen. Unter Hinweis auf die kapitalistische Presse und polenfeindliche Kreise des Auslandes, die Zionisten nicht zu vergessen, die für die von den Säuberungen betroffenen Wissenschaftler und Studenten eingetreten seien, suchte Olszowski indirekt die Richtigkeit der

Kampagne von 1968 zu beweisen.

In den Parteitagsbeschlüssen wird die führende Rolle der Partei sowohl für die Verbreitung der marxistischen Theorie wie für die Bekämpfung vor »dem Sozialismus fremden Konzeptionen und Haltungen« in Anspruch genommen. Freiheit für »antisozialistische Kräfte« wird als dem Wesen der Demokratie widersprechend erklärt. Wer nicht im parteioffiziellen Schema denkt, vertritt »pseudosozialistische Losungen«. Wieviel Raum bleibt da noch für einen Dialog? Mieczyslaw Rakowski hat in seiner »Polytika« im April 1972 gemahnt: »Der Dialog darf nicht wieder in einen Monolog vor leerem Saale umgestaltet werden.«

In der Erwiderung auf den Kołakowski-Aufsatz in der Pariser »Kultura« hat der heute in Italien lebende Satiriker Sławomir Mrożek beanstandet, daß der Autor bei der Abstraktion begonnen habe und von da zum Konkreten gelangt sei. Mrożek mißfällt Kołakowskis Sozialismus-Definition, er hat Bedenken wegen der gesellschaftlichen Kontrolle über die Produktionsmittel und das Nationaleinkommen, denn statt der Gesellschaft würden doch bloß deren Vertreter in einer sehr delikaten Angelegenheit handeln. Selbst bei Erfüllung aller Postulate eines Reformkommunismus zweifelt er an einem guten Ergebnis[95]. Ein anderer Kritiker, Zbigniew Byrski, meint, das einzig positive Element, das Kołakowski aufzeige, sei das Postulat des Glaubens, die Hoffnung, daß der Widerstand Erfolg haben werde. Es gehe aber nicht nur um Systemveränderung, sondern auch um die Bewahrung der Menschen vor Demoralisierung[96]. B. Zawisza bezweifelt, daß sich bei einer freien Wahl in Polen die Mehrheit für den Sozialismus aussprechen würde. Die Menschen seien mit Sozialismus derart übersättigt, »daß sie nicht imstande sind, mit diesem Wort etwas anderes als die gegenwärtige Wirklichkeit zu verbinden«. Gewiß wollten sie keine Fabriken in Privathand, aber warum sollte niemand sich mit privater Produktion beschäftigen, wenn er mit der vergesellschafteten erfolgreich zu konkurrieren vermöchte. Am besten sei ein gemischtes System[97]. Kołakowski hat auf Mrożeks Stellungnahme geantwortet, er verstehe dessen Ekel vor dem mißbrauchten Wort Sozialismus. Man könne die Welt jedoch nicht mit Mißtrauen gegenüber nebelhaften Worten heilen. Auf den Vorwurf der Abstraktion entgegnete er, die Meidung des Gebrauchs von Begriffen liefe darauf hinaus, es zu einem völligen Verstummen kommen zu lassen[98].

Kołakowski hat das Bild eines idealen Sozialismus entworfen. Wieviel kann einer im Besitze der Macht befindlichen Gruppe, auch wenn sie völlig mit dem polnischen Theoretiker übereinstimmt, noch der Pluralismus bei ihrer Disposition über die Produktionsmittel, das Nationaleinkommen und den Wirtschafts- und Gesellschaftsapparat bedeuten? Kołakowski unterscheidet seinen Sozialismus von dem in den kommunistischen Ländern bestehenden durch die Bestimmung, daß der Apparat »Organ der Gesellschaft und nicht deren Herr« sein soll. Dies ist eine Wunschvorstellung, bei der unerörtert bleibt, wie sich »Gesellschaft« politisch formiert und ob ihre Repräsentation in dem Augenblick, wo sie eingesetzt ist, nicht sogar Herrschaft sein muß. Bei der scharfsinnigen Kritik des »despotischen Sozialismus« darf nicht vergessen werden, daß dieser neben Wandlungs- und Anpassungsfähigkeit auch ein erstaunliches Restaurationsvermögen besitzt. Nach ernsten Existenzbedrohungen im Oktober 1956 und Dezember 1970 hat in Polen der Apparat sein Gleichgewicht wiedergefunden. Bisher hat keine Erschütterung das System außer Kraft gesetzt oder gezwungen, sich auf andere Grundlagen zu stellen.

Von Kołakowskis Verdammungsurteil über die sozialistische Despotie ist nichts abzustreichen, nur besteht ein eigentümliches Wechselverhältnis zwischen Tyrannis und Freiheit. Die Menschen in einem totalitären System haben den Drang, der politischen Sphäre auszuweichen, und entwickeln dabei ein großes Maß an Findigkeit, besonders die Polen, die eine innere Distanz zum Staat nie verloren haben. Dazu bedurfte es nicht erst der Erfahrungen in der Teilungszeit. Den Zusammenhalt im Jagiellonenreich garantierten familiäre Bande stärker als staatliche Institutionen. Zwischenmenschliche Beziehungen sind für den Polen gewichtiger als Gesetze. Er schafft sich einen anarchischen, d. h. in diesem Falle vom Staate und jeder Reglementierung freien Raum. Als Gegenpol zur Tyrannei erhält sich ein äußerst lebendiges und immer wieder durchbrechendes Gefühl für persönliche Freiheit.

In diesem Geiste ist auch zu verstehen, was Professor Kazimierz Kumaniecki, ein international anerkannter Altertumsforscher, im »Studentischen Magazin« von Radio Warschau[99] über das Wachsen eines neuen Menschen in Verbindung mit der Wiederherstellung der Würde eines neuen Individualismus, des selbständigen Denkens und der Befreiung von der Tyrannei der Worte und rasch verhallenden Begriffe gesagt hat. Der Widerstand muß in tieferen Schichten, als Kołakowski annimmt, jenseits aller politischen Systematik zur Behauptung der Persönlichkeit gegenüber dem Kollektiv angesiedelt werden.

Moczars Entmachtung

Die polnische Geschichte kennt keine Aufsplitterung in Kleinstaaten – die Teilungen des Landes durch fremde Mächte zählen in diesem Sinne nicht –, aber auch keinen Nationalstaat, denn das jagiellonische Reich besaß übernationalen Charakter. Immer hat das polnische Volk in Symbiose mit anderen Völkern gelebt und dadurch vielfältige Bereicherung erfahren. Der Staat als – mit geringen Einschränkungen – ethnisch reine Schöpfung ist erst am Ende des Zweiten Weltkrieges entstanden. Er war eine kommunistische Schöpfung und konnte als nationale Leistung auch von den Gegnern des Regimes nicht bestritten werden. Eine alte Sehnsucht der Nationalisten war in Erfüllung gegangen. Die rechten und linken politischen Ströme trafen sich im Bekenntnis zu der endlich von fremder Beimischung befreiten nationalen Einheit. Sie bildete die geistige Basis für das Emporkommen einer spezifisch polnischen Variante des Kommunismus, die in den Partisanen unter Führung Mieczysław Moczars ihre Verkörperung fand.

Von Anfang an war nach den Ereignissen im Dezember 1970 klar, daß der Kernpunkt der innerparteilichen Auseinandersetzungen in Polen das Verhältnis zwischen Gierek und Moczar sein würde. Die Verschiedenheit der Einstellung zu den materiellen und politischen Problemen, der Charaktere und Temperamente mußte zu Reibungen führen. Die Rivalität der beiden mächtigsten Männer im Staate nach Gomułkas Ausscheiden konnte keine Dauererscheinung sein. Für Gierek stand im Vordergrunde die Gesundung der Wirtschaft, die eine Erhöhung des Lebensstandards ermöglichen würde. Er brauchte zur Modernisierung und Rationalisierung gute Fachleute, die sich in einer totalitären Ordnung besonders leicht in Technokraten verwandeln, ein Vorwurf, den die Gegenseite auch bald erhob. Die Ideologie hatte für ihn erst im Rahmen der Bewältigung der vornehmlich ökonomischen Aufgaben Bedeutung. Moczar dagegen interessierte Wirtschaft wenig; er war machtbesessen und erträumte eine Machtsteigerung auch für Polen. Bei der Personalauslese kam es ihm in erster Linie auf das an, was er aufrechte Gesinnung und Gefolgschaftstreue nannte. Sein Nationalismus entlud sich zuerst in Antisemitismus, während er sich gegenüber anderen Völkern, neuerdings auch gegenüber dem deutschen Volke, Zurückhaltung auferlegen mußte. Unter Giereks Politik konnte er sich nicht dynamisch entfalten. Dadurch fühlte er sich herausgefordert und geradezu zu der Herbeiführung eines Konfliktes gezwungen. Es mußte ihn reizen, daß Giereks Art, ruhig und zähe seine Ziele zu verfolgen und zugleich auf den Ausgleich von Spannungen bedacht zu sein, ihm Angriffspunkte nahm.

Als politische Figur hatte Moczar von jeher im Zwielicht gestanden. Die Zweifel über ihn beginnen schon bei seinem Lebenslauf. Nach der offiziellen Biographie[1] war der Vater Eisenbahner und ist als KPP-Mitglied in Vorkriegspolen verfolgt worden; er soll zweimal »viele« Jahre in Gefängnissen verbracht haben. Die gegenteilige Behauptung lautet, daß Moczar ein Pseudonym ist, der wahre Name Mikolaj Demko oder Diemko lautet, der Vater, der Abstammung nach Weißrusse, bis 1917 Polizist und nach dem Ersten Weltkrieg – ohne politische Ambitionen – Arbeiter in Lodz war, wo der Sohn 1913 geboren wurde. Mehrfach haben Personen, die den Sohn von früher her kennen und auch im Zweiten Weltkrieg als Partisanen mit ihm gekämpft haben, angegeben, daß er Demko geheißen habe. Dies erwähnen u. a. Maria Turlejska in ihrem Buch »O woinie i podziemiu« (Über Krieg und Untergrund), 1959, und Maria Zieleńczyk in »Polityka«, 1957[2]. Über seine Partisanentätigkeit, die unbestritten ist, hat er ein Buch geschrieben, allerdings wird behauptet, daß er keineswegs die erstrangige Bedeutung als Untergrundkämpfer besessen habe, die er sich selber zumißt[3]. Schon gleich nach dem Kriege hat er im Geheimdienst eine wichtige Rolle gespielt und wahrscheinlich mit dem Berija-Apparat Verbindung gehalten. Seine Verfolgung und Erschießung von ehemaligen nationalen Widerstandskämpfern und Bauernparteilern haben ihm einen Ruf von großer Härte und Grausamkeit eingetragen. Er ist aber auch ebenso scharf gegen Arbeiter vorgegangen, wenn sie ihm unbequem wurden. Nachdem er es schon bis zum stellvertretenden Sicherheitsminister gebracht hatte, fiel er 1948 zu gleicher Zeit wie Gomułka in Ungnade. Er entging aber dem Gefängnis und konnte sich auf Provinzposten halten. Schon im Frühjahr 1956 wurde er Minister und kehrte Ende des Jahres in den Sicherheitsdienst zurück, den er seitdem zunehmend zu beherrschen und zu seinem persönlichen Machtinstrument auszubauen verstand. Durch ihn erhielten die im ZBoWiD organisierten Widerstandskämpfer politisches Profil. Seit Beginn der sechziger Jahre wurde der Name »Partisanen« zu einem Begriff für eine nationalistisch durchtränkte Politik der harten Hand, einem Begriff für Intelligenzfeindlichkeit und Antisemitismus. Moczars Nationalismus war bis zum prinzipiellen Mißtrauen gegenüber allem Fremden gesteigert. Auf einer ZK-Sitzung im Mai 1967 sprach er von einer »naiven und kurzsichtigen Haltung« polnischer Bürger, sogar solcher auf verantwortlichen Posten gegenüber Informationen sammelnden Ausländern. Manche Polen schienen eine Art Minderwertigkeitskomplex abreagieren zu wollen. Derartige Tendenzen müßten rücksichtslos im Keim erstickt werden. Nicht alle Bürger verteidigten unglücklicherweise in solchen Gesprächen die Interessen des Landes[4].

Moczar besaß das Talent, nach verschiedenen Seiten hin zu arbeiten. Er unterhielt Kontakte mit der stalinistischen Natolin-Gruppe und der von der katholischen Kirche strikt abgelehnten PAX-Organisation von Bolesław Piasecki, der in der Vorkriegszeit Faschist gewesen war. Der Pressekonzern, den Piasecki dirigierte, ging voll auf Partisanenkurs. Moczar suchte zur Stärkung des ZBoWiD auch ehemalige AK-Leute zu gewinnen und bot ihnen Renten und Posten an. Ein AK-Mann, Tadeusz Sztumberk-Rychter, der sich PAX angeschlossen hatte, stieg sogar im ZBoWiD zum Mitglied der Verbandsführung auf. Moczar hatte keine Scheu, Schriftsteller und Journalisten zu kaufen. Er verstand, sich sein Vertrauen bei Gomułka zu erhalten, indem er ihm Informationen lieferte, wie er es für angebracht hielt, um den Eindruck zu erwecken, als ob er seine zuverlässigste Stütze sei, wiewohl er eifrig daran arbeitete, die Stellung des Parteichefs zu untergraben, der entweder in eine ohnmächtige Gallionsfigur verwandelt werden oder abtreten sollte. Er hatte ein kunstvolles Netz gesponnen, wie es ein routinierter Geheimdienstchef vermag, beging freilich den Fehler zu glauben, daß Politik sich in den im Sicherheitsdienst angewandten Methoden erschöpfe. Seine Versuche, in den Parteiapparat einzudringen, erzielten einen nur begrenzten Erfolg. Ein Sieg von ihm hätte den Primat der Bezpieka über die Partei bedeutet. Davor fürchteten sich auch die Parteifunktionäre, die seine Vorstöße abwehrten.

Moczars große Zeit kam im Jahre 1968. Die studentischen März-Demonstrationen nahm er zum Anlaß, um im Zusammenspiel mit Strzelecki eine beispiellose, mehr als einen Monat dauernde Kampagne gegen »Zionisten und Revisionisten« zu entfesseln. Eine großangelegte Säuberungsaktion sollte seine eigene Machtposition verstärken. Immer mehr Kreise, Schriftsteller, Künstler, Wissenschaftler und vor allem Juden, wurden als »Hintermänner« der Studenten entdeckt und mit dem Fluch belegt, bewußt oder unbewußt im Dienste der »Feinde Volkspolens« zu stehen. Von ZBoWiD abgesehen, wirkten der Parteiapparat, über den Strzelecki gebot, Polizei und Geheimdienst auf die Bevölkerung ein. Regelmäßig wurde in den mit großem Aufwand betriebenen Massenversammlungen im Lande ein Bekenntnis zur Parteilinie und dem Genossen Wiesław abgelegt, der auf diese Weise eng mit der Aktion verbunden wurde. Moczar hatte die Genugtuung, daß Gomułka die studentischen Demonstrationen zu einer Existenzfrage des Staates stempelte. Er sagte im Warschauer Kulturpalast: »Bei den Ereignissen, die sich in unserem Lande abspielten, verläuft die Trennungslinie zwischen dem Sozialismus und der Reaktion jeglicher Färbung[5].« Diese Konzeption fordere zu weiterer Zuspitzung geradezu heraus. Kazimierz Kąkol behauptete in »Prawo i Życie«: »Wir hatten es mit dem Versuch eines – gerade dieses Wort ist hier angebracht – Staatsstreichs zu tun. Eine mit den zionistischen Zentren verbundene Verschwörergruppe versuchte, ... die Kundgebungen und Straßentumulte zu einer Intensität zu bringen, die dazu zwingen sollte, mindestens die Frage der personellen Kontinuität unseres Regierungssystems aufzuwerfen[6].« Dies war ein Gipfelpunkt von Verleumdung und Heuchelei. Die Moczar-Leute hatten den studentischen Protest um ihrer politischen

Absichten willen aufgebauscht. Es wäre ihnen eine Situation ganz recht gewesen, in der die Frage nach der personellen Kontinuität der politischen Führung auftauchte. Ihr Eintreten für Gomułka war hintergründig. Sie erreichten, daß die Konstruktion, die studentischen Demonstrationen seien von Reaktionären, Revisionisten und Zionisten in Verbindung mit der psychologischen Kriegführung angezettelt, die ihre Stätten in den USA, Israel und Westdeutschland habe, Allgemeingut der Parteiagitation wurde.

Die Partisanen konzentrierten ihren Angriff auf die Juden. Das Schlagwort »Zionismus« war für die polnische Öffentlichkeit neu und mußte in der Presse erklärt werden. Wie sollte auch der Mann auf der Straße zwischen »Zionisten« und »Juden« unterscheiden! Moczars antisemitische Instinkte kamen in einem PAP-Interview zum Ausdruck, in dem er schilderte, wie während des Krieges bei der kämpfenden Truppe »gewisse Politiker« – er nannte nur jüdische Namen – erschienen seien und das Recht zur politischen Führung und das Monopol in Anspruch genommen hätten zu bestimmen, was für das polnische Volk richtig sei. Sie hätten sich bemüht, »unsere Geschichte zu verunstalten und das Andenken an die nationalen Traditionen herabzusetzen[7]«. Diese Einstellung war in Partisanenkreisen nicht etwa nur an die Person Moczars gebunden. Noch nach dessen Ausscheiden aus der politischen Führung, zum dreißigjährigen Gründungstag der nach Hitlers Angriff auf die Sowjetunion ins Leben gerufenen PPR (Polnische Arbeiterpartei), ließ sich in einer ZBoWiD-Sendung von Radio Warschau[8] ein alter kommunistischer Widerstandskämpfer darüber aus, daß falsche Interpretationen des damaligen Geschehens zu hören seien. Viele führten die Entstehung der Partei auf »diese zehn oder zwanzig Leute zurück, die mit dem Flugzeug abgeworfen worden waren«. Man habe ihnen gesagt, daß diese die Partei gegründet hätten. Die Widerstandskämpfer im Lande hätten schon begonnen, die Partei zu schaffen, als die ersten Absetzungen von Spitzenfunktionären mit dem Fallschirm erfolgt seien. Für die Organisatoren des Untergrundkampfes seien dies nur Leute gewesen, die Parolen brachten, die bis zu einem gewissen Grade die Verbindung mit früheren verbündeten bäuerlichen Widerstandskämpfern gelöst hätten. Die Abgesetzten hätten keine Erfahrung in dem Wirrwarr der Okkupationszustände besessen, die ihnen unverständlich geblieben seien. Hinter dieser kritischen historischen Betrachtung, unabhängig von der Frage, inwieweit sie zutreffend war, steckten antisemitische und antirussische Gefühle. Ein Moczar wußte meisterhaft auf dem nationalistischen Instrument zu spielen, in der Überzeugung, damit in Polen leicht Anhang gewinnen zu können. Nur dürfte er mit dem PAP-Interview seine seit Berijas Tod fragwürdig gewordene Stellung im Kreml vollends untergraben haben. Antisemitismus störte die Sowjets nicht, aber es handelte sich um ihre noch zu Kriegszeiten in Polen aufgetretenen Emissäre. Wenn Moczar die Säuberung der Partei und anderer Institutionen, »oft mit Leuten fremden Geistes oder einem direkt feindlichen Verhältnis zum Sozialismus und zu Volkspolen«[9] besetzt, verlangte, so wurden davon Personen getroffen, die in Moskau Vertrauen genossen. Er erweiterte die antisemitische und antirussische Note durch die antideutsche. Nach der deutschen Kapitulation, sagte er, hätte man nicht gedacht, »daß unsere Gesellschaft noch einmal Auge in Auge der drohenden Gefahr gegenüberstehen würde, die durch das Vorhandensein der Bundesrepublik und ihrer Politik der Rache und Revision gegeben ist«. In Danzig bezeichnete er die Bundesrepublik als »unseren Hauptfeind« und fügte hinzu: »Mit ihrer dunklen Tätigkeit verbindet sich der Zionismus[10].« Damit war er wieder bei seinem Thema.

Das Ergebnis der Kampagne war, daß von einigen zwanzigtausend Juden, die noch in Polen lebten, etwa 4000 im Lande blieben[11], eine Bilanz, die eigentlich die Befriedigung der Partisanen erregen mußte, obwohl ihnen jetzt der Widerpart fehlte, den sie zur Aufstachelung von Leidenschaften brauchten. Auf der Verlustliste standen Schriftsteller und Wissenschaftler, nicht bloß jüdischer Abstammung, die zur geistigen Elite gehörten und einen internationalen Rang besaßen. Es bedurfte des provinziellen Horizontes der Partisanen, um einen solchen Vorgang leichtzunehmen. Zu ihrem Verdruß war ihr Machtgewinn gering. Moczar wurde auf einer ZK-Sitzung im Juli 1968 Politbüro-Kandidat[12], aber ein weiteres Vordringen mißlang. Auf den Verteidigungsministerposten kam nicht General Korczyński, und Moczar erlangte nicht auf dem V. Parteitag im November 1968 die schon allgemein erwartete Vollmitgliedschaft im Politbüro. Das Treiben der Partisanen wurde auch im Ausland kommentiert und veranlaßte Gomułka am 8. Februar 1969 zu einer mit mehrtägiger Verspätung veröffentlichten Bemerkung vor der Warschauer Parteiorganisation: »Gegen unsere Partei wird fortwährend ein Angriff durch feindliche Sender geführt, die verschiedenes dummes Zeug, besonders personelles, verbreiten. Letzthin kam wieder eine Serie solchen dummen Zeugs u. a. zum Thema der Person des ZK-Sekretärs Genossen Mieczysław Moczar. Das sind natürlich aus schmutzigen Fingern gesogene Provokationen von Agentensendern, die dazu bestimmt sind, Diversion zu verbreiten. Diese ›Informationen‹ soll man insgesamt zurückweisen und ihnen keine Bedeutung beimessen[13].« Die Bedeutung hat sich später herausgestellt.

Wenn die Erklärung darauf berechnet war, die Partisanen zu besänftigen, weil Gomułka mit seiner Schaukelpolitik es weder mit ihnen noch mit einer anderen Gruppe verderben wollte, so hat sie ihren Zweck nicht erfüllt. Moczar hat es nicht vergessen, daß ihm ein Sieg, den er schon für sicher gehalten hatte, vereitelt worden war. Er suchte Bundesgenossen für einen Schlag gegen den Parteiführer. Der wichtigste, den er fand, war Gierek. Unerwartet konnten die Opponenten durch die Arbeiterunruhen in den Hafenstädten ihr Ziel erreichen. Moczar wurde der »zweite Mann« im Staate; er sollte es nicht lange bleiben.

Nach außen hin wurden Polaritäten kaum sichtbar, immerhin gab es bald einige Anzeichen dafür, daß um Machtpositionen gerungen wurde. Zum ersten Mal seit dem Führungswechsel trat am 1. März 1971 der Vorstand des Partisanenvorstandes zusammen. Die Rede Moczars wurde teilweise von Radio Warschau übertragen. Er betonte, daß der ZBoWiD »an gesellschaftlicher Kraft bedeutend gewachsen« sei, eine Wendung, die der PAP-Bericht über das Ereignis, den die Zeitungen druckten, nicht enthielt. Moczar versicherte etwas anspruchsvoll, die Partei könne auf den ZBoWiD zählen, der Verband werde sie bei den Bemühungen zur Überwindung der Krise unterstützen. Unausgesprochen war diese »Unterstützung« daran gebunden, daß Moczar mit dem Dezember eine Schlüsselstellung in der Partei erlangt hatte. Im Gegensatz zu anderen Blättern veröffentlichte die »Trybuna Ludu«[14] den Bericht nicht auf der ersten Seite, sondern im Innern des Blattes. Offensichtlich war der Verband mit der Resonanz in der Öffentlichkeit nicht zufrieden. Es fiel auf, daß Radio Warschau[15] zwei Tage später Ausschnitte aus der ZBoWiD-Diskussion mit einer einleitenden Bemerkung veröffentlichte, die eine Erklärung dafür geben sollte, warum der Sender auf das Ereignis zurückkam. Auf diese Weise erfuhr die Öffentlichkeit, daß Oberst Sztumberk-Rychter versichert hatte, man wolle nicht bloß ein Veteranenverband sein und rückwärts auf die Geschichte blicken, sondern tätigen Anteil am politischen Leben nehmen und für die Gegenwart Verantwortung tragen. Die Partisanen, so sagte er großzügig, präsentierten dem Lande keine Rechnung aufgrund früherer Verdienste. Aufmerken ließ die Äußerung, sogenannten Freunden sei die gegenwärtige Verbandsführung ein Dorn im Auge. Der stellvertretende Vorsitzende Oberst Mazurkiewicz-Radosław gab zu, daß die Mehrzahl der Mitglieder Parteilose und Gläubige seien. »Życie Warszawy« brachte am gleichen Tage ein Interview mit drei Teilnehmern an der Vorstandssitzung, während »Trybuna Ludu« sich schweigend verhielt.

In der engen Partisanenmentalität, ausgefüllt durch Nationalismus und Militarismus, war kein Platz für Modernität jeglicher Art. Bezeichnend war eine Polemik der Zeitung des sozialistischen Jugendverbandes »Sztandar Młodych« mit der Zeitschrift Kąkols »Prawo i Życie«, die eine Diskussion über die Jugend veranstaltete. Hier wurde Scherbengericht gehalten, die Jugend wegen ihrer äußeren Aufmachung, ihrer Musik und ihres Gesangs restlos verurteilt. Das Erziehungssystem und die Massenmedien wurden wegen Duldung und Förderung dieser Erscheinungen angeprangert. Die Jugendzeitung, deren Organisation anläßlich des Führungswechsels im Feuer scharfer Kritik gestanden hatte, bemühte sich jetzt, modern zu erscheinen, und warf »Prawo i Życie« vor, jeden jungen Menschen, der gern Beatmusik höre, für einen »potentiellen Banditen, Dieb und Verbrecher« zu halten[16]. Die Gegensätze traten im unpolitischen Bereich früher und deutlicher zutage als im parteipolitischen.

Bald nach dem VIII. ZK-Plenum im Februar 1971 hat Gierek sich für die Auseinandersetzung mit den Partisanen gerüstet. In Kattowitz hielt er am 6. März eine Rede, in der er das Vorhandensein von Meinungsverschiedenheiten auch in der Partei andeutete. Er war gegen ein »Administrieren«, das einen Schatten auf die Partei werfe und die Verbindung mit den Massen lokkere. Er wollte keine radikalen Säuberungen und die Diskreditierung von Leuten, die der Sache der Partei gut gedient hätten. Er sprach sich für unentbehrliche Demokratisierung in den innerparteilichen Beziehungen und für schöpferische Diskussion aus[17]. Die Wendung gegen die Vertreter des harten Kurses war unverkennbar. Er beließ es nicht nur bei Worten. Es gelang ihm, die Moczar-Front – wenn man davon sprechen kann – zu zerbröckeln. Männer, die entweder zur Partisanenrichtung gehört oder ihr nahegestanden hatten, wie die Generale Szlachcic und Jaruszelski, traten an Giereks Seite. Die PAX-Gruppe unter Bolesław Piasecki, die noch bis Ende März im Fahrwasser der Partisanen gesegelt war, fiel ab und nahm Pro-Gierek-Kurs. Da bekannt war, wie genau PAX sich danach orientierte, was die Sowjets wünschten oder zu wünschen schienen, konnte die Schwenkung als Indiz dafür betrachtet werden, daß im Kreml an der Person Moczars höchstens nur noch ein negatives Interesse bestand. Piasecki hat eine Belohnung erhalten: Der Sejm wählte ihn zum Mitglied des Staatsrates gegen die Stimmen der ZNAK-Gruppe[18]. Piasecki nahm den Platz des verstorbenen Zawieyski ein, der zu ZNAK gehört hatte.

Das deutlichste Zeichen für das Sinken des Einflusses von Moczar war, daß er den Rücktritt von Korczyński als Vizeminister im Verteidigungsministerium am 11. März 1971 nicht verhindern konnte. Der Spanienkämpfer Korczyński hatte im Kriege an der Untergrundbewegung in Polen teilgenommen. Aus dieser Zeit stammt sein antisemitischer Ruf. Nach Angabe von Swiatło erhielt Korczyński von dem Stabschef der Volksarmee Jóźwiak-Witold – der durch den Oktober 1956 aus seinen Partei- und Staatsämtern entfernt wurde – den Befehl, zwei in den Wäldern von Janowski operierende jüdische Partisanengruppen zu liquidieren. Korczyński, dem die Einheiten der Volksarmee im Lubliner Gebiet unterstanden, sorgte für die Erledigung dieser jüdischen Widerstandskämpfer[19]. Als in den fünfziger Jahren Gomułka, mit dem Korczyński im Kriege zusammengearbeitet hatte, in Schwierigkeiten geriet, wurde auch dieser verhaftet. Jetzt wurden ihm die Judenmorde zum Vorwurf gemacht. Der Oktober-Umschwung, dem er innerlich völlig fernstand, war für ihn ein Glück. Gomułka ernannte ihn zum Leiter des militärischen Nachrichtendienstes. Seit Anfang der sechziger Jahre muß er zusammen mit Moczar und Strzelecki an einer Fraktionsbildung innerhalb der Partei gearbeitet haben. Im Juni 1963 beschuldigte Roman Zambrowski Moczar und Korczyński der Bildung einer rechtsgerichteten Fraktion. Dafür wurde er von den beiden bald darauf gestürzt. 1968 war die Gruppe, wie wir gesehen haben, nahe daran, die Macht zu erringen. Ihr Plan scheiterte zwar, aber die angeschlagene Stellung Gomułkas hielt die Hoffnung auf Beendigung seines Regimes wach und nährte die Intrigen.

Mit dem Dezember 1970 fühlte sich auch Korczyński als Parteigänger Moczars gestärkt und scheint zu seinem Vorgesetzten Jaruzelski in ein gespanntes Verhältnis geraten zu sein. Seine Eigenmächtigkeit bei dem Vorgehen gegen die demonstrierenden Arbeiter führte zu einem Zerwürfnis. Die Arbeiter beschuldigten Korczyński, vor allem für das Massaker in Gdingen verantwortlich zu sein, wo mehr Tote als in Danzig zu beklagen waren. Moczar, der unter dem Eindruck der Volksstimmung rasch Giereks These übernommen hatte, daß das Blutvergießen zu vermeiden gewesen wäre, konnte sich in diesem Falle nicht vor Korczyński stellen. Das Tauziehen um ihn überdauerte zwar noch die ZK-Sitzung im Februar 1971, aber am Ende setzte sich Gierek durch. Offiziell trat der General aus Gesundheitsgründen zurück, doch wurde zugleich angekündigt, daß er »eine andere Stelle im Staatsdienst«[20] erhalten werde, was eigentlich ein Widerspruch war. Einen Monat später wurde er, der über keinerlei diplomatische Erfahrungen verfügte, zum Botschafter in Algier ernannt[21]. Dort ist er nach einem halben Jahr im Alter von 56 Jahren gestorben. Der Tod war nach Angabe aus algerischer, nicht polnischer Quelle die Folge einer Bauchspeicheldrüsenoperation[22]. Hat es sich um eine plötzlich aufgetauchte Zyste gehandelt, so kann ein sofortiger Eingriff nötig geworden und keine Zeit mehr geblieben sein, den Botschafter in ein anderes Land zu einer der wenigen Kliniken zu fliegen, die überhaupt eine derart schwierige Operation übernehmen. Bei der Beisetzung in Warschau sprach Moczar, Gierek war nicht zugegen. Bei dem fast zur gleichen Zeit verstorbenen Rumiński gehörte Gierek dagegen zur Ehrenwache. Beide, Korczyński und Rumiński, waren alte Parteigenossen, Widerstandskämpfer, ZK-Mitglieder und Sejmabgeordnete, aber im Vergleich zu Rumiński war die Presseresonanz bei Korczyński auffallend schwach. Die »Trybuna Ludu« verzichtete auf einen Nachruf, während sie über Rumiński eine umfangreiche, von Politbüro und ZK unterzeichnete Widmung veröffentlichte.

Mit dem Fall Korczyński war im Grunde der parteiinterne Machtkampf entschieden. Der Versuch, von außen her durch eine Organisation wie den Partisanenverband, der immerhin 350 000 Mitglieder zählte, die Partei zu erobern, war schon unter Gomułka mißlungen und hatte unter dem tatkräftigen Gierek keinerlei Erfolgsaussichten. Wer den mit dem politischen Tagesleben eng verknüpften Parteiapparat in der Hand hielt, war der Stärkere. Die Partisaneninteressen hatten zu einseitigen und auf die Vergangenheit bezogenen Charakter. Durch ein einziges Wort war die Organisation schwer verwundbar. Dieses Wort hieß »Verjüngung«. Obwohl die Partisanen viel davon sprachen, das Erlebnis der Widerstandsbewegung der nachfolgenden Generation weitergeben zu wollen, fehlte es ihnen an Nachwuchs. Deswegen liefen sie bei jedem Stellenwechsel in Partei, Staat, Armee oder Sicherheitsdienst Gefahr, Einfluß zu verlieren. Auf diese Weise hat Gierek ihnen langsam, aber nachhaltig Abbruch getan.

Solange es ging, wurde die Kräfteverschiebung in der Parteiführung äußerlich nicht dokumentiert, aber Moczars Name tauchte seltener als bisher in der Öffentlichkeit auf. Als Politbüromitglied nahm er an einer Wojewodschafts-Parteikonferenz in Lodz teil[23]. Aus dem vermutlich stark zensierten PAP-Bericht geht hervor, daß Moczar in der Stadt, in der er 1947 als Sicherheitschef einen Streik grausam erdrosselt hatte, erklärte, Disziplinlosigkeit und Stillstand der Arbeit (also Streik) seien gegen die Lebensinteressen der Nation gerichtete Erscheinungen. Die Partei solle ihre politische Führung in den Fabriken verstärken und jedem Disziplinbruch und jeglichem Produktionsverlust vorbeugen. Er wünschte eine Verschärfung der Bedingungen für den Eintritt in die Partei. Es scheint, daß sein Ton nicht gefallen hat, denn kurze Zeit darauf trat Szydlak auf einer Stadt-Parteikonferenz in Lodz auf[24]. Er wählte eine andere Methode als Moczar, indem er sich zum Sprecher der Volksforderungen machte: Die Öffentlichkeit erwarte von den örtlichen Parteiinstanzen rasches und konstruktives Handeln zur Verwirklichung der ZK-Beschlüsse. Er tadelte die Zustände, die unter der früheren Führung eingerissen seien. Die Lodzer Leichtindustrie sei als unwesentlich behandelt worden, die Verschlechterung der menschlichen Atmosphäre in den Fabriken dürfe nicht geduldet werden. Mit dieser Art zu sprechen, erzielte Szydlak wahrscheinlich bessere Erfolge als sein Politbürokollege. Noch einmal hatte Moczar Gelegenheit, als Abgesandter der Zentrale auf einer Parteikonferenz in Erscheinung zu treten, und zwar in Gdingen bei der Kriegsmarine, als Gierek sich gerade außer Landes befand. Er beschäftigte sich mit Problemen des psychologischen Krieges und rief zur Verschärfung des ideologischen und politischen Kampfes auf[25]. Es waren unter Gierek selten gewordene Kampftöne.

Sein weiterer Abstieg stand im mittelbaren oder unmittelbaren Zusammenhang mit dem XXIV. sowjetischen Parteitag. Würde Moczar der polnischen Delegation angehören? Darüber wurde viel gerätselt, aber Gierek nahm nach Moskau nur Jaroszewicz, Tejchma und – zunächst schwer verständlich – Zenon Nowak mit[26]. Für die Öffentlichkeit war damit klar, daß die Dezember-Koalition zum Sturze Gomułkas aufgehört hatte zu bestehen. Wer darauf achtete, von wem während des Moskauer Parteitages wichtige Sitzungen in Warschau geleitet wurden, gewann den Eindruck, daß Gierek mit seiner Vertretung Szydlak und nicht Moczar beauftragt hatte. Moczar erschien zwar zur Begrüßung des zurückkehrenden Parteichefs auf dem Flugplatz Okęcie, wie aus einem vom Militärblatt »Żołnierz Wolności«[27] veröffentlichten Photo ersichtlich war, aber seinen Platz neben dem Parteichef hatte er verloren. Bald nach seiner Rückkehr nahm Gierek auf dem IX. ZK-Plenum eine geringfügig erscheinende Änderung vor: Stanisław Kania wurde zum ZK-Sekretär ernannt[28]. Aus seiner Tätigkeit ging hervor, daß er Moczars Aufgaben übernommen hatte. Am 1. Mai marschierte Gierek zu Fuß durch Warschau, mit ihm in der ersten Reihe seine engsten Mitarbeiter, aber nicht Moczar, dessen Name auch auf keiner Prominentenliste bei den verschiedenen Maifeierlichkeiten verzeichnet war.

In der zweiten Aprilhälfte und im Mai 1971 häuften sich in

der Auslandspresse Nachrichten, daß Moczar erkrankt sei. Von Regierungsseite wurde in Warschau erklärt, daß darüber keine Informationen vorlägen[29]. Es blieb unklar, ob er wirklich oder nur politisch krank war. Das amtliche Schweigen wurde durch die überraschende Nachricht unterbrochen, daß Gierek zusammen mit Moczar eine Fahrt nach Masuren unternommen habe[30]. Dieser Ausflug wirkte besonders eigenartig, wenn man Giereks Terminkalender im letzten Mai-Drittel überblickte:

22. und 23. Gierek in Weißrußland
25. Gierek zum Parteitag in Prag
26. Rede Giereks in Prag
Abreise aus Prag (nicht gemeldet)
27. Gierek in Masuren mit Moczar
28. Wirtschaftsberatung mit Gierek im Warschauer ZK
Neue Reise nach Prag (nicht gemeldet)
29. Abends Rückkehr der polnischen Delegation mit Gierek nach Warschau.

Was hat den polnischen Parteiführer dazu veranlaßt, seine Anwesenheit auf dem Prager Parteikongreß zu unterbrechen? In der Allensteiner Parteileitung saßen Moczar-Leute. War in der dortigen Autoreifenfabrik eine Kundgebung geplant, die den Partisanenchef grell in das Licht der Öffentlichkeit rücken sollte? Es gibt Verdachtsmomente für einen regelrechten Putschplan, der mit Hilfe des Sicherheitsdienstes durch General Matejewski in Szene gesetzt und durch Kontakte zu sowjetischen Persönlichkeiten abgedeckt werden sollte. Schlüssige Beweise können nicht gegeben werden, solange polnische Parteistellen sich in Schweigen hüllen. In der Auslandspresse sind genauere Angaben über die Verschwörung erschienen[31]. Nur schwerwiegende Gründe können den überraschenden Zwischenaufenthalt Giereks im Lande während seines hochoffiziellen Besuchs in Prag erklären. Der Wunsch, mit Moczar zusammen eine Fahrt nach Masuren zu unternehmen, ist eine wirklich zu harmlose Erklärung. Auch das spätere Schicksal Matejewskis, über das noch ein Wort zu sagen sein wird, kann als Indiz dafür angesehen werden, daß gravierende Tatbestände vorgelegen haben. Wie die Pläne auch ausgesehen haben mögen, Gierek hat sie durch sein Erscheinen vereitelt. Nach außen hin mochte sogar der Eindruck eines ungetrübten Verhältnisses zwischen den beiden seit Dezember von Gerüchten umwitterten Männern erweckt werden. Den Abschluß dieses seltsamen Vorganges bildete die wohl absichtlich etwas hinausgeschobene Absetzung des 1. KW-Sekretärs der Parteiorganisation der Allensteiner Wojewodschaft, Białkowski[32].

Es gab weitere für Moczars Stellung negative Anzeichen. Bei den Fünfzig-Jahr-Feiern des oberschlesischen Aufstandes fehlte er. Ordensauszeichnungen, die ZBoWiD-Mitglieder in Warschau erhielten, verteilte nicht er, sondern General Pietrzak[33]. Dagegen schien in die Richtung einer Beilegung von Gegensätzen Moczars Entsendung vom 14. bis 22. Juni 1971 an der Spitze einer polnischen Delegation nach Finnland zu weisen, die einer Einladung der finnischen KP folgte. Täglich wurden über diese Reise in der Presse Berichte verbreitet, die der Bedeutung des Ereignisses kaum entsprachen. Aber zugleich nahm Gierek eine Umbildung der Sammelorganisation »Front der Nationalen Einheit« vor. In das Präsidium der »Front« ließ er die meisten Politbüromitglieder, jedoch nicht Moczar aufnehmen[34].

Der nächste Schritt war der Wechsel im Vorsitz der staatlichen Obersten Kontrollkammer und der Zentralkommission für Parteikontrolle. Beide Ämter befanden sich bisher in einer Hand, und zwar in der Zenon Nowaks, eines Altstalinisten, gegen dessen Verbleiben in der politischen Führung die polnischen Studenten im Oktober 1956 vergeblich protestiert hatten. Nowak wurde zum Botschafter in Moskau ernannt[35]. Nunmehr war klar, warum der klug Zug um Zug berechnende Gierek ihn zum Parteitag in Moskau mitgenommen hatte. Wahrscheinlich hielt er es für günstig, diesen Posten mit einem polnischen Stalinisten zu besetzen. In die Leitung der Staatskontrolle, einer praktisch geringe Bedeutung besitzenden Behörde, wurde Moczar berufen[36], der dafür das bittere Opfer bringen mußte, auf seine Eigenschaft als ZK-Sekretär zu verzichten. Es wurde nicht gesagt, daß Moczar darum gebeten, sondern nur, daß das ZK ihn »seiner Pflichten entbunden« habe[37]. Es war höchst bemerkenswert, daß die Personalunion von Staats- und Parteikontrolle nicht aufrechterhalten wurde. Den Vorsitz der Zentralkommission für Parteikontrolle übernahm der bisherige Stellvertreter Nowaks in diesem Amt, Stefan Misiaszek, ein drittklassiger, der Öffentlichkeit so gut wie unbekannter Funktionär[38]. Damit hatte Gierek erreicht, daß Moczar das Hineinreden in die Partei unmöglich gemacht wurde. Seiner Mitgliedschaft im Politbüro kam kaum mehr als formale Bedeutung zu; es erschien fraglich, ob sie auf dem kommenden Parteitag erhalten bleiben würde. Nach außen hin blieb mit dem politisch toten Posten, auf den Moczar abgeschoben worden war, das Gesicht immer noch gewahrt. Die gewaltlose Erledigung des Rivalen konnte als ein taktisches Meisterstück Giereks gelten.

Der Vorbereitungskommission für den Parteitag gehörte Moczar an, aber sie umfaßte einige neunzig Mitglieder. Auf den Sitzungen hat er niemals das Wort ergriffen. Es war schon die Regel, daß er bei wichtigen Veranstaltungen, auf denen Gierek mit seinen engsten Mitarbeitern photographiert wurde, nicht am Vorstandstisch saß. Dagegen zeigte er sich bei dem Empfang, den Sowjetbotschafter Pilotowitsch anläßlich der Oktoberrevolutionsfeier gab, wozu er polnische Prominenz unterschiedslos nach der Rangliste eingeladen haben dürfte. Als aber am gleichen Tage das Dąbrowski-Bataillon, das im spanischen Bürgerkrieg gekämpft hatte, durch Gierek geehrt wurde, war Moczar nicht dabei, obwohl es sich um eine Abordnung der Dąbrowski-Kommission beim ZBoWiD handelte. Auch bei der polnischen Feier der Oktober-Revolution im Warschauer Großen Theater wurde sein Name unter den Ehrengästen nicht erwähnt[39]. Er schien es auch vermeiden zu wollen, sich in der Öffentlichkeit noch zusammen mit dem Parteichef zu zeigen. Ganz hatte er noch nicht aufgegeben. In einem Interview mit dem Gewerkschaftsblatt[40] ließ er die Absicht erkennen, seine Kontrollaufgaben unbeschränkt auszudehnen. »Zu unseren grundlegenden Aufgaben gehört, daß wir die Kontrollprüfungen auf die Tätigkeit der Hauptorgane der staatlichen und wirtschaftlichen Verwaltung konzentrieren werden.« »Wir sind vor allem zur Analysierung der Realisierung der Richtlinien der Politik der Partei und Beschlüsse der Regierung berufen.« In der gleichen Richtung lag seine Rede auf der Sitzung der Obersten Kontrollkammer am 10. März 1972, in der er eine systematische Verbesserung der Kontrollmethoden und eine »Bereicherung der Formen der Zusammenarbeit« der Kammer mit Organisationen, Parteiinstanzen und der gesellschaftlichen Kontrolle wünschte. An der Versammlungskampagne anläßlich der

Delegiertenwahlen zum Parteitag beteiligte er sich, sprach hie und da und ließ sich in Kielce als Delegierter aufstellen. Aber die Würfel waren gefallen, dem neuen Politbüro gehörte er nicht mehr an, blieb nur einfaches ZK-Mitglied. Bei den Sejmwahlen im März 1972 wurde er mit Rücksicht auf sein Regierungsamt und weil er immer noch über Anhang verfügte, wieder Abgeordneter. Bei dem Zusammentritt des neuen Parlaments wurde er, wie bisher, Mitglied des Staatsrates. Es fragte sich, ob damit die Taktik, nach außen hin so zu tun, als ob nichts geschehen war, nicht zu weit getrieben wurde. Moczar sah sich in der Überzeugung bestärkt, daß er nicht endgültig ausgespielt hatte, und lauerte darauf, daß noch einmal seine Stunde kam.

An dem gleichen Tage, an dem die polnischen Zeitungen die Abreise der Moczar-Delegation nach Helsinki bekanntgaben, brachten sie auch eine Verlautbarung über Verhaftungen im Innenministerium. Im Parteiorgan erschien die Meldung über Moczar auf der ersten und die über den ungewöhnlich gewordenen Fall von Polizeimaßnahmen gegen hohe Staatsbeamte auf der vierten Seite[41]. Zwei Tage vorher war die Entlassung von Matejewski, Unterstaatssekretär im Innenministerium, bekanntgeworden, dessen enge Beziehungen zu Moczar ein öffentliches Geheimnis waren. Ein Grund für die Verabschiedung wurde nicht angegeben, auch nichts von einer Bitte um Entlassung gesagt, es konnte sich also nur um Ungnade handeln. Alle Welt kombinierte diese Nachricht zusammen mit der Verhaftung von vier stellvertretenden Abteilungsleitern des gleichen Ministeriums wegen Überschreitung dienstlicher Kompetenzen, Unterschlagungen und Kontakten mit kriminellen Elementen. Es waren Beamte des Sicherheitsdienstes, wo Kompetenzüberschreitungen und auch Verbindung zu zweifelhaften Elementen, die Spitzeldienste leisten, keineswegs ungewöhnlich sind. Der Vorwurf der Unterschlagung läßt sich bei undurchsichtigen Abrechnungen, hier beinahe die Regel, leicht erheben. Auch illegale Devisengeschäfte sind in Geheimdienstkreisen üblich. Am 16. Februar 1972 meldete PAP, daß Matejewski, dessen Verhaftung niemals bekanntgegeben worden, aber wahrscheinlich schon im Juni 1971 erfolgt war, wegen Devisenschmuggel (in einem Prozeß unter Ausschluß der Öffentlichkeit) zu zwölf Jahren Gefängnis verurteilt worden sei. Die Schmuggelaffäre soll schon im Januar 1969 von der Polizei entdeckt worden sein, ohne daß etwas unternommen worden wäre. Die Geheimpolizei soll von den illegalen Devisenhändlern Abgaben eingezogen haben, mit denen ein »Sonderaktiv« mit dem Sitz im Innenministerium finanziert wurde. Eingeweihte Kreise sollen über diese Zustände schon lange Bescheid gewußt haben, aber erst nach der Aufdeckung der Verschwörung schlug man zu. Der Prozeß war ein Mittel, um das »Moczaristen«-Nest im Sicherheitsdienst auszuheben. In der Auslandspresse erschienen Meldungen über eine ganze Welle von Personalveränderungen. »Chicago Daily News«[42] behauptete, daß mindestens 47 Moczar-Leute ihre Stellungen eingebüßt hätten. Andere Schätzungen lagen weit höher. Amtliche polnische Stellen äußerten sich nicht, gaben aber auch keine Dementis aus. Nur der Wechsel bei Spitzenpositionen wurde veröffentlicht. So wurde dem ZBoWiD-Mann Pietrzak das Hauptkommando der polnischen Polizei entzogen[43]. Er blieb zwar Vizeminister im Innenministerium, sollte sich aber mit »anderen Problemen« beschäftigen.

Auf dem polnischen Botschafterposten in Moskau mußte Jan Ptasiński weichen, ein Partisanenanhänger, dem nachgesagt wurde, daß er zu sondieren versucht habe, ob Moczar bei einem Putsch auf Fürsprecher im Kreml rechnen könne. Sogar Namen wurden genannt: Bei Schelepin und Andropow, dem sowjetischen Sicherheitschef, sollte er vorstellig geworden sein, die aber sofort Breschnew unterrichteten[44]. Ptasińskis Absetzung wurde in Polen in der sonderbaren Form verlautbart, daß PAP aus Moskau meldete, Gromyko habe den polnischen Botschafter anläßlich der Beendigung seiner diplomatischen Mission mit einem Essen verabschiedet[45]. Eine formelle Mitteilung über eine Abberufung oder anderweitige Verwendung war in Warschau nicht ausgegeben worden. Als er Moskau verließ, brachte wohl der polnischsprachige Dienst von Radio Moskau[46] eine Nachricht, die einheimischen Massenmedien nahmen davon keine Notiz.

Wie sich die Zeiten geändert hatten, war schon Mitte des Jahres 1971 zu erkennen, als am 28. Juni wieder eine Sitzung des Präsidiums des Zentralvorstandes vom ZBoWiD unter Leitung Moczars stattfand. Im Unterschied zu der Sitzung am 1. März war von politischen Ambitionen nichts mehr zu hören. Sollten sie dennoch geäußert worden sein, so zeigte das Verhalten der Zensur, daß Gierek keine Hausmacht eines führenden Parteimitgliedes wünschte, in der eigenständige politische und ideologische Ziele verfolgt wurden. Moczar war auf Pflege der Veteranentradition, Zusammenarbeit mit ausländischen Kombattantenorganisationen, Kriegsgeschichte und Verleihung von Auszeichnungen beschränkt. Er suchte auch hier eine gewisse politische Note zum Ausdruck zu bringen. Als er Soldaten des September-Feldzuges 1939 dekorierte, betonte er, man müsse die Wahrheit sagen, »daß sich unser Volk, Offiziere, Soldaten und viele Generale dem Angreifer widersetzten[47]«. Der Ruhm des polnischen Soldaten, Offiziers und so manchen Generals, fuhr er fort, sei über den ganzen europäischen Kontinent und die Welt gegangen. Viele von ihnen hätten sich damals an verschiedenen Fronten der Erde im Kampf mit dem Hitlerismus befunden. Die Aufwertung der alten Armee bis herauf zum General und der Kämpfe an anderen Frontabschnitten als den osteuropäischen war eine politische Demonstration, die auf der nationalistischen Linie lag. Bei den Feiern zum 30. Jahrestag der Entstehung der PPR erschien Moczar in Lodz, aber es handelte sich um keine Veranstaltung der Partei, sondern um eine des ZBoWiD[48]. Von der Parteiführung wurde er nicht mehr herausgestellt.

In der Vorstellung der polnischen Bevölkerung verbinden sich mit der Moczar-Richtung geheimpolizeiliche Allüren und Neigung zu Gewalttätigkeiten. Als im März 1968 Stefan Kisielewski von drei Unbekannten auf der Straße überfallen und zusammengeschlagen wurde, war die allgemeine Meinung, daß es sich um einen Racheakt wegen der zum geflügelten Wort gewordenen »Diktatur der Dummheit« gehandelt habe, dessen Aufklärung unterblieb, weil – so vermutete man – die Urheber im Sicherheitsdienst zu suchen waren.

Auf die gleichen Kräfte sollte auch – in einigen Emigrantenkreisen kursierten derartige Befürchtungen – der abscheuliche Mord an dem Schriftsteller Jan Gerhard zurückzuführen sein. Als Chefredakteur der Wochenzeitung »Forum«, Autor verschiedener Bücher, gewöhnlich aus dem Kriegsgeschehen, Teilnehmer an der Niederschlagung des ukrainischen Widerstandes nach 1945 im südöstlichen Polen, politischer Häftling in den fünfziger Jahren und regimetreuer Publizist in der Gomułka-Zeit, der auch Sejmabgeordneter war, unterhielt Gerhard vielseitige Verbindungen, die, wie Gerüchte besagten, bis zum Geheimdienst reichen sollten. In seiner Wohnung in Warschau ist er im August 1971 in bestialischer Weise umgebracht worden.

In der »Staatsbürgerlichen Tribüne« des polnischen Fernsehens am 17. September 1971 wurde die Frage verlesen: »Warum erfahren wir so wenig über die Umstände des an dem bekannten Schriftsteller begangenen Verbrechens?« Olszowski antwortete, daß unter Aufsicht des Innenministeriums eine energische Untersuchung im Gange sei. Die Aufklärung dieses in der Geschichte Nachkriegspolens beispiellosen Mordfalles liege im Interesse der Ordnung und Gerechtigkeit. Die Pariser »Kultura« bemerkte in ihrer Monatsübersicht: »Nach einer in Warschau verbreiteten Meinung wurde Gerhard durch Leute ermordet, die an der Aufrechterhaltung des Geheimnisses um den Tod von General Walter-Świerczewski interessiert waren, bei dessen Ermordung er Zeuge war[49].« Świerczewski, der den Decknamen General Walter trug, kommandierte polnische Truppen, die im Sanok-Raum gegen ukrainische Partisanen operierten. Im März 1947 ist er nach der amtlichen Version von Ukrainern ermordet worden. Verfolgte Gerhard literarische Pläne, die sich auf diesen von ihm vielleicht anders gesehenen Vorgang bezogen? Oder trug er, der Jüdischstämmige, der Geheimnisträger war, sich mit Auswanderungsplänen? Gab es nicht auch früher eine Feindschaft bestimmter Parteikreise gegenüber Spanienkämpfern wie Świerczewski? Solche Fragen gaben reichen Unterhaltungsstoff. Am 9. April 1972 brachten die polnischen Zeitungen eine PAP-Meldung, daß die Täter gefaßt seien und die Angelegenheit in Kürze dem Gericht übergeben würde. Da weder Namen genannt noch Angaben über den Erfolg der Ermittlung gemacht wurden, war die Nachricht nicht dazu angetan, die Gerüchte verstummen zu lassen. Als in den letzten Maitagen 1972 der Prozeß in Warschau mit Beteiligung von Presse, Rundfunk und Fernsehen begann, war er zwar eine Sensation, doch fielen alle weitreichenden Spekulationen in sich zusammen. Es blieb nur ein gemeines Verbrechen übrig, von dem Freund der Tochter Gerhards zusammen mit einem Komplicen aus Habgier begangen. Der politische Hintergrund, über den so viel gerätselt worden war, existierte nicht.

Nicht einmal ein halbes Jahr hat die Zusammenarbeit der beiden Männer gedauert, die der Herrschaft Władysław Gomułkas ein Ende bereitet haben. Das Bündnis war unnatürlich, weil es zwischen ihnen weder sachlich noch menschlich eine Brücke gab. Moczars Freunde werden sagen, daß Gierek seinem Partner, ohne den sich ihm im Dezember 1970 kaum der Weg zur Macht eröffnet hätte, sobald er ihn nicht mehr brauchte, einen Fußtritt versetzte. Aber Gierek hatte auf seiner Seite die politische Vernunft und die kühle Einschätzung der realen Möglichkeiten, die er sich nicht durch Quertreibereien Moczars, dem ein falsch verstandener Ceausescu den Kopf verdreht haben mochte, verderben lassen wollte. Moralische Argumente pflegen in einem Machtkampf beiseite zu bleiben. Auch Dankbarkeit ist in der Politik selten angebracht. Auf der anderen Seite braucht man auch nur zu fragen: Wäre Moczar, falls er die Oberhand gewann, mit seinem Gegner ebenso glimpflich oder nicht weit rücksichtsloser verfahren?

Ganz ungetrübt konnte Giereks Freude über seinen Sieg nicht sein, denn er hatte einen Preis zahlen müssen. Verschiedene Personalveränderungen ließen erkennen, daß Partisanen durch Stalinisten oder Neostalinisten ersetzt wurden. Auf diese Weise glaubte Gierek, vor einer Unterwanderung durch Revisionisten sicher zu sein. Gleichzeitig wurde aber der Grund zu neuen internen Konflikten gelegt, weil sich Hindernisse gegen alle Erneuerungsbestrebungen auftürmten. Nur ergaben sich deswegen keine neuen Chancen für Moczar, der nicht mehr die Alternative zu Gierek bildete. Die sich vorsichtig regende Opposition, soweit sie überhaupt festzustellen war, verfügte über andere Köpfe. Nichts zeigte deutlicher die Niederlage Moczars als der Verlust des Vorsitzes im ZBoWiD, der ihn im Mai 1972 traf. Seinen Platz nahm Wroński ein, der als Minister ganz auf die Gierek-Linie eingeschwenkt war.

Zu der Erbschaft Moczars gehören Zerstörungen im Kulturleben. T. Robak hat in »Życie Literackie«[50] eine Vorstellung davon gegeben, was im polnischen Film durch Säuberungen angerichtet worden ist. Hochbefähigte Kräfte mußten der Mittelmäßigkeit und das künstlerische Wagnis der konventionellen

Manier weichen. Es gebe, so behauptete Robak, keine schöpferische Atmosphäre mehr, um wirkliche Probleme anzupacken. Die gegenwärtige melancholische Situation könne nicht ohne eine gleichzeitige Liberalisierung der Politik der Behörden und Zensur verbessert werden. Diese Zustände sind wesentlich durch die Einflußnahme Moczars, dessen namentliche Erwähnung Robak vermeidet, verursacht worden. Über das Theater und die Literatur könnte Ähnliches berichtet werden. Der neue Wind in der Kulturpolitik ist nicht so stark, als daß die Spuren, die Moczar hinterlassen hat, schon verweht wären.

Weder Engherzigkeit noch Intoleranz sind mit Moczar aus der politischen Führung verschwunden. Werblan, der nebenbei auch führendes ZBoWiD-Mitglied ist, sorgt für Kontinuität. Moczars Helfer bei der Kampagne von 1968 sind unangefochten in ihren Stellungen geblieben oder sogar aufgerückt. In offizieller Sicht bleibt von diesem trüben Jahr der polnischen Geschichte nur zurück, daß den Revisionisten verdienstvollerweise ein Schlag versetzt worden ist. In einer bemerkenswerten Untersuchung in der Zeitschrift »Student«[51] fällt Stanisław Dziechciaruk ein scharfes Urteil über die damaligen Säuberungen. Er nennt die Kritiker der Revisionisten Dilettanten, die abgesehen von einem drohenden Ton und großer Konfusion in der Sache nichts zur Lösung der Probleme beigetragen hätten. Die Aktion habe die schöpferische Intelligenz getroffen, die Folgen seien noch heute zu spüren. Wenn es einen polnischen Weg zum Sozialismus gäbe, so sei sein Charakteristikum, in der Revolution und während des Aufbaus des Sozialismus die Rolle der Intelligenz zu unterschätzen, der endlich der ihr zustehende Platz eingeräumt werden müsse. Der junge Autor schlug die Gründung eines Instituts für marxistische Studien vor, das das Gedankengut von Marx weiterentwickeln und den Bedürfnissen der Gegenwart anpassen sollte. Die Ursache für den März 1968 ebenso wie für den Dezember 1970 sei die tiefe Krise des Glaubens an die Führung von Partei und Regierung.

Dziechciaruk hat sofort Widerspruch bei der im Partisanengeiste geleiteten Juristenzeitschrift »Prawo i Życie«[52] gefunden, die den Versuch der Rehabilitierung der 1968 von ihren Posten entfernten Intellektuellen – von Juden wurde nicht mehr gesprochen – als »pervers und dem echten marxistischen Denken völlig entfremdet« bezeichnete. Zur Rechtfertigung der Säuberungen behauptete die Zeitschrift, die Revisionisten hätten in bezug auf Personalpolitik praktisch ein Monopol innerhalb der Wissenschaft in ihren Händen gehabt und in den Redaktionen Schlüsselstellungen besetzt. Die Partei bleibe auch heute dabei, daß im Revisionismus die ernsteste ideologische Bedrohung zu sehen sei. Die prointellektuelle Kampagne erinnere verblüffend an Ereignisse in der Tschechoslowakei. »Man kennt die Folgen.« In einer die Zensur und den Sicherheitsdienst auf den Plan rufenden Manier wurde die Frage gestellt, für wen die Zeitschrift »Student« eigentlich arbeite. So sprachen Leute, die Zugang zur Macht hatten oder zur Macht drängten. Kąkol, der Chefredakteur der Zeitschrift, der 1968 seinen Ruf mit anfeuernden Fernsehkommentaren über die »März-Ereignisse« – hinterher als Buch erschienen – begründet hatte, stieg nach Gomułkas Sturz in der Partei auf und schaffte es, mit einem Artikel in die »Trybuna Ludu«[53] zu gelangen, in dem er betonte, daß Unvollkommenheit der Rechtsvorschriften für niemand ein Vorwand zur »Manifestation des Nihilismus oder Anarchismus« sein dürfe.

Die Geister schieden sich. Wer für Erneuerung war, distanzierte sich von der Politik von 1968. Ihre Verteidiger sorgten dafür, daß die Mentalität Moczars sein Wirken in der politischen Führung überdauerte.

Agrarsozialismus ohne Kollektiv

Der eigenartige Charakter der polnischen Agrarpolitik hat innerhalb und außerhalb des Ostblocks viel Aufmerksamkeit erregt und sowohl Ablehnung wie Zustimmung gefunden. Seinerzeit war es für den Westen eine Sensation, daß sich Polen von der Kollektivierung befreite, wobei häufig behauptet wird, dies sei entweder auf direkte Veranlassung oder wenigstens ausdrückliche Billigung Gomułkas geschehen, nachdem er im Oktober 1956 die Parteiführung übernommen hatte. Das entscheidende agrarpolitische Ereignis dieses Jahres war jedoch gar nicht die Auflösung der nur 12 Prozent der landwirtschaftlichen Nutzfläche einnehmenden Kollektivbetriebe, die nachweislich schon vor dem Monat Oktober begann, sondern die spontane Wiedergeburt des bäuerlichen Genossenschaftswesens, das aus eigener Initiative und mit eigenen Mitteln das Agrarproblem zu lösen suchte. Die Partei sah diesem sich mit elementarer Gewalt vollziehenden Wandel ohnmächtig zu. Da aber die Existenz einer unabhängigen Bauernbewegung, auch wenn sie sich auf Genossenschafts- und Fachverbände beschränkte, für das totalitäre System unerträglich war, hat es sie, sobald es dazu in der Lage war, beseitigt oder völlig unter Kontrolle gebracht. Was heute »Bäuerliche Selbstverwaltung« in Polen heißt, ist mit der von 1956 nicht zu vergleichen. Die Agrarpolitik Gomułkas hat das Ziel der Sozialisierung der Landwirtschaft nie aus dem Auge verloren, war allerdings zum vorsichtigen Taktieren genötigt. Als anläßlich des Erntefestes im September 1958 Gomułka die Bemerkung machte, die Bauern sollten beginnen, an die Kollektivierung zu denken, war die Folge, daß die bäuerlichen Investitionen aufhörten, der Viehbestand abnahm, die Bodenpreise sanken und Bauern, wie zu Stalins Zeit, ihre Höfe verließen. Es mußten schleunigst beschwichtigende Erklärungen abgegeben werden, um größere Rückschläge zu verhüten.

Ein wichtiges Instrument zur Strukturänderung auf dem Dorfe im sozialistischen Sinne erhielt der Staat durch die Mechanisierung. Er benutzte zu diesem Zweck die 1956 wiedererstandenen »Landwirtschaftsringe«, Zusammenschlüsse von Bauern, schon in der Teilungszeit entstanden, zum Zwecke gemeinsamer Fachberatung, Maschinennutzung und Melioration. Für die Partei wurden die von ihr dirigierten Ringe Ansatzpunkt für die Politik der Sozialisierung auf Umwegen. Die Grundidee war, die Mittel für Mechanisierung und Modernisierung so einzusetzen, daß sie den kommunistischen Absichten voll zugute kamen und der Privathand entzogen wurden. 1959 wurde der »Fonds zur Entwicklung der Landwirtschaft« gebildet. Der Staat gab dafür den Zwischengewinn her, den er dadurch erzielte, daß er den Bauern bei den Pflichtablieferungen für Getreide, Kartoffeln und Vieh einen bedeutend niedrigeren Preis zahlte als bei den freien Überschußlieferungen. In marxistischer Sprache ausgedrückt, müßte man sagen, daß es der bei der Ausbeutung des Bauern durch den Staat erzielte Überprofit war, der hier zur Verfügung gestellt wurde. Aus den Mitteln des Fonds, zu dem die Mitglieder der Ringe auch eigene Beiträge leisten mußten, wurden Maschinen angeschafft. Das Vermögen wurde für unteilbar erklärt, so daß es zwangsweise allmählich eine große Wirtschaftskraft gewinnen mußte, die allerdings nicht eingesetzt wurde. Der Vorsitzende des Verbandes der Landwirtschaftsringe, Gesing, klagte im April 1971 – sieben Monate später wurde er abgesetzt – darüber, daß 7 Milliarden Złoty auf den Konten brachlägen[1]. Die Landwirtschaftsringe verloren ihren Selbstverwaltungscharakter und wurden zum »Hebel der kollektiven Wirtschaftsform auf dem Lande«[2]. Weil die Bauernschaft diese Entwicklung fürchtete, bedurfte es mehrjährigen behördlichen Druckes, um die »Vermassung« der Ringe zu erreichen, zu denen 1972 2,6 Millionen Mitglieder, Frauen eingeschlossen, gehörten; etwa die Hälfte der bäuerlichen Höfe dürfte beigetreten sein.

Da die rationelle Nutzung des Maschinenparks der auf ein Dorf beschränkten Ringe nicht immer gesichert schien, wurden 1965 »Gemeinsame Maschinenbasen« gegründet, zu denen sich zwei bis vier Dörfer zusammenschließen sollten. Die Basen wurden in fachlicher und technischer Beziehung von den Staatlichen Maschinenstationen (POM) betreut, die von den Bauern als moderne Fronvögte empfunden wurden und 1956 beinahe der Auflösung verfallen wären; sie wurden zu Reparaturwerkstätten degradiert. Im Zusammenhang mit der Mechanisierung wuchs wieder ihre Machtstellung. Ihnen wurden sogar die Maschinen der Ringe, die immerhin genossenschaftliches Eigentum waren, und der Entwicklungsfonds, soweit er für Mechanisierung in Anspruch genommen werden sollte, überwiesen. Mit dem Entzug der Verfügungsgewalt verlor der Besitz der Ringe seinen Sinn, zumal von ihrem Einfluß auf die Basen ernsthaft nicht die Rede sein konnte. Zwar wurde der Leiter der Maschinenbasis von einem »Benutzerrat« aus bäuerlichen Vertretern der Ringe berufen und abberufen. Der Pferdefuß zeigte sich jedoch in der Klausel, daß der Rat einen Beschluß hierüber auf Antrag des Direktors der zuständigen Maschinenstation zu fassen hatte. In den Richtlinien des Komitees für Landwirtschaft beim ZK wurde unter den Aufgaben und Pflichten der Benutzerräte deutlich gesagt: »Bestätigung des Kandidaten für den Posten des Leiters der Basis, vorgeschlagen durch die Staatliche Maschinenstation[3]«. Damit war das Recht der Berufung zu einem bloßen Bestätigungsverfahren herabgesunken. Die Überweisung der Maschinen und Gelder aus dem Entwicklungsfonds an die POM, die praktisch auch über die Maschinenbasen geboten, kam einer Verstaatlichung der Mechanisierung und Enteignung von genossenschaftlichem Eigentum gleich. Der einzelne Landwirtschaftsring war auf das Dorf beschränkt, in dem die Gesetze der Solidarität und Nachbarschaft galten. Die Maschinenbasis stand außerhalb der Dorfgemeinschaft, ihre Großräumigkeit wirkte unpersönlich. Die Idee der Genossenschaft als eines freiwilligen Zusammenschlusses gleichberechtigter Partner zum Zwecke der Selbsthilfe und Selbstverwaltung, wobei verschiedene Konzeptionen möglich waren, und die Idee des leninistischen Kommunismus als eines straff zentral gelenkten, jede Andersartigkeit und Eigenwilligkeit ausschließenden Ordnungssystems ließen sich nicht vereinigen.

Die Mechanisierung war nicht das einzige Mittel, um die sozialistischen Elemente, wie es in der Parteisprache hieß, auf dem Dorfe zu stärken, damit es mehr und mehr dem planwirtschaftlichen Organismus integriert werden konnte. Zunehmende

Bedeutung erhielt die sogenannte Kontrahierung, ein Anbau- und Lieferungsvertrag des Staates mit dem Bauern, dessen Arbeitstag damit weitgehend bestimmt wurde. Ihm wurden die Mengen und Arten des anzubauenden Getreides und die Beschaffenheit seiner Vorratslagerung vorgeschrieben. Auch die Viehhaltung beeinflußte die Vertragsverpflichtungen erheblich. Dafür erhielt der Bauer Vorrang und Preisnachlässe bei der Belieferung mit Kunstdünger, Saatgut, Futtermitteln, Pflanzenschutzmitteln und – auf dem Lande besonders begehrt – Baumaterial. Für seine Bestellungen bei der Staatsindustrie wurden ihm Kredite eingeräumt. Die Abschlüsse wurden zunächst fast ausschließlich mit Kleinbauern unter der Begründung getätigt, daß der arbeitsintensive Anbau gefördert werden sollte, während größere Wirtschaften unter Arbeitskräftemangel litten. Sie bekamen die Kontrahierung nur unter erschwerten Bedingungen[4]. 1965 kündigte Gomułka an, daß in Zukunft nicht bloß kleine Bauern die »Wohltaten« der Kontrahierung genießen sollten[5]. Auf diese Weise sind bei der »sozialistischen Umgestaltung« des Dorfes bedeutende Fortschritte erzielt worden.

Würde Gierek diesen Kurs beibehalten oder Bahn für eine neue Entwicklung schaffen? Diese Frage bewegte nach dem Führungswechsel 1970 die Bauernschaft. Über die städtischen Diskussionen in dieser Zeit wissen wir einiges, dagegen ist es gelungen, die ländlichen fast völlig der Öffentlichkeit vorzuenthalten. Dennoch haben sie stattgefunden. In einem Bericht[6] des Präsidiums der Bauernpartei für die Vorstandssitzungen am 20. April 1971 wird bei einer Analyse über den Diskussionsverlauf auf Bauernversammlungen in den letzten Monaten angegeben, daß in einigen Gebieten des Landes Äußerungen gemacht worden seien, die eine weitgehende grundsätzliche Wende in der Agrarpolitik suggeriert hätten. Dazu bemerkt das Präsidium: »In unserem Programm gehen wir davon aus, daß die Bauern diese Postulate nicht erfüllen könnten, wenn diese entweder in einigen Punkten von dem sozialistischen Charakter unserer Agrarpolitik abgingen oder eine Verschiebung in der Verteilung des Nationaleinkommens zum Schaden der arbeitenden Massen in den Städten bedeuteten.« Deutlicher konnte die Abhängigkeit einer in einem historischen Augenblick sich den Interessen der Landbevölkerung versagenden Bauernpartei vom

Regime kaum zum Ausdruck kommen. Die Bauern hatten also ebenso wie die Arbeiter mit der bisherigen Politik abgerechnet und einen neuen Kurs verlangt, der nicht bloß halbherzig verfolgt werden sollte. Demgegenüber hielt die Bauernpartei eine Aufklärungskampagne für notwendig, um zu betonen, daß sie konsequent auf dem Boden der allmählichen sozialistischen Veränderungen in der Landwirtschaft stehe. Ihr Hauptargument war, die bäuerliche Wirtschaft vermöge in der Vereinzelung nicht den Anforderungen der modernen Landwirtschaft zu genügen und sei zur Degradation verurteilt. An einer Stelle des Berichts wird von der Schaffung besserer Produktionsbedingungen für die größeren und mittleren Wirtschaften gesprochen, d. h. also für die Betriebe, die auch bei einer modernen Wirtschaftsweise lebensfähig bleiben und das Programm der Bauernpartei widerlegen könnten.

1956 war die Bauernpartei von den Vorgängen im Dorf mitgerissen worden. Diesmal wollte sie keinesfalls in eine ähnliche Lage kommen. Sie wußte, daß die Ausstrahlung der Unruhen an der Küste auf das Dorf nicht nachhaltig genug war, um es zu eigenen Aktionen zu veranlassen. Aber der Bauer hatte immerhin den Mut, jetzt Dinge auszusprechen, über die zu schweigen schon lange seine Gewohnheit geworden war. Sicher war der Bauernpartei gut bekannt, welche Tonart auf den Dorfversammlungen angeschlagen wurde, aber der Bericht hütet sich, darüber konkrete Angaben zu machen. So ist man auf das Raten angewiesen, worauf sich die bäuerlichen Wünsche einer »weitgehenden grundsätzlichen Wende in der Agrarpolitik« erstreckten.

Es liegt nahe, daß die Bauern sich des Jahres 1956 erinnerten und nicht allein eine Abschaffung der Pflichtablieferungen und anderer, von ihnen als Ungerechtigkeit und Benachteiligung empfundenen Belastungen, sondern außerdem ein unabhängiges Genossenschaftswesen, Mechanisierung in Privathand und eine aus echter »Demokratisierung« hervorgegangene bäuerliche Selbstverwaltung wünschten. Diesmal brauchte die Partei nicht so schweres Geschütz aufzufahren wie nach der genossenschaftlichen Regeneration von 1956, als die »Trybuna Ludu«[7] von einem »Staat im Staate« sprach, wobei der Begriff »Staat« nach der Konzeption der früheren Bauernpartei schmecke, deren

Führer Mikołajczyk ins Ausland geflohen war. Ein führendes Mitglied der den Kommunisten hörigen »Vereinigten Bauernpartei« (ZSL), Ozga-Michalski, wandte sich gegen »Reformatoren«, die »geradezu die Arbeiter- und Bauernmacht zugunsten der Macht der Bourgeoisie«[8] ändern wollten. Eine Bauernbewegung, die der Adressat solcher Vorwürfe hätte sein können, existierte 1971 nicht mehr. Zwar waren noch fast 30 Prozent der Berufstätigen in Polen in der Landwirtschaft beschäftigt. Zusammen mit der Nahrungsmittelindustrie brachte die Landwirtschaft ungefähr ein Drittel des Nationaleinkommens auf. Agrarprodukte betrugen die Hälfte der Konsumgüter im ganzen Lande[9]. Aber dieses materielle Gewicht war nicht mehr von dem bäuerlichen Elan von 1956 getragen. Vergreisung und Feminisierung des landwirtschaftlichen Berufes hatten auch in Polen stark um sich gegriffen. Vom polnischen Dorf, von dem in der Vorkriegszeit eine stärkere und für den Staat gefährlichere revolutionäre Gärung ausgegangen war als von der Arbeiterschaft, war keine Erneuerungsbewegung mehr zu erwarten.

Die über die Welt hinweggehende technische Revolution hatte auch die bäuerliche Lebensgemeinschaft verändert, der Władysław Reymont in seinem klassischen Bauernroman ein Denkmal gesetzt hatte. Die Schollenverbundenheit des polnischen Landmanns – ungleich größer als die des russischen – und sein Festhalten an Traditionen, die durch Familie, Sitte und Religion geprägt waren, hatten bei Reymont einen, wie es schien, zeitlos gültigen Ausdruck gefunden.

Durch das nach dem Kriege errichtete System wurde an der Einstellung der Bauernschaft zunächst kaum etwas geändert. Der Sozialismus war ihr fremd, wie Gomułka empört feststellte. Auf dem Kongreß der Bauernpartei im November 1959 hat er erregt und verächtlich von den »Sklaven des privaten Ackers und Hektars«[10] gesprochen. Auf dem polnischen Erntefest im September 1961 mahnte er: »Frühere Arten und Methoden der Produktion nach dem Grundsatz: ›Jeder schabt seine Rüben selbst‹, eignen sich nicht für die heutige Zeit. In jedem Dorf und in jeder Gemeinde sind überall gemeinsame gesellschaftliche Anstrengungen, ist überall eine Planung der Tätigkeit notwendig.« Auf dem erwähnten Bauernparteikongreß schreckte der

Parteivorsitzende Ignar mit einem geschichtlichen Vergleich: »Wenn Polen wegen seiner Vorliebe für das individuelle Regime auch auf der kleinsten Parzelle sich mit einem Kordon vor der technischen Revolution in der Landwirtschaft abgrenzen will, können wir kein besseres Los für unsere Kinder erwarten ... Wie zur sächsischen Zeit wird in Polen das Liberum veto verteidigt.« Für jeden Polen ist die Erinnerung an das Liberum veto ein Alptraum.

War die Alternative moderne Landwirtschaft in kollektiven Formen oder hoffnungslose Rückständigkeit einer Vielzahl kleiner Bauernhöfe? Die Partei hätte gern diese Alternative bejaht, aber der Widerstand der Bauernschaft hatte sie 1956 zur Aufgabe der Zwangskollektivierung gezwungen. Sie mußte vorsichtig operieren, ohne den Druck auf die Bauern durch Preise, Steuern, Zuteilungsprioritäten und anderes aufzugeben. Vielleicht war es für Gomułka am Ende seiner Regierungstätigkeit eine Genugtuung, daß Bauern ihre Höfe verließen oder bereit waren, dafür eine Rente anzunehmen, um die Plackerei loszuwerden. In den »Nowe Drogi«[11] berichtete Henryk Chołaj, daß das Angebot an bäuerlichem Boden bedeutend die Möglichkeiten seiner Übernahme durch den Staat überschreite. Die Jugend ströme in die Städte in einem Maße wie nie zuvor. Selbst ein Witos, der schon zu einer Sagenfigur gewordene Bauernführer der Vorkriegszeit, hätte mit einem Aufruf zum Kampf für bäuerliche Ideale keinen hinreichenden Widerhall mehr gefunden. Das Dorf, dessen materielle Lage sich ständig verschlechterte, verfiel in Resignation. Den Bauern war die Arbeit gründlich verleidet nicht nur wegen der zu hohen Steuern, die vor allem den größeren Höfen durch ein progressives System den Anreiz zur Leistungssteigerung und Erhöhung des Viehbestandes nahmen. Der Wust von Vorschriften, der ständig zu Eingaben und Vorsprachen bei den Ämtern zwang, der Mangel an Maschinen und Arbeitskräften, die schlecht arbeitenden staatlichen Ankaufs- und Verteilungsstellen, das Fehlen von Dienstleistungsbetrieben, die beschränkten Möglichkeiten zum Erwerb eigener Traktoren, für die der Staat dann mehr als den normalen Marktpreis, eine Art »Luxussteuer«[12], verlangte, die Schikanen der Verwaltung, die bei der Flurbereinigung oft gutes Land Staatsgütern und Kollektivwirtschaften zuschlug, um schlechtes dafür zu geben, oder einfach einen Hof fortnahm, weil Steuern oder Schulden nicht mehr bezahlt worden waren, die bei aller Mühe geringen Einnahmen und die ständige Diskriminierung gegenüber dem »sozialistischen Sektor« in der Landwirtschaft hätten selbst zähere Naturen als die polnischen Bauern mürbe gemacht. Die alte Welt versank vor ihren Augen, Technik und städtische Gewohnheiten hielten ihren Einzug. Es erschienen Artikel über die »Urbanisierung« des polnischen Dorfes, die dem Westeuropäer übertrieben vorkommen mochten, aber doch auf der richtigen Erkenntnis beruhten, daß der überlieferten ländlichen Lebensgemeinschaft der Todesstoß versetzt worden war. Das Agrarblatt »Dziennik Ludowy« sprach von der durch die sozialistischen Formen der Beherrschung der Produktionsmittel in der Landwirtschaft entstehenden »sozialistischen Infrastruktur«[13].

Die Bauern beschränkten sich darauf, an den bestehenden Zuständen eine das vergangene Regime betreffende Kritik zu üben. Auf einer agrarwissenschaftlichen Konferenz erklärte Professor Pieniążek: »Wir hatten in den letzten Jahren keine Meinungsfreiheit, keine Diskussionsfreiheit, das ist wahr. Erst die neue Parteiführung sicherte eine solche Freiheit, aber ich befürchte, daß alte Gewohnheiten nicht überall die Einführung einer neuen Ära im Leben der Partei und des Staates erlauben[14].« Verschiedentlich wurde auf bäuerlichen Zusammenkünften die mangelhafte und nicht termingerechte Dienstleistung der Ringe, das Fehlen der Sorgfalt bei der Instandhaltung der Maschinen, zu deren Entschuldigung von den Maschinisten gesagt wurde, sie gehörten ja niemandem, die Nichteinhaltung der Lieferungsverpflichtungen von Saatgut und anderen Artikeln und die generelle Geringschätzung der Bedürfnisse der einzelnen Bauern beanstandet. Den Gemeinsamen Maschinenbasen wurde ein »Schwinden« der Selbstverwaltungsvorstellungen nachgesagt. Es gäbe Leiter, die sich »wie mit Panzern« umgäben, damit sie nur nicht die Stimmen der Benutzerräte erreichten[15]. Das System der Kontraktionen wurde vor allem deswegen kritisiert, weil es »zu kompliziert« sei[16]. Aber das war nur eine sehr allgemeine Umschreibung der Einengung der bäuerlichen Bewegungsfreiheit, die dieses System mit sich brachte. Großen Unwillen erregte auch die absichtlich verzögerte Ordnung der bäuerlichen

Eigentumsverhältnisse. Darüber waren schon oft Andeutungen gefallen, aber jetzt erst wurden Angaben gemacht, aus denen hervorging, welche Bedeutung die Sache hatte. Nicht weniger als über eine Million bäuerlicher Wirtschaften[17], d. h. ein Drittel aller, hauptsächlich in Mittel- und Ostpolen, waren davon betroffen. Aus politischen Gründen waren nicht nur Fälle unerledigt geblieben, sondern – weit schlimmer – schon ausgesprochene Eigentumsverleihungen waren rückgängig gemacht worden. Krystyna Świątecka berichtete in »Życie Literackie«, daß im Verlauf der letzten Jahre das Landwirtschaftsressort massenhaft Verleihungsakte aus den Jahren 1946, 1947 und 1949 aufgehoben habe. Rechtsgründe habe man ohne Schwierigkeiten finden können. Die in den ersten Jahren nach der Befreiung ausgestellten Dokumente hätten reichlich kleine Rechtsmängel besessen und den Vorwand dafür abgegeben, einen Bauern von seinem Hof zu entfernen, der den Boden faktisch bearbeitet und Investierungen vorgenommen hatte[18].

Gierek, obwohl ganz im Gedanken der Industrialisierung aufgehend, war nicht taub gegenüber den Klagen, die vom Lande her zu ihm drangen. Auf dem Februar-ZK-Plenum 1971 sprach er von der förderungswürdigen »gesunden Bauernwirtschaft« und versicherte, daß neue Maßnahmen ergriffen werden würden, um deren produktionelle Entwicklung zu sichern. In Verbindung damit sollte die »sozialistische Umgestaltung« auf dem Lande stehen. Man werde um Verbesserungen der Dienstleistungen bemüht sein, damit die Landwirte nicht bürokratischen Sorgen bei der Erledigung aller Produktion, Verkauf und Einkauf betreffenden Angelegenheiten ausgesetzt seien. Die Landwirtschaftsringe und Genossenschaften sollten bei der Verbreitung der landwirtschaftlichen Kultur und Mechanisierung unterstützt werden. Gierek vergaß auch nicht die große Masse der in mehreren Wojewodschaften zusammengedrängten und von jeher elend lebenden Zwergbauern. In bestimmten Gebieten mit einem Überschuß an Arbeitskräften sollten arbeitsintensiver Anbau ertragreicher Industriepflanzen, von Gemüse und Früchten sowie rasche Entwicklung der Viehzucht helfen. Eindeutig stand der Bauernhof im Mittelpunkt des Interesses für ihn. Erst als er auf die eine Million Hektar zu sprechen kam, die infolge Übernahme schwacher und verlassener Wirtschaften oder Abgabe von Höfen durch alte Leute dem Staate zur Last wurden, nannte er die Staatsgüter und Kollektivbetriebe, die diese Flächen bearbeiten sollten, schloß aber auch die Individualbauern nicht aus. Unverkennbar war, daß er das Agrarproblem in erster Linie unter dem produktionellen und nicht ideologischen Gesichtswinkel betrachtete. Im März 1971 unterstrich er in Oppeln die Notwendigkeit einer parallelen Lösung der Agrarproduktion in allen Sektoren, also den vergesellschafteten und individuellen, wie er ausdrücklich hinzufügte[19]. Das war eine wichtige grundsätzliche Erklärung. Obwohl die Einzelbauern nicht weniger als 85 Prozent des Nutzlandes bearbeiteten, war doch immer so getan worden, als ob sie gegenüber dem »sozialistischen Sektor«, bestehend aus Staatsgütern (14 Prozent) und Kollektivwirtschaften (1 Prozent) zweitrangig wären. Selten kam es vor, daß, wie auf der erwähnten agrarwissenschaftlichen Konferenz, ein Redner (Dozent Bajan) von der einfachen Feststellung ausging, daß die Bauernwirtschaft eine »dominierende Position« einnehme. Der selbständige Bauer verlor nicht das Gefühl, eine nur vorläufig geduldete Existenz zu sein.

Auch für das neue Regime blieb die Sozialisierung der Landwirtschaft ein langfristiges Ziel. Ein gemeinsamer Beschluß der PZPR und der ZSL (Bauernpartei) vom 15. April 1971 beginnt mit einer Art Präambel, in der als Hauptaufgabe der Agrarpolitik die Verbindung des beschleunigten Produktionswachstums mit den sozialistischen Veränderungen des Dorfes bezeichnet wird. Die Vergesellschaftung der landwirtschaftlichen Betriebe solle eine immer größere Rolle bei der Intensivierung und Modernisierung der Individualwirtschaften spielen. Gewissermaßen als Bremse gegenüber Experimenten radikaler Art wurde die Einhaltung des Grundsatzes der Rentabilität als unentbehrlich bezeichnet[20]. In der Praxis bot die Umgestaltung des Bauernhofes zu einer leistungsfähigen modernen Betriebseinheit und das gleichzeitige Vorantreiben des Vergesellschaftungsprozesses Schwierigkeiten, aus denen die Giereksche Agrarpolitik nicht leicht herauszufinden vermochte. Einfacher wäre die von Jaroszewicz im Sejm verkündete Leitidee der Verbindung der Produktionssteigerung mit einer allmählichen Hebung der materiellen, sozialen und kulturellen Lebensbedingungen auf dem Lande gewesen[21].

Nachdem dem Bauern die Aufhebung der verhaßten Pflichtablieferungen durch den April-Beschluß der beiden Parteien angekündigt worden war, kam es für ihn vornehmlich auf Mechanisierung und Gebietserweiterung der Höfe an, deren Durchschnittsgröße nur 5 ha betrug. Auf einer Parteikonferenz der Wojewodschaft Lublin äußerte sich das für die Landwirtschaft zuständige Politbüromitglied Barcikowski dahin, man müsse die administrative Intervention in vielen kleinen Dingen des Dorfes beschränken und die ländliche Selbstverwaltung mit den Landwirtschaftsringen als Spitze zu faktischen Trägern des Fortschritts machen. Er bezeichnete es als nachteilig, daß die Gemeinsamen Maschinenbasen oft so weit von den Bauernhöfen entfernt seien. Um die Maschinen näher an die Höfe heranzubringen, werde an ein Brigadesystem gedacht, was wiederum auf eine Aufteilung der Basen auf die einzelnen Dörfer hinauslief. Barcikowski ging noch einen Schritt weiter. »Wir ziehen sogar die Möglichkeit in Betracht«, sagte er, »auf Stunden oder Tage Traktoren und Maschinen den Landwirten, die sie gern haben möchten, auszuleihen.« Er hielt es auch für gut, wenn die Ringe die Maschinen billiger erhielten. Er wußte, wie die Bauern über die gesalzenen Preise redeten, die der Staat ihnen abverlangte. Der Maschinenverleih war für Barcikowski die äußerste Grenze. Er bezeichnete es als trügerische Hoffnung, der sich viele auf dem Dorf hingäben, daß in Polen private Traktoren das Problem der landwirtschaftlichen Maschinen lösen könnten. Vielleicht 200 000 Wirtschaften unter dreieinhalb Millionen insgesamt seien imstande, einen Traktor zu erwerben. Doch werde die Partei nicht den Fehler der Vergangenheit begehen, daß Kleinbauern sich nur auf der Basis des gesellschaftlichen Eigentums Maschinen verschaffen könnten. Wer einen entsprechend großen Betrieb besitze, dürfe einen Traktor erwerben[22]. Barcikowski hat sich später nicht mehr so klar ausgedrückt. Seine entscheidenden Sätze in Lublin waren vom Rundfunk übertragen, aber nicht von der Presse gedruckt worden.

Bei allen Einschränkungen gab das Frühjahr 1971 der Landwirtschaft wieder Hoffnungen. Zahlreiche Anträge von Bauern um Pachtung von Land des Staatsbodenfonds oder Zurückziehung von Anträgen alter Bauern, ihre Höfe dem Staate gegen eine Rente abzugeben, gingen unter dem Eindruck des April-

Beschlusses ein[23]. Vielfach suchten Bauern auf eigene Faust Nachfolger[24], wenn sie keine Erben oder zur Hofübernahme bereite Kinder hatten. In der Sejmkommission für Landwirtschaft und Konsumindustrie wurde die Möglichkeit erwogen, Einzelbauern die Pachtung von Boden über die seit einigen Jahren übliche obere Grenze von 15 bis 20 Hektar zu erlauben. Auch der Bodenkauf solle den Bauern erleichtert werden. Früher sei die Festlegung einer Maximalgröße für Höfe aus gesellschaftlich-politischen Erwägungen begründet gewesen, jetzt sei die Situation reif zur Aufhebung dieser Beschränkung. Die Spezialisierung der Betriebe erfordere ein größeres Areal[25]. Auf einer Kreisnationalratssitzung in Schlochau wurde von einem »ungeheuren Run« auf das Land gesprochen. Die Bauern wollten ihre Höfe vergrößern, in einigen Dörfern seien mehr als 30 Prozent dazu entschlossen. Bäuerliche Anträge auf Anerkennung als Viehzuchtbetrieb lägen vor, falls die Erweiterung des Besitzes bis zu 20 Hektar Umfang gelinge. Sie wünschten vom Staatsbodenfonds Land zu pachten, das bei Überweisung an Staatsgüter und Landwirtschaftsringe oft nicht ordentlich bewirtschaftet werde. Besonders für die Ringe seien derartige Flächen, die sie kollektiv zu bewirtschaften verpflichtet waren, »der sprichwörtliche Klotz am Bein«. Bei dem Bodenkauf sollten Landwirte Vorrang haben, die über entsprechende Produktionsmöglichkeiten verfügten und ein hohes Wirtschaftsniveau und entsprechende Effekte garantierten[26]. In anderen Kreisen werden die Verhältnisse ähnlich gewesen sein.

In der »Staatsbürgerlichen Tribüne«[27] des Fernsehens wurde über Mangel an Sicherheit und Stabilität bei den Bauern und die ungeordneten Rechtsverhältnisse auf dem Lande gesprochen. Staatsgüterdirektoren nützten die Gesetzesunkenntnis der Bauern aus und nähmen jenseits ihrer Grenzen gelegenen guten Boden, den sie mit einem irgendwo abseits gelegenen Stück Land tauschten. Die Staatsgüter würden zum Schrecken der individuellen Landwirtschaft, so daß der Bauer Boden am Rande seines Hofes schon nicht mehr richtig dünge in der Befürchtung, daß er ihm weggenommen werde. Traktoren würden Einzelbauern in ungenügender Menge verkauft. Erst wenn die vergesellschaftete Wirtschaft ihre Quote für leichtere Traktoren nicht voll in Anspruch nehme, bestehe auch die Möglichkeit, den Absatz bei Bauern zu vergrößern. Bisher hätten den Grundstücksverkehr Größennormen eingeengt. Heute könne ein Hof sogar vier bis fünf Hektar zukaufen, doch würden viele Abmachungen formlos geschlossen und blieben rechtlich ungeordnet.

Die Erörterung dieser Probleme war ein Zeichen dafür, daß der so oft enttäuschte Bauer wieder zu hoffen begann. Er begriff, daß er sich durch Leistungssteigerung unentbehrlich machen und Schutz verschaffen konnte. Der Agrarexperte Professor Ryszard Manteuffel trat dafür ein, das derzeitige System der Agrarwirtschaft noch zehn bis fünfzehn Jahre bestehen zu lassen. Eine intensive Spezialisierung sei nicht angebracht, solange die Zahl der in der Landwirtschaft beschäftigten Menschen noch so hoch sei[28]. Er empfahl auch eine Politik der Stützung der Viehzucht auf die Individualwirtschaften, weil dort die niedrigsten gesellschaftlichen Produktionskosten entständen. Die Arbeit der Bauern habe noch nicht den Charakter von Sonderkosten, die der Produktion zugeschlagen würden. In übergroßen, modernen Viehzuchtfarmen mit vergesellschafteter Betriebsform könnten enorme Verluste und Kosten entstehen[29]. Bestrebungen, auch die Landwirtschaftsringe mit Viehzucht zu befassen, sind bisher nicht weit gediehen.

Die gesetzliche Neuordnung der Agrarpolitik erfolgte auf der Sejmsitzung im Oktober 1971. Das Parlament beschloß am 26. Oktober sieben Gesetze über 1) den Schutz land- und forstwirtschaftlicher Nutzung und die Rekultivierung von Land, 2) die Regulierung des Eigentums landwirtschaftlicher Betriebe, 3) die Änderung des Gesetzes über den Zwangsaufkauf von landwirtschaftlichen Immobilien, 4) die Änderung des Zivilrechts in bezug auf Vererbung und Größenordnung der Höfe, 5) die Aufhebung der Zwangsablieferung von Getreide, Kartoffeln und Schlachtvieh, 6) die Änderung des Grundsteuergesetzes, soweit es die progressive Steigerung betraf, und 7) die Einführung der Sozialversicherung für Mitglieder von Produktionsgenossenschaften und ihre Familien.

Die Sejmberichterstattung über den Inhalt der Gesetze ist in der Tagespresse auffallend mager. Man kann ihr u. a. entnehmen, daß Nutzland übermäßig für nichtlandwirtschaftliche Zwecke in Anspruch genommen worden ist. Daher hat die gesamte Anbaufläche nicht unerheblich abgenommen. In Polen entfällt auf einen Einwohner bedeutend weniger Boden als in der Mehrzahl der anderen europäischen Staaten. 1945 waren es 0,85 Hektar, für 1975 werden 0,5 Hektar errechnet. Brachland gibt es genügend. Durch Rekultivierung soll Boden wieder der Land- und Forstwirtschaft zugänglich gemacht werden. Das zweite Gesetz soll die unter dem Titel der vernachlässigten Betriebsführung erfolgenden Eingriffe des Staates mildern; sie hatten bei den Bauern böses Blut gemacht. Das zivilrechtliche Gebiet betrifft die Verringerung der Auflagen im Grundstücksverkehr und in der Vererbung, die ohne Beachtung von Rechtsvorschriften und staatlicher Kontrolle stattfand. Kauf und Verkauf von Grundstücken sollen einfacher gestaltet werden. In den Genuß der Vererbung werden nun auch entferntere Verwandte kommen. Ohne direkte Erben ging bisher der Hof im Falle der Arbeitsunfähigkeit des Bauern in Staatseigentum über. Etwas nebelhaft erscheint die Bestimmung, daß über den Erwerb oder die Aufteilung größerer, die 20-Hektar-Grenze überschreitender Betriebe die Nationalräte (d. h. die Gemeinden oder Kreise bzw. höheren Selbstverwaltungsorgane) entscheiden werden. Wäre die wirtschaftliche Leistungsfähigkeit uneingeschränkt die oberste Richtschnur, würde der wahrscheinlich raschen Bildung neuer größerer Privatbetriebe nichts im Wege stehen, aber politisch kann diese Entwicklung nicht erwünscht sein. Daher werden die Nationalräte bremsend wirken. Vor Zersplitterung durch Realteilung oder aus anderen Gründen bleiben Höfe bewahrt, wenn sie mindestens acht Hektar umfassen, die nach einem Kommentar von Radio Warschau[30] als Minimum für einen Hof angesehen werden, der rationell zu wirtschaften in der Lage ist. Unterhalb dieser Grenze gibt es keinen Teilungsschutz mehr. Diese Betriebe erhalten auch gewöhnlich keine Kredite oder andere Hilfen. Angenommen, die Zwergwirtschaften vermögen sich nicht mehr zu behaupten, wer wird sie erwerben? Der Kommentar verweist auf die gut wirtschaftenden Landwirte, denen eine Arrondierung ihres Besitzes bis zu der 15–20-Hektar-Norm gestattet werden soll. Voraussetzung ist, daß die bäuerliche Familie mit Hilfe von Maschinen (beileibe nicht mit Pferden) und ohne ständige Mietkräfte den Boden bearbeitet.

Als Termin für die Aufhebung der Pflichtablieferung wurde

der 1. Januar 1972 festgesetzt. Im Sejm konnte man jetzt etwas über die negativen, Produktionssteigerung und Initiative hemmenden Wirkungen dieses seit vielen Jahren umkämpften Systems hören. Die Zwergwirtschaften bis zu zwei Hektar waren aus dieser Verpflichtung schon zu einer Zeit entlassen worden, da die Partei Wert darauf legte, gerade der ärmsten Schicht Erleichterungen zu gewähren. Aber zu einer totalen Abschaffung, obwohl er sie versprochen hatte, konnte Gomułka sich nicht entschließen und reagierte sehr heftig, wenn er daran erinnert wurde. Weil jetzt Mittel, die sich aus der Differenz zwischen den Preisen für Pflichtablieferungen und Marktpreisen ergaben, nicht mehr dem Fonds für die Entwicklung der Landwirtschaft zufließen konnten, sollte ein Teil der Grundsteuer, die zu diesem Zweck erhöht wurde, für den Fonds abgezweigt werden. Offiziell wurde dieses Verfahren als eine Umwandlung von Naturalleistungen in Geld bezeichnet. Der Bauer konnte sich ausrechnen, daß auf diese Weise seine finanzielle Lage nicht verbessert wurde. Außerdem sollte der Ersatz für das aufgegebene System die erweiterte Kontraktion sein, über die vorläufig nichts anderes gesagt wurde, als daß man Verträge mit einer Laufzeit von mehr als einem Jahr (drei bis fünf) im Interesse der Kontinuität und Stabilität anstrebe.

Von der gesamten agrargesetzlichen Neuerung versprach man sich eine Förderung der Spezialisierung, wofür allerdings wiederum eine Vergrößerung der Höfe eine Voraussetzung wäre. Will man bedeutende und rasche Erfolge erzielen, kann es bei der Maximalgröße von 20 Hektar für bäuerliche Betriebe nicht bleiben, ebensowenig wie bei der nach der Hektarzahl gestaffelten steuerlichen Belastung. Die beschlossene Milderung in dieser Beziehung kann nur als erster Schritt betrachtet werden. Die Sozialversicherung für Kollektivbauern schließlich holt nach, was schon unter Gomułka für die selbständigen Bauern allerdings als Beitragssystem im Unterschied zu den Arbeitern im vergesellschafteten Wirtschaftsbereich eingeführt worden ist. PAP kommentierte, daß die Gesetze große Bedeutung für die Intensivierung der Produktionstätigkeit auf dem Lande hätten[31]. Eile war geboten, nicht nur wegen des bevorstehenden Parteitages, sondern auch wegen der beunruhigenden Zunahme der Getreideimporte. Vierzehn Jahre lang hatte Gomułka erklärt, daß diese Einfuhr durch Erhöhung der Eigenerzeugung überflüssig gemacht werden müsse, statt dessen benötigte Polen jedes Jahr größere Mengen. »Wir sind gezwungen, im Ausland 3 Millionen Tonnen Getreide zu kaufen«, sagte Jaroszewicz in der Sejmsitzung, die das Agrargesetzgebungswerk verabschiedete.

Es fällt auf, daß in der Sejmberichterstattung der Begriff »Vergrößerung der Betriebe« nicht vorkommt. Erst in einem Kommentar der »Trybuna Ludu«[32] wird zur Begründung der Abschaffung der Zwangsablieferung ausgeführt, diese hätte nicht nur guten Landwirten die Lust zur Vergrößerung genommen, sondern sie sogar zu einer Verkleinerung ihrer Wirtschaften geneigt gemacht. Offensichtlich gaben politische und ideologische Gründe Anlaß dazu, in der Öffentlichkeit das Thema der Hinwendung der Agrarpolitik zum leistungsfähigsten Wirt und das heißt zu den Großbauern mit Vorsicht zu behandeln.

In den ersten Jahren nach dem Kriege war es selbstverständlich, daß Staat und Partei ihr »Bündnis« mit der »Dorfarmut« schlossen, wobei sie wenig Gegenliebe fanden. Über den Zwergbauern bis zu zwei Hektar stand eine kleinbäuerliche Besitzerklasse von zwei bis fünf Hektar, der 30 bis 40 Prozent aller Höfe gehörten[33]. Eigentümer von fünf bis zehn Hektar wurden schon als »Mittelbauern« eingestuft. Die »Kulakenwirtschaft« begann gewöhnlich bei 14 Hektar; es gab aber auch Gegenden, wo der mit einem Verdammnisurteil verbundene Begriff schon auf Zehn- oder Zwölf-Hektar-Betriebe angewandt wurde[34]. In Wahrheit war »Kulak« nicht bloß ein wirtschaftlich, sondern auch ein politisch dehnbarer Begriff. Dem Bauern, der gegen eine sozialistische Agrarverfassung eingestellt war, drohte unabhängig von seiner Besitzgröße Kulakeneinschätzung. Die größeren Bauern versuchten, behördlichen Schikanen dadurch zu entgehen, daß sie ihr Land unter ihre Kinder aufteilten oder durch freiwillige Landabgabe in die Kategorie der Mittelbauern zu gelangen suchten. Beinahe regelmäßig vereitelte die Verwaltung derartige Absichten[35]. Auf diese Weise wurde der leistungsfähige und für Modernisierung aufgeschlossene bäuerliche Typ zugrunde gerichtet. In einem Vortrag im Warschauer Rundfunk im Juli 1956 gab Barbara Pakis an, in einigen Fällen habe man zur Liquidierung der Kulaken um jeden Preis gestrebt. Mechanisch sei Kulakenboden den Staatsgütern überwiesen worden, obwohl diese nicht die Möglichkeit zur rationellen Bewirtschaftung gehabt hätten. Infolgedessen habe man unter erheblichen Verlusten für alle und ohne den geringsten Nutzen gute Betriebe ruiniert und sogar gut wirtschaftende mittlere Bauern als Kulaken angesehen. Es sei mit viel mehr Kulaken gerechnet worden, als in der Wirklichkeit vorhanden gewesen seien; nur ungefähr 5 Prozent der Landbevölkerung hätten sie ausgemacht[36]. Wie hätte aber der »Klassenkampf« auf dem Dorfe organisiert werden können, wenn man mit der schon reichlich bemessenen, die damaligen Parteianschauungen zugrundelegenden Fünf-Prozent-Ziffer operieren mußte? Der eigentliche Großbauer, nämlich der über 50 Hektar Land verfügende, war schon nach den Bodenreformgesetzen von 1944 und 1946 verschwunden.

Je mehr sich in der polnischen Agrarpolitik die Auffassung durchsetzte, daß es keine produktionellen Erschütterungen geben dürfe und rentable Betriebe erhalten und gestärkt werden müßten, desto mehr gewann der Mittelbauer anstelle des Kleinbauern behördliches Interesse. Der Oktober 1956 schuf auch in dieser Beziehung eine Zäsur. Alle Kursänderungen sind erst nach dieser Zeit eingetreten. Die im Oktober 1958 zur Vorbereitung des III. Parteitages verfaßten ZK-Richtlinien beseitigten die an 14 Hektar gebundene Kulakenvorstellung und führten einen neuen Mittelbauernbegriff von 10 bis 15 Hektar ein. Auf dem IV. Parteitag 1964 wurde in Reden und Beschlüssen eine stärkere Berücksichtigung des Mittel- und Großbauern – der Gebrauch dieses letzten Wortes war kühn – um ihrer Produktionskapazität willen gefordert. Mechanisierung sollte nach Gomułka den Höfen über sieben Hektar zugute kommen, die etwas mehr als die Hälfte des bäuerlichen Nutzlandes erfaßten. Auch diese Ziffer ist inzwischen überholt, da heute, wie wir gesehen haben, acht Hektar als Minimum für eine rentable Wirtschaft angesehen werden. Als oberste Grenze für förderungswürdige Betriebe wurden Mitte der sechziger Jahre 15 Hektar angesehen. Nach einem Politbürobeschluß[37] sollte die Mechanisierung in einem Teil des Landes, sagen wir Polen A – die Gebiete wurden aufgezählt –, konzentriert werden, während Polen B mit seinen Zwergbauern auf Höfen mit verstreuten Feldern und viel zu hohem Menschenbesatz seiner überholten Wirtschaftsweise überlassen bleiben sollte. Jagielski, damals Landwirtschaftsminister, begründete den Beschluß: »Wir müssen aus dem bisherigen Plan die Gemeinden eliminieren, in denen eine hohe Sättigung mit Arbeitskräften und ein hoher Pferdebestand sowie eine starke Gemenglage anzeigen, daß die Mechanisierung [hier] nicht zu den dringlichsten Aufgaben gehört[38].« Der Versuch einer regional getrennten Agrarpolitik mit verschiedenen Vorzeichen entbehrte nicht der Originalität; man ist auf ihn später nicht mehr zurückgekommen, aber das »Abschreiben« der Klein- und Zwergbauern ist beibehalten worden.

Der Gomułka-Linie der letzten Jahre, durch Einräumung des Vorrangs für Produktionsgesichtspunkte gekennzeichnet, ist Gierek gefolgt, er hat sie konsequent weiterentwickelt. In der Stalinzeit wäre das Wohlwollen für besitzende Schichten auf Kosten der kleinen Leute als politische Todsünde angesehen worden. Auf dem VI. Parteitag versicherte Landwirtschaftsminister Okuniewski, daß allen Individualwirtschaften, die zu modernisieren und in der Erzeugung zu steigern seien, Hilfe und Schutz gewährt werden würde. Dies betreffe besonders alle Formen der Kooperation zwischen den Landwirten sowie den Staatsgütern, Kollektivbetrieben und Landwirtschaftsringen[39]. Ein Delegierter aus dem Kreise Mohrungen, Bartosiński, Schlosser auf einem Staatsgut, erwähnte die bisher unbekannte Tatsache, daß infolge der neuen Agrarpolitik das Verbot der Dienstleistungen von Staatsgütern für die bäuerliche Einzelwirtschaft aufgehoben worden sei[40]. Staatsgüterdirektor Wojciechowski aus der Stettiner Wojewodschaft hielt eine Revidierung des landwirtschaftlichen Versorgungssystems für notwendig. Die Genossenschaft »Bäuerliche Selbsthilfe« stehe nicht den Gutsbetrieben zur Verfügung, daher sei es erforderlich, im Dorfhandel nicht nur das Schild zu verändern, sondern zumindest auch eine gewisse Proportion zwischen »Bäuerlicher Selbsthilfe« und »PGR«-Selbsthilfe – ein von ihm erfundener Begriff – herzustellen. Er regte eine Kooperation zwischen Individualbetrieben und Staatsgütern an. Mechanisierte Dienstleistungen für die Bauernhöfe sollten von den Gütern übernommen werden[41]. Damit würde eine Konkurrenz zu den Landwirtschaftsringen und Gemeinsamen Maschinenbasen geschaffen werden.

Zur Debatte stand immer nur der produktionell interessante Betrieb, anders ausgedrückt, die Förderung einer besitzenden Schicht auf Kosten der Dorfarmut.

Ein Ideologe alten Schlages könnte sich zu der scharfen Formulierung hinreißen lassen, daß die polnische Partei mit den Kulaken Verräterei betreibe. Dagegen hätte der Verteidiger einer durch Rationalisierung und Rentabilität bestimmten Politik geltend zu machen, daß keineswegs an eine Partnerschaft mit dem größeren Bauern als selbständigen Faktor gedacht sei, im Gegenteil. Im Zeichen der technischen Revolution, die überall in der Welt kleine Betriebe zum Untergang verurteilt, erscheint die Zwangskollektivierung überflüssig. Entscheidend ist, daß die Bildung größerer Einheiten in einem sozialistischen Rahmen gehalten wird. Man stelle sich einmal vor, das Dahinschwinden der Zwerg- und Kleinbauernmasse und die Zunahme des Areals der ökonomisch potenten Bauern nähmen in Polen in Verbindung mit der Mechanisierung ein großes Ausmaß an. Es würden dann einmal Menschen freigesetzt, deren Unterbringung der Industrie Schwierigkeiten bereitete. Es würde offenbar, daß agrarische Rückständigkeit erhebliche Arbeitslosigkeit verhindert hat. Zum andern sähe sich die Partei einem zwar zahlenmäßig verminderten, aber mehr und mehr qualifizierten, modern und selbstbewußt auftretenden Bauerntum gegenüber, das ganz privatwirtschaftlich dächte. Erwiese sich überdies ein solcher bäuerlicher Besitz als produktionell ergiebiger, initiativereicher und geschäftlich elastischer als die schwerfällig-bürokratischen Staatsgüter und Kollektivbetriebe, so würde der Öffentlichkeit eine Überlegenheit des kapitalistischen über das sozialistische System demonstriert werden.

Es genügt, diese Überlegung anzustellen, um sich zu sagen, daß Gierek unter keinen Umständen eine solche Entwicklung zulassen kann. Er wird die Stärkung der selbständigen Bauern in engen Grenzen halten, auch auf Kosten des ökonomischen Fortschritts. Die Einfügung ihrer Betriebe in den planwirtschaftlichen Organismus steht für ihn obenan. Dafür dienen Landwirtschaftsringe und Kontraktion als Hebel. Polen betritt in dieser Beziehung Neuland. Der Versuch, das Agrarproblem auf andere Weise als durch Trennung des Bauern von seinem Hof zu lösen, ist bisher vom Kommunismus noch nicht unternommen worden. Noch immer begegnet Warschau Schwierigkeiten, seine Agrarpolitik im Ostblock verständlich zu machen. Gierek muß und wird Beweise dafür liefern, daß er ebensowenig wie Gomułka das Ziel der vollkommenen Sozialisierung der Landwirtschaft aus dem Auge verliert.

Das neue Regime hat in der Agrarpolitik unbestreitbare Erfolge zu verzeichnen. Nach den beiden Mißernten stieg die Getreideproduktion wieder. Auch dem bedrohlichen Rückgang des Viehbestandes wurde Einhalt getan. Nach dem Bericht des Statistischen Hauptamtes besaß Polen im Dezember 1971 die bisher höchste Zahl an Schweinen, dennoch hält die Fleischknappheit an. Die Regierung ist bemüht, durch Fleischimporte den gestiegenen Konsumansprüchen einigermaßen zu genügen. Die gerade begonnene Hebung der Viehzucht im Lande kann sich in vermehrten Fleischlieferungen erst allmählich bemerkbar machen. Ob die hohen Steigerungsraten, die sowohl für die Getreide- wie Fleischproduktion vorgesehen sind, bei der gegenwärtigen Agrarstruktur erreicht werden können, ist noch fraglich.

Das agrarpolitische Ziel der Partei ist klar. In seiner Programmrede auf dem Parteikongreß sprach Gierek von der Verstärkung der Verbundenheit der gesamten Landwirtschaft mit der vergesellschafteten Wirtschaft. »Im Schoße der Landwirtschaft entstanden und entwickeln sich vergesellschaftete Formen der Produktion und Wirtschaftsweise.« Er hob ein schnelles Wachstum der Produktion bei den Staatsgütern und Produktionsgenossenschaften hervor, um keinen Zweifel darüber zu lassen, wem die Zukunft gehöre. Den Landwirtschaftsringen maß er eine grundlegende Rolle bei der Mechanisierung der individuellen Landwirtschaft zu, außerdem regten sie zur Bewirtschaftung des Bodens nach gesellschaftlichen Grundsätzen an. Formen kollektiver Tätigkeit und Kooperation entständen auch in anderen ländlichen Genossenschaftsorganisationen. Dennoch harre das Problem der gesellschaftlichen und technischen Rekonstruktion der Landwirtschaft noch der Lösung. Die Partei müsse es allmählich in Angriff nehmen; er ließ offen, auf welche Weise. Als Hauptaufgabe der Agrarpolitik bezeichnete er die beschleunigte Produktionssteigerung und die gesellschaftlichen Veränderungen auf dem Dorf »in sozialistischer Richtung«. Seine weiteren Ausführungen zu diesem Thema kreisten immer wieder um Hebung der Produktion und sozialistische Wirtschaftsform, daneben auch der Einzelbauern.

Es muß Gierek einiges Nachdenken gekostet haben, das Wort »individuelle Landwirtschaft« gewissermaßen unter »ferner liefen« und sozialistisch gut verpackt in seiner Rede überhaupt unterzubringen. Wie kraß unterschieden sich von dieser Betrachtungsweise seine Worte über die Landwirtschaft vor dem ZK im Februar 1971. Auch die im März gleichen Jahres in Oppeln von ihm vertretene Parallelität der Entwicklung aller drei Sektoren, Staatsgüter, Kollektivbetriebe und Bauernhöfe, war mit der Parteitagsrede nicht mehr zu vereinbaren. In den Beschlüssen wurde betont, daß Staatsgüter, Kollektivwirtschaften und Landwirtschaftsringe eine immer größere Rolle spielen, ihren Besitz vergrößern, ihre Ergiebigkeit verbessern und die Bedeutung des sozialistischen Sektors in der Landwirtschaft verstärken sollten. Die Verlagerung der Akzente war schon überdeutlich geworden.

Es sind nicht bloß innenpolitische Gründe gewesen, die Giereks Haltung auf dem Parteitag bestimmten, wo Breschnew ihm gegenübersaß. Aber es schien ihm selber unerläßlich, die ökonomisch nicht mehr zu umgehende Änderung der ländlichen Besitzstruktur in einer dem Parteidenken entsprechenden Form zu vollziehen. Erst allmählich wurde deutlich, welche agrarpolitische Wende Gierek angekündigt hatte. Ein in auffälliger Weise im April 1972 in der »Trybuna Ludu«[42] veröffentlichter Leitartikel »Jeder Hektar« ging davon aus, daß die wichtigste Pflicht der Landwirtschaft heute Vergrößerung der Produktion sei, und stellte den Grundsatz auf, der Boden solle den Weg zu denen finden, die den Willen und die Fähigkeit hätten, mehr zu produzieren und das Land besser auszunutzen als andere. Bei schlechter Bewirtschaftung solle das gesetzliche Mittel des Zwangsverkaufs angewandt werden, von dem die lokalen Instanzen nur selten Gebrauch machten. Eine besondere Rolle falle hierbei den Staatsgütern, Produktionsgenossenschaften (d. h. Kollektivbetrieben) und Landwirtschaftsringen zu. Den Ringen wurde nahegelegt, Höfe zu übernehmen, auf denen Greise saßen, die über keine Nachfolger verfügten. Bemerkenswert war, daß in der Kategorie der potentiellen Bodenerwerber Individualbauern nicht mehr aufgeführt wurden. Alle Erwägungen, die in dieser Beziehung noch 1971 angestellt worden waren, konnten als hinfällig angesehen werden. Es war damit zu rechnen, daß unter dem Motto »Maximale Bodennutzung mit modernen Methoden!« langsam, aber sicher eine Dezimierung des bäuerlichen Besitzstandes begann, wie sie Gomułka nicht gewagt hatte.

Resonanz im Ostblock

Bis zum heutigen Tage schirmen sich Ostblockstaaten gegen geistige Einflüsse von außen ab. Die Entspannung durch Friedenspolitik, die sich rasch vervielfältigenden Möglichkeiten des Kennenlernens vieler Länder durch breite Bevölkerungskreise im Zeichen eines weltumspannenden Verkehrs und der grenzüberschreitenden Medien Rundfunk und Fernsehen haben nichts daran geändert, daß friedliche Koexistenz als Form des ideologischen Kampfes und der breiten Konfrontation des Sozialismus mit dem Imperialismus betrachtet wird. Diese zwar nicht originelle, aber in Polen nicht häufig gebrauchte Formulierung ist in Giereks Programmrede auf dem VI. Parteitag enthalten. Er betonte, daß keineswegs ein Klassenfriede eintrete, jedoch die friedliche Koexistenz, die Widersprüche zwischen beiden Systemen ohne einen allgemeinen bewaffneten Konflikt zu entscheiden erlaube. Bei dieser Einstellung ist es notwendig, weiterhin gegen eine »Diversionspolitik« böser Mächte mit dem Sitz im Ausland auf der Hut zu sein. Wie ist es aber, wenn innerhalb des Ostblocks revoltierende Kräfte und gefährliche Erneuerungsideen sich bemerkbar machen, wie in Polen im Dezember 1970? Wie verhalten sich dann die anderen Staaten, die in ihrer Ruhe aufgeschreckt werden und mit einer unerwünschten Resonanz in der eigenen Öffentlichkeit zu rechnen haben? Das ist eine nicht einfach zu beantwortende Frage, die regierenden und nichtregierenden kommunistischen Parteien schon manches Kopfzerbrechen bereitet hat.

Die Wirkung der polnischen Dezember-Ereignisse im Ostblock war verschieden und überwiegend für die Regierenden unbehaglich. Die polnische Parteiführung beobachtete beunruhigt die Reaktionen bei den Nachbarn. Jędrychowski, damals Außenminister, bekannte auf einer Parteiveranstaltung in Köslin: »Unsere Freunde in den sozialistischen Ländern haben die

Ereignisse in Polen mit Überraschung und Besorgnis verfolgt. Nach der politischen Meisterung der Krise mit den eigenen Kräften unserer Partei haben sie erleichtert aufgeatmet.« Diese Sätze waren in der Übertragung von Radio Warschau[1] zu hören, in der »Trybuna Ludu«[2] dagegen wurde nur erwähnt, daß Jędrychowski auch über die internationale Rückwirkung der Dezember-Krise gesprochen habe. Es sollte also nicht einmal der Eindruck aufkommen, daß zeitweilig im Ostblock eine an das Beispiel der Tschechoslowakei erinnernde »Sorge« geherrscht hatte. Babiuch versicherte in Grünberg, daß die sowjetische Partei durch moralische Unterstützung »uns in unserem Handeln Mut machte und gleichzeitig alle unsere Schwierigkeiten versteht«. Er pries die KPdSU als die Partei, »an der wir uns ein Beispiel nehmen[3]«. In dieser Art waren alle offiziellen Erklärungen gehalten, die sich sogar noch steigerten. Hätte die Öffentlichkeit den Wortlaut des Briefes des sowjetischen Politbüros gekannt, den Gierek in Stettin erwähnte, würde sie gewußt haben, daß das »Verstehen« eine distanzierte Beurteilung der Vorgänge in Polen nicht aufhob. Diese Einstellung galt nicht nur für die Sowjetunion. In Budapest sollte vom 21. bis 23. Dezember 1970 eine Sitzung des Ausschusses der Verteidigungsminister des Warschauer Paktes stattfinden. Erst am 21. gab die ungarische Presseagentur MTI bekannt, daß diese Sitzung auf ein späteres Datum verlegt worden sei. Die Verschiebung ohne Begründung und ohne Bekanntgabe eines neuen Termins war ungewöhnlich. Zwischen der Anberaumung der Sitzung und ihrer Absage lagen die Unruhen in Polen und der Sturz Gomułkas. An diesem brandaktuellen Thema vorbeizugehen und seine Erörterung in Gegenwart des polnischen Vertreters wären schwer möglich gewesen. So blieb nur der Ausweg der Vertagung übrig. Es mußte erst mal, um mit Jędrychowski zu sprechen, die Zeit abgewartet werden, wo man aufatmen konnte.

Als erstes Land handelte die DDR in Reaktion auf die polnischen Unruhen. Zwar war die SED sicher, daß sich bei ihr ein neuer 17. Juni 1953 nicht ereignen konnte, aber die Ereignisse in Ungarn und Polen 1956 und die Dubček-Ära in der Tschechoslowakei schufen in der DDR untergründige bis in die SED hineinreichende Strömungen, die ihr höchst unwillkommen waren. Die neue Erschütterung im westlichen Vorgelände des Sowjetblocks als Zeichen für die Labilität der Verhältnisse konnte in Ostberlin nur Mißbehagen hervorrufen. Zwar war im Gegensatz zu allen offiziellen Beteuerungen das Verhältnis zwischen deutschen und polnischen Kommunisten nie besonders gut gewesen. Eine Reihe von literarischen Werken, die in Warschau erschienen und in der Bundesrepublik übersetzt wurden, durften in der DDR nicht verbreitet werden. Dennoch wurde nach außen hin keine Kritik laut, auch nicht aufgrund der Dezember-Ereignisse, aber die DDR erteilte eine pragmatische Antwort. Ende Januar 1971 wurden zur Verbesserung der Arbeits- und Lebensbedingungen die Senkung der Einzelhandelsverkaufspreise für Textilien und einige andere Industriewaren beschlossen. Auf dem Gebiet der Sozialversicherung und der Renten wurden ab 1. März die Bedingungen der freiwilligen Zusatzrentenversicherung verbessert und zugleich die Versicherungsleistungen im Krankheitsfall erhöht. Die Mindestrenten wurden angehoben[4]. Seitdem ist Ostberlin bemüht gewesen, das Verhältnis zum Gierek-Regime ständig zu verbessern. In der Vergangenheit hatte es Hemmungen gegeben; Gomułka war für die SED immer ein schwieriger Verhandlungspartner gewesen.

Am deutlichsten waren Wirkungen des polnischen Dezember in Rumänien zu spüren. Ceausescu wollte keinesfalls eine polnische Erfahrung machen. Plötzlich hielt er das Thema Gewerkschaftsreform für aktuell und nahm einen Wechsel in der Gewerkschaftsleitung vor. Vor dem ZK der rumänischen KP am 10. und 11. Februar 1971[5] und auf dem Gewerkschaftskongreß am 24. März[6] entwickelte er seine Reformideen. Der Gedankengang war im wesentlichen folgender: Die alten Praktiken und Konzeptionen entsprächen nicht mehr den Veränderungen, die im gesellschaftlichen Leben eingetreten seien. In den Gewerkschaften, die sich primär um die sozialen Probleme der Arbeiter und ihre Lebensbedingungen zu kümmern hätten, herrsche Bürokratismus. Die Partei brauche keine »Transmissionsriemen« – dies sei eine überholte Vorstellung –, um sich den Werktätigen mitzuteilen; sie könne dies jederzeit auch unmittelbar tun. Zwischen Staat und Gewerkschaft werde ein »direkter Dialog« zustande kommen. Mitwirkung bei der Ausarbeitung der Staatspläne und der Existenzbedingungen der Arbeiterschaft sei den Gewerkschaften bei den entsprechenden gesetzlichen Beschlüssen einzuräumen. In Rumänien besäßen die Arbeiter eine Doppelstellung, »nämlich die von Produzenten und zugleich von Eigentümern der Produktionsmittel und des Volksvermögens«. Als Sprachrohr der Arbeiterklasse sollten die Gewerkschaften ein Beispiel für ökonomische und soziale Demokratie geben, freilich die führende Rolle der Partei unbedingt anerkennen. In den Betrieben seien die gewerkschaftlichen Organisationen zu autonomen selbständigen Einheiten umzugestalten. Übertriebener Zentralismus der Gewerkschaften mit dem Versuch, die Partei zu kopieren, sei abzulehnen. Bei der Entlohnung, den materiellen Anreizen und dem Arbeitsablauf komme den Gewerkschaften ein wichtiges Mitspracherecht zu. Ceausescu gab zu verstehen, daß in einem sozialistischen System Interessenvertretung nicht überflüssig werde. »Das Problem der Ermittelung der besten Formen für die Beteiligung der Werktätigen an der Gesellschaftsführung wird auch in der kommunistischen Gesellschaft fortdauern.« So weit hatten sich selbst die polnischen Interpreten des Dezember und die neue Parteiführung ideologisch nicht vorgewagt.

Es war unschwer zu erkennen, daß in einigen Punkten Ceausescus Auffassung von der Moskauer Doktrin abwich. Dessenungeachtet erhielt Warschau durch Bukarest Ermunterung. Nachdem Rundfunk und Presse in Rumänien sich zwar häufig mit Polen befaßt, aber einer Kommentierung enthalten hatten, brachte das Parteiorgan »Scanteia«[7] im März 1971 einen anerkennenden Artikel über die in dem nördlichen Lande erfolgten Veränderungen. Es unterstrich, daß die Lösung der einheimischen Probleme ausschließlich Sache von Partei, Staat und Volk in Polen sei. Dann wurde die konterrevolutionäre These aufs Korn genommen: Simplifizierende und geradezu anachronistische Interpretationen, welche Forderungen der Masse als Handlungen des Imperialismus und konterrevolutionärer Kräfte darstellten, verhinderten nur eine objektive Bewertung der wirklichen Lage. Seien für die Arbeiter die notwendigen Lebensbedingungen nicht geschaffen worden, könnten auch in einer sozialistischen Ordnung Situationen sozialer Spannungen entstehen. Unter diesen Umständen nähmen die Arbeiter zu

»Aktionen von exzeptionellem Charakter« ihre Zuflucht. Die öffentliche Meinung in Rumänien verfolge mit Interesse und Befriedigung den »positiven Verlauf« der Ereignisse in Polen. Diese rumänische Anteilnahme konnte in Warschau nur in der Stille begrüßt und nach außen hin mit vorsichtiger Zurückhaltung aufgenommen werden. Die Beziehungen zwischen beiden Ländern blieben normal, ohne daß besonders enge Freundschaft dokumentiert wurde. Da Wellen des polnischen Erdbebens in Rumänien nicht mehr verspürt wurden, hatten Ceausescus Worte über die Gewerkschaftsreform keine erheblichen praktischen Konsequenzen. Außerdem wandte sich sein Interesse anderen Gebieten wie der Kulturrevolution zu.

In Bulgarien wurde eine für Januar 1971 angekündigte Preiserhöhung für Lebensmittel und einige andere Bedarfsartikel wieder abgesagt. Es hieß, es habe sich dabei um nichts anderes als »schädliches Geschwätz« gehandelt. Andererseits wurden Anordnungen zur vermehrten Produktion von Konsumartikeln getroffen. Stärker als bisher berücksichtigte auch die Propaganda die Bedürfnisse der arbeitenden Massen. Der neue Fünfjahrplan sah eine Erhöhung der Löhne und Renten vor. In der bulgarischen Gewerkschaftsleitung wurden Veränderungen vorgenommen[8]. Es sollte die Unruhe beschwichtigt werden, die sich der Arbeiter unter dem Eindruck der Nachrichten aus Polen bemächtigt hatte. Eine Äußerung von ZK-Sekretär Kocew deutete die Revolte an der Ostseeküste als Teil des ideologischen Kampfes zwischen Imperialismus und Sozialismus[9], was ihm die bissige Bemerkung der Belgrader »Politika«[10] eintrug, er stehe mit dieser Einschätzung nicht einmal dem gestürzten Gomułka nahe. Kocews Erklärung blieb vereinzelt, aber seine Ausfälligkeit gegenüber den polnischen Arbeitern bekam ihm gar nicht schlecht; er rückte im folgenden Monat auf dem bulgarischen Parteitag auch noch zum Politbürokandidaten auf. Die durch und durch orthodoxe Parteiführung in Sofia fühlte sich durch die Ereignisse im Norden weder politisch noch geistig irgendwie in Zweifel versetzt. Es fiel jedoch auf, daß Todor Shiwkow auf dem Parteikongreß den Gewerkschaften besondere Aufmerksamkeit widmete. Er warf ihnen vor, daß sie von ihren Rechten keinen vollen Gebrauch machten und ihre Aufgabe zum Schutze der Lebensinteressen des arbeitenden Volkes völlig ungenügend erfüllten[11]. Diese kritischen Worte waren offensichtlich als Resonanz auf Polen zu verstehen.

Am positivsten war die Aufnahme in Jugoslawien. Mit starker innerer Anteilnahme und einem Gefühl geistiger Verwandtschaft wurden die Vorgänge in Polen genau verfolgt und analysiert. Wohl vermied man es, ausdrücklich zu betonen, daß dieses Land bei seiner Erneuerung auf die »jugoslawische Linie« geraten müsse, aber man sah in dem Warschauer Führungswechsel eine durch den Dogmatismus im Denken und Handeln Gomułkas hervorgerufene Systemkrise[12] und fühlte sich selber in seinen Auffassungen über Demokratisierung, Selbstverwaltung und Freizügigkeit bestätigt. Der junge serbische Theoretiker Kosta Chawoshki veröffentlichte in der Belgrader Monatsschrift »Gledista«[13] eine Darstellung darüber, daß in den osteuropäischen Ländern kleine, die Freiheit unterdrückende Gruppen herrschten, die sich von der Arbeiterschaft isolierten. Sie betrachteten sich als Elite und erlaubten keine Erneuerung des Regierungskörpers durch demokratische Wahlen. Gewöhnlich führten diese Zustände zur Degeneration, deren bestes Beispiel der Fall Gomułka sei. Predrag Vranicki hielt in seinem 1971 in Zagreb erschienenen Werk »Geschichte des Marxismus« für das Schlimmste in Polen die Verfolgung der Juden, die »ein Beweis für die Deformationen in der Struktur und dem Bewußtsein ist, die durch die zentralistisch-bürokratischen Monopole dem Sozialismus aufgezwungen werden«. Die kroatische Wirtschaftsexpertin Neda Krmpotic meinte im Hinblick auf Polen, daß es besser sei, den Menschen zu erlauben, ins Ausland zu gehen und dort zu arbeiten, als auf sie zu schießen[14]. Wäre dieser Ausspruch in Polen bekanntgeworden, hätte er das Regime zu einer scharfen Entgegnung genötigt und die Bevölkerung zu Betrachtungen veranlaßt, wie es wohl wäre, wenn die Polen ebenso wie die Jugoslawen in der Bundesrepublik Arbeit finden könnten. Was die Zukunft betraf, waren die jugoslawischen Kommentare ziemlich skeptisch. Man verwies auf die Erfahrungen mit dem Oktober 1956, der bedauerlicherweise keine Fortsetzung gefunden habe. Die Überzeugung herrschte vor, daß die Polen nur einen geringen Spielraum zur Verfügung hätten, weil die Sowjets ihnen keine echten wirtschaftlichen und politischen Reformen gestatten würden. Besorgte Stimmen waren zu hören, daß Gierek ein Gomułka-Schicksal erleiden könne. Als im Oktober 1971 eine polnische Delegation mit Jaroszewicz an der Spitze Jugoslawien besuchte, betonte Radio Belgrad[15], daß beide Länder bei ihrer Zusammenarbeit die »bestehenden Differenzen« gegenseitig respektierten.

In der Tschechoslowakei war die Parteiführung begreiflicherweise zunächst erheblich beunruhigt. Sie rang mühsam um eine Konsolidierung und spürte den Schlag der polnischen Arbeiter so, als ob er gegen sie selbst geführt worden sei. Ihr blieb nicht verborgen, daß unter der Bevölkerung ein Stimmungsumschwung eintrat. Polen genoß im Lande einen schlechten Ruf, weil es sich 1968 an der Intervention beteiligt hatte. Durch den Arbeiteraufstand wurden den Tschechen die Polen wieder sympathischer. In einer Rede in Pardubitz[16] versuchte Husak aus den polnischen Ereignissen Lehren zu ziehen. Die KPČ dürfe sich nicht von den Massen scheiden, betonte er. Sie konsultiere nicht bloß die Massen, sondern wolle mit ihnen zusammenarbeiten und ihre Vorschläge akzeptieren, sofern diese von marxistisch-leninistischen Positionen ausgingen. So sei eine Garantie dafür gegeben, daß sich nicht Irrtümer der Vergangenheit wiederholten. Husak hatte gerade eine Anzahl von Fabriken und ländlichen Betrieben besichtigt und im Stile der neuen polnischen Führung ausführlich publizierte Diskussionen mit den Arbeitern geführt. Die Wochenzeitung »Svet Prace«[17] veröffentlichte unter der Überschrift »Die polnische Lehre« eine sachlich gehaltene Darstellung über das Nachbarland, wobei verschiedene Gründe für Demonstrationen und Streiks erwähnt, Fehler der Gewerkschaften zugegeben und Gierek als eine Persönlichkeit, deren Popularität unter polnischen Arbeitern einen ernsthaften Hintergrund habe, positiv beurteilt wurde. Partei und Regierung in Prag haben sich in den folgenden Monaten bemüht, die Zusammenarbeit mit Warschau vor allem wirtschaftlich weiter auszubauen. Die Resignation der Bevölkerung verhinderte, daß das polnische Beispiel eine zündende Kraft auslöste.

Am wenigsten läßt sich über eine Resonanz in Ungarn etwas sagen. Es gab weder Preiserhöhungen noch Preisherabsetzungen oder plötzliche Steigerungen der Versorgung des Marktes mit Konsumgütern. Die Zeitungen vermieden Kommentare zu den polnischen Ereignissen. Sie ließen jedoch durchblicken, daß das neue Regime sich bemühe, die bestehenden Schwierigkeiten zu überwinden und dabei der Unterstützung der ungarischen Partei sicher sein könne. Wenn betont wurde, daß Ungarn niemals die Lehre des Jahres 1956 vergessen werde, so war damit eine Erklärung für die Zurückhaltung gegeben, die offiziell gewahrt wurde. Keinesfalls sollte Polen nach ungarischer Meinung mit Reformen vorschnell sein, deren Rückwirkung das ungarische Regime hätte in Schwierigkeiten bringen können. Das Parteiorgan »Nepszabadsag«[18] meinte, es seien in Polen Kräfte am Werk, die ungerechtfertigte Forderungen vorbrächten, eine sofortige Erledigung von nicht schnell zu lösenden Problemen verlangten und ihr Ziel in einer »zweiten Stufe« nach dem Dezember sähen, bei der sie selbst die Führung übernehmen könnten. In Polen hatte sich seinerzeit Gomułka nach Übernahme der Parteiführung mehrfach gegen Kräfte gewandt, die nach seiner Meinung zu einer »zweiten Etappe« drängten. Die Ungarn lagen mit ihrer Mahnung ganz auf der sowjetischen Linie.

Für den Kreml war Gomułka ein bequemer Gefolgsmann gewesen, mit Gierek mußte er erst seine Erfahrungen machen. Deswegen verhielt sich Moskau gegenüber den ersten Nachrichten über Unruhen in Polen reserviert. Sie wurden von den sowjetischen Publikationsorganen nicht weitergegeben. Erst am 18. Dezember 1970 begann TASS einen PAP-Bericht zur »Situation an der polnischen Küste«, einen Beschluß des polnischen Ministerrats und die Fernsehrede von Cyrankiewicz vom 17. Dezember in der PAP-Fassung zu verbreiten. Ein »Prawda«-Artikel vom 19. Dezember über Polen ist die leicht geänderte Wiedergabe eines »Trybuna-Ludu«-Artikels vom vorhergehenden Tage. Das polnische Parteiblatt hatte die Ereignisse als »tragisch« bezeichnet, das sowjetische Organ ließ dieses Adjektiv aus. Die PAP-Meldung über den Rücktritt Gomułkas wurde von TASS mit der Änderung übernommen, daß die Begründung »schlechter Gesundheitszustand« weggelassen wurde. Die erste Erklärung für den Sturz Chruschtschows war ebenfalls »schlechter Gesundheitszustand« gewesen, woran sich die sowjetische Bevölkerung gewiß erinnerte. Einige Stunden später brachte TASS jedoch, wie anzunehmen ist aufgrund einer polnischen

Vorstellung, den vollständigen PAP-Text. Am 21. Dezember wurde von TASS ein warmes Glückwunschtelegramm Breschnews an Gierek veröffentlicht, das diesen als einen »aufrichtigen Freund der Sowjetunion« und »erprobten kommunistischen Internationalisten« bezeichnete. Um die gleiche Zeit hat das sowjetischen Politbüro dem polnischen den Brief gesandt, den Gierek in Stettin erwähnte. Das neue Regime in Warschau war akzeptiert, wenn auch nicht ohne Auflagen.

Ende Dezember 1970 wurde in Moskau offiziell dementiert, daß in der UdSSR Preiserhöhungen erfolgen würden, obwohl die Sowjetpresse über derartige Absichten oder Gerüchte nichts gebracht hatte. Haben Pläne in dieser Richtung bestanden, so sind sie unter dem Eindruck der polnischen Ereignisse fallengelassen worden. Mit dem 1. März 1971 sind sogar Preissenkungen erfolgt, die hauptsächlich technische Geräte betrafen: Fernsehapparate, Waschmaschinen, Motorräder, Elektrorasierer und Kunststofferzeugnisse. Die »Prawda« kündigte am gleichen Tage an, daß für Konsumgüter weitere Verbesserungen erfolgen würden, und forderte »radikale Änderungen« in bezug auf Qualität und Aussehen von Kleidung und Schuhwerk. Das gehörte gewiß schon zu der propagandistischen Vorbereitung des Parteitages, aber Polen hatte Breschnew in der Überzeugung bestärkt, daß zur Berücksichtigung des Konsumbedarfs der Bevölkerung mehr als bisher getan werden müsse. Auf diesen Ton war auch der XXIV. Parteikongreß gestimmt, auf dem viel von erhöhtem Lebensstandard gesprochen wurde.

Es erschien selbstverständlich, daß der neue polnische Parteichef seinen ersten Auslandsbesuch – Anfang Januar 1971 – dem sowjetischen Verbündeten abstattete. Wenige Tage vorher war in Warschau am 29. Dezember ein langfristiges Handels- und Zahlungsabkommen der beiden Länder für 1971 bis 1975 unterzeichnet worden. Der Warenaustausch sah eine wertmäßige Steigerung um etwa 67 Prozent im Vergleich zu dem Zeitraum 1966 bis 1970 vor. Nach einem gleichzeitig abgeschlossenen Protokoll, das den Handel im Jahre 1971 regelte, sollten vermehrt sowjetische Rohstoffe und zwei Millionen Tonnen Getreide an Polen geliefert werden, die nachher nicht ausreichten. Es sind im Laufe des Jahres 1971 weitere Handelsabmachungen erfolgt, die neue Erhöhungen sowjetischer Lieferungen und Kredite für Polen vorsehen. Was hatte Polen an Gegenleistungen zu bieten?

Das Kommuniqué über Giereks ersten Besuch[19] unterstreicht die allseitige Zusammenarbeit auf bilateraler und multilateraler Grundlage im Rahmen des Warschauer Paktes und des Rates für Gegenseitige Wirtschaftshilfe (Comecon). Den gemeinsamen Aktionen der sozialistischen Länder und der Stärkung der Einheit des Weltkommunismus werden erstrangige Bedeutung zugemessen. Die Polen haben über ökonomische und soziale Maßnahmen, d. h. über ihre inneren Zustände, berichtet und die Sowjets sich mit Informationen, u. a. über Vorbereitungen zum XXIV. Parteitag, revanchiert. Eine »völlige Übereinstimmung der Ansichten« hat bestanden. Das wichtigste für Gierek, der den in Moskau gut bekannten Jaroszewicz mitgebracht hatte, war die persönliche Fühlungnahme mit Breschnew und Kossygin, die ihn prüfend betrachteten. Sie hegten zwar keinen Zweifel, daß er an einer engen Bindung Polens an die UdSSR festhalten und gegen Liberalismus und Revisionismus immun sein würde, aber war er nicht anfällig für Bestrebungen Warschauer Wirtschaftspolitiker, die industrielle Kooperation mit dem Westen bis zu einem aus sowjetischer Sicht nicht ungefährlichen Maße auszudehnen? Nun, der Kreml hatte genügend Trümpfe gegenüber dem wirtschaftlich von ihm abhängigen Partner in der Hand. Es wird Giereks sowjetische Gesprächspartner nicht nur interessiert haben, wie er sein Land aus der ökonomischen Misere herauszuführen, sondern auch welche personellen Veränderungen er noch vorzunehmen gedachte. Was Moczar anbetraf, wird Gierek versichert haben, daß er keinen polnischen Ceausescu hochkommen zu lassen gedenke, aber im übrigen waren den Sowjets radikale Veränderungen aus allgemeinen Erwägungen nicht erwünscht. Die Moskau-Reise dürfte auf den polnischen Parteiführer eher bremsend als anregend gewirkt haben.

Die Sowjetregierung nahm einen Wechsel auf dem Warschauer Botschafterposten vor: Pilotowitsch, der am 30. März 1971, wie TASS meldete, Aristow ablöste, war bisher ZK-Sekretär der weißrussischen KP gewesen und gehörte zu den Anhängern des »harten Kurses« im Kreml. Dies konnte in dem Sinne gedeutet werden, daß Polen unter scharfer Beobachtung bleiben sollte. Wichtiger war aber vielleicht, daß Aristow, wie Gerüchte in Warschau besagten, unter Gomułka zu polnischen Beschwerden in Moskau über Einmischung in innere Angelegenheiten Anlaß gegeben haben sollte. Diese Einmischung erschien heute deswegen belastend, weil sie zugunsten der Moczar- und PAX-Leute erfolgt war. Pilotowitschs Aufgabe war es, für Befriedung zu sorgen, vor Experimenten zu warnen und eine Politik zu unterstützen, die vor allem den Ausbruch neuer Unruhen vermied.

Die polnische Seite war sorgfältig bemüht, bei jeder Gelegenheit das totale Einvernehmen mit Moskau zu bekunden. Am Tage vor Eröffnung des sowjetischen Parteitages erschien in der »Prawda«[20] ein Artikel Giereks, der damit zum ersten Mal als Autor der sowjetischen Parteizeitung in Erscheinung trat. Im Mittelpunkt der Gedanken der Kommunisten der ganzen Welt, hob er hervor, stände der Kongreß, der »eine Quelle der ideologischen Inspiration für alle Kommunisten« sein werde. Die Tagung werde Bedeutung für die Verstärkung der Weltposition der Sowjetmacht haben, die aufgrund ihres Verteidigungspotentials eine Schlüsselstellung im Kampf mit den Imperialisten besitze. Er trat für Einheit des Weltkommunismus und Solidarität mit der KPdSU ein, er verurteilte die chinesische »Spaltertätigkeit«. Die führende Rolle der Partei im sozialistischen System zur Lösung aller Probleme erklärte er für ausschlaggebend. Die Bewahrung dieser Rolle »erlaubte uns, die negativen Erscheinungen zu beseitigen, die in der Situation unseres Landes infolge der Verletzung der richtigen Generallinie in der Praxis« auftraten. Punkt für Punkt zählte er die Übereinstimmung Polens mit der Sowjetunion in der Außenpolitik auf. Er hatte die Genugtuung, daß Breschnew in seinem Rechenschaftsbericht seine »volle Zufriedenheit« darüber zum Ausdruck brachte, daß Polen seine Schwierigkeiten überwunden habe. Die polnische Partei sei bestrebt, die Verbundenheit mit der Arbeiterklasse und die Positionen des Sozialismus im Lande zu verstärken. Die sowjetischen Kommunisten wünschten von ganzem Herzen den polnischen Freunden die besten Erfolge[21]. Hinter diesen Worten war immer noch eine abwartende Haltung zu spüren.

Es blieb für die Sowjets bedenklich, daß es in einem kommunistischen Staate möglich war, durch eine Auflehnung die Führungsspitze zu verändern und Mißstände zur Sprache zu bringen, die in anderen Ostblockländern auch noch Widerhall finden konnten. So war in der »Prawda«[22] über eine Jaroszewicz-Rede vor den Wojewodschaftsräten berichtet worden, aus der hervorging, daß Polen eine Hebung des Lebensstandards dringend nötig und sowohl Arbeitslosigkeit wie ein ungelöstes Jugendproblem zu bewältigen hatte. Wozu den sowjetischen Lesern Anlaß zum Grübeln darüber geben, wieso in einem sozialistischen System überhaupt derartige Zustände möglich sein konnten? Der Warschauer »Prawda«-Korrespondent zitierte Ende Januar 1971[23] einen polnischen Arbeiter, daß einige Leute »demagogische Forderungen« erhoben hätten, was logischerweise das Vorhandensein von inneren Widerständen voraussetzte. Was sollte die sowjetische Öffentlichkeit davon denken? Schlimmer aber war die Kapitulation einer Parteiführung vor der Bewegung von unten. Kurz vor dem Moskauer Parteitag hieß es in einer Meldung der FAZ aus Moskau: Von sowjetischer Seite werde geltend gemacht, daß der deutsch-sowjetische Vertrag für den Kreml ein erhebliches Risiko bedeute, eine Behauptung, die merkwürdigerweise mit dem polnischen Dezember verbunden wurde. »Es sei noch nie vorgekommen«, so hieß es in der Wiedergabe der sowjetischen Auffassung, »daß ein angesehener Parteichef einer Bruderpartei auf solche Weise hinweggefegt worden sei[24].« Die Herstellung eines Zusammenhangs mit dem geänderten deutsch-sowjetischen Verhältnis war vielleicht eine Zweckspekulation, die den deutschen Gesprächspartner beeindrucken sollte, aber offenbar hatte der Umsturz in Warschau die sowjetische Parteiführung nachdenklich gestimmt. Außenpolitische Schwierigkeiten, die sich für die Sowjetunion in anderer Richtung ergaben, kamen hinzu.

In einem langen Bericht vor dem ZK-Plenum in Warschau über den Parteitag der KPdSU hat Gierek ausführlich die sowjetischen Wirtschaftsprobleme dargelegt und sich stark für eine Kooperation und eine Beschleunigung des Integrationsprozesses in den Comeconländern eingesetzt[25]. Zu diesem Zweck haben mehrfach bilaterale und multilaterale Beratungen stattgefunden, bei denen Polen jedesmal voll die sowjetischen Pläne unterstützte. Gierek suchte in verhältnismäßig kurzen Abständen Moskau auf, ohne daß aus den Kommuniqués erkenntlich geworden wäre, welche konkreten Absichten er verfolgte. Breschnew beeilte sich nicht mit einem Gegenbesuch. Erst zum polnischen Parteitag im Dezember 1971 erschien er in Warschau. Er versicherte, die sowjetische Partei sehe genau die aufrichtige Sorge um das Interesse der arbeitenden Menschen und die ständige Verstärkung der Bande mit den arbeitenden Massen, die in der polnischen Partei »und ihrem Zentralkomitee mit dem treuen Sohn der polnischen Arbeiterklasse, unserem Freunde und Genossen Edward Gierek, an der Spitze« zu beobachten sei[26]. Das war die Erklärung, auf die Gierek gewartet hatte, aber sie ging nicht über das hinaus, was von Breschnew schon in seinem Begrüßungstelegramm zum Amtsantritt Giereks und auf dem XXIV. sowjetischen Parteitag gesagt worden war. In früheren Jahren hatten die offiziellen sowjetischen Äußerungen über Gomułka ähnlich gelautet. Es waren Sympathieerklärungen, die keine endgültige Festlegung bedeuteten. Breschnew, der auch die »feste Überzeugung« zum Ausdruck gebracht hatte, daß die polnische Partei »unwandelbare Treue zum Leninismus« wahren werde, legte weiter auf polnisches Wohlverhalten Wert. Das hieß Vorsicht bei Reformen und Verzicht auf Abbau des Wirtschaftszentralismus, strikte Einhaltung der Parteilinie im Kulturleben, verbunden mit einer Kampfansage an das den Sowjets suspekte literarische Polen, wofür »Revisionismus« das Stichwort war, und Weitertreiben der Sozialisierung in der Landwirtschaft, deren Sozialstruktur immer noch in der sowjetischen Publizistik kritisiert wurde. Giereks Programmrede auf dem Warschauer Parteitag war in gewissen Punkten nur als eine Rücksichtnahme auf sowjetische Wünsche zu verstehen. Er mußte sich fragen, wieviel Freiheit er hatte, sich von der Bahn Gomułkas zu entfernen.

In der ihn weniger fesselnden Außenpolitik wird es Gierek nicht besonders schwergefallen sein, sich genau im sowjetischen Kielwasser zu halten. Unter Gomułka war immer ein gewisses Zögern zu spüren gewesen, sich in der Polemik mit Peking voll zu engagieren. Jetzt wurden lange Artikel der Moskauer Presse zu diesem Thema in Warschau nachgedruckt, oder die eigenen Kommentare waren so gehalten, daß sie auch von sowjetischen Journalisten hätten verfaßt sein können. In diesem Punkte war besonders sorgfältig auf Empfindlichkeiten des großen Bundesgenossen zu achten. Anläßlich der Dezember-Unruhen war Peking sofort gegenüber Moskau als Ankläger auf den Plan getreten. In der chinesischen »Volkszeitung«[27] wurde der Gomułka-Sturz als ein deutliches Zeichen dafür angesehen, daß »die Kolonialherrschaft des sowjetrevisionistischen Sozialimperialismus in Osteuropa in eine Krise« geraten sei. Das Blatt stellte die Behauptung auf, die Sowjetmacht habe nach Ausbruch der polnischen Unruhen Truppen in Bereitschaft gesetzt, um ihre Kolonialherrschaft in Polen aufrechtzuerhalten. Ein Eingreifen hätte ihren sozialimperialistischen Charakter »nur noch deutlicher enthüllt«. Darauf reagierte Radio Moskau[28] in schärfster Form. In einer chinesischsprachigen Sendung hieß es, daß China die große Familie der sozialistischen Nationen »beschmutzt« habe und »noch bösartiger« als die Imperialisten sei. Ärgerlich war es für die Sowjets, schon einen Monat später zum zweiten Mal gezwungen zu sein, durch die »Prawda«[29] das diesmal nicht aus chinesischer Quelle kommende Gerücht zu dementieren, die Sowjetunion habe ein Ostblockeingreifen in Polen für den Fall weiterer Streiks und Gewalttätigkeiten vorgesehen. UPI hatte darüber eine Meldung aus Wien verbreitet. Das Moskauer Parteiorgan antwortete sehr empört unter der Überschrift »Brutstätte für Lügen«. Der russische Leser erfuhr bei dieser Gelegenheit, wie patriotisch die Haltung der »ehrlichen Werktätigen« in Polen sei. Die letzte Formulierung erinnerte fatal an die sowjetische Argumentation anläßlich der Ereignisse in der Tschechoslowakei 1968. Auch die weitere Behauptung, die subversiven Zentren des Imperialismus hätten bekanntlich während der Dezember-Periode ihre Aufmerksamkeit auf Polen konzentriert, war dazu geeignet, die Erinnerung an die Propaganda heraufzubeschwören, von der die Invasion begleitet worden war. Der Artikel war übrigens der erste in Moskau geschriebene Kommentar über innere polnische Angelegenheiten nach dem Führungswechsel. Bis dahin hatte man sich mit Meldungen aus Warschau begnügt, die entweder von PAP übernommen worden waren oder von sowjetischen Korrespondenten stammten. Der Kreml mußte wissen, daß nach dem Fall Tschechoslowakei jedes von ihm herausgegebene Dementi von Interventionsabsichten unglaubwürdig wirkte. Hätte die Öffentlichkeit außerdem gewußt, was Gierek in Stettin über den Brief des Politbüros der KPdSU vom Dezember 1970 verlauten lassen würde, so hätte es für sie keines weiteren Beweises dafür bedurft, daß von den Sowjets jedenfalls Erwägungen über ein Eingreifen angestellt worden waren.

Die Chinesen hatten die wunde Stelle getroffen. Nachdem gerade eine Beruhigung in der Polemik zwischen beiden Ländern eingetreten war, riß Polen die Gegensätze von neuem auf, wobei Moskau sich in der ungünstigen Position befand, sich ständig gegen die Unterstellung wehren zu müssen, es wolle sich gegenüber Warschau in der gleichen Weise wie gegenüber Prag benehmen. Bei der Bereitung so vieler Unannehmlichkeiten für den östlichen Nachbarn hatte die polnische Publizistik allen Grund, in der Verurteilung der chinesischen »Spalter« nicht weniger Entrüstung aufzubringen als die sowjetische. Das Mißtrauen des Kreml, die Polen könnten das chinesische Interventionsgerede als Rückendeckung empfinden, war trotzdem nicht zu beschwichtigen.

Nicht ganz ohne Zögern folgte die polnische Regierung der sowjetischen Westpolitik. Zwar wurde der Gedanke der europäischen Sicherheitskonferenz in völliger Übereinstimmung mit den Sowjets verfochten, jedoch war gegenüber der EWG der Ton in Warschau um einen Grad milder als in Moskau. Man beschränkte sich darauf, das Ergebnis von EWG-Konferenzen für mager und vage zu erklären, aber zeigte Neigungen, sich mit dem Vorhandensein dieser Institution abzufinden, freilich unter Vorbehalten. »Ich bin der Ansicht«, erklärte Vizeaußenminister Czyrek in einem Interview mit der Warschauer »Kultura«[30], »daß die Fortsetzung der Politik der Errichtung einer sich abschließenden Mächtegruppierung in Westeuropa, durch die u. a. diskriminierende Schranken für die Entwicklung der gesamteuropäischen Beziehungen geschaffen werden, völlig in Widerspruch zu den Interessen der gesamteuropäischen Zusammenarbeit steht. Ich möchte der Hoffnung Ausdruck verleihen, daß die Mitgliedstaaten der EWG und die sich um die Mitgliedschaft in dieser Organisation bewerbenden Staaten genug Realismus aufbringen werden, um zu verhindern, daß die von ihnen in Gang gebrachten Prozesse sich zum Nachteil der Interessen einer breiten Zusammenarbeit auf unserem ganzen Kontinent auf der Grundlage korrekt verstandener Prinzipien internationaler Arbeitsteilung auswirken werden. Hiervon wird unsere zukünftige Einstellung zu diesen Prozessen abhängig sein.« Das letzte Wort ist also noch nicht gesprochen. Auch als die erste Phase der Erweiterung der EWG mit dem Brüsseler Unterzeichnungsakt im Januar 1972 abgeschlossen wurde, wahrte Warschau im Gegensatz zu der eindeutig negativen Reaktion in Moskau vorsichtige Zurückhaltung. Die »Trybuna Ludu«[31] schilderte in ihrem Kommentar »Quo vadis EWG?« hauptsächlich verschiedene Strömungen innerhalb der Gemeinschaft, vor allem eine angebliche Absicht der britischen Konservativen, daß die EWG auf einer Europakonferenz als einheitlicher außenpolitischer und militärischer Block auftreten solle. Für die europäische Meinung könne es nicht gleichgültig sein, in welcher Richtung sich die erweiterte EWG entwickle, ob sie wirtschaftliche Hoffnungen erfüllen oder »entgegen den Lebensinteressen aller europäischen Völker die Teilung unseres Kontinents vertiefen« werde. Wenige Tage später lobte das Blatt, daß die Staaten des Warschauer Paktes in Prag in einer Atmosphäre »absoluter Einheit und Einmütigkeit« ihr Programm für Europa beraten hätten[32]. Von östlicher Seite war also blockhaftes Auftreten gesichert.

Czyreks Äußerung ist kaum anders zu verstehen, als daß der Erfolg der Europäischen Sicherheitskonferenz mit einem Stagnieren oder sogar Bedeutungsloswerden der EWG zugunsten gesamteuropäischer Institutionen verknüpft ist, die sich auf die im Ostblock üblichen Formen der Arbeitsteilung und Kooperation einzustellen hätten. Der Fortbestand umfassender bilateraler Abmachungen würde den Zusammenhalt des Ostblocks auch auf wirtschaftlichem Gebiet weiterhin garantieren. Ein mißtrauischer Westeuropäer sah die Gefahr, daß eine gesamteuropäisch firmierende Zersetzungspolitik gegenüber dem Westen getrieben wurde. Konnte Polen es sich leisten, sich hierbei erheblich zu engagieren? Es war unmittelbarer mit der wachsenden EWG konfrontiert als die Sowjetunion. Wenn man auch in Warschau mit Vorliebe betonte, wie nötig z. B. die Bundesrepublik den Osthandel habe, über den dringenden polnischen Wunsch, mit der westdeutschen Wirtschaft und der Westeuropas überhaupt besser ins Geschäft zu kommen, konnte kein Zweifel bestehen. Der Mangel an Handlungsfreiheit machte sich schmerzlich bemerkbar, aber der Kreml konnte sich in Verfolgung seiner großen Ziele auch Variationen in der Europapolitik leisten. Es scheint so, als ob die Sitzung des Beratenden Politischen Komitees des Warschauer Paktes am 25. und 26. Januar 1972 in Prag den Alliierten der Sowjets EWG-Kontakte gestattet hat. Nach dieser Beratung ist Rumänien an den amtierenden Vorsitzenden des EWG-Ministerrats, den luxemburgischen Außenminister Gaston Thorn, mit dem Wunsch nach Aufnahme von Verhandlungen herangetreten. Im ZDF teilte Thorn mit, daß auch Polen Gespräche wünsche[33]. Allerdings hat Polen sich nicht direkt in Brüssel gemeldet, sondern in einigen EWG-Hauptstädten, in denen es nur an die zuständige Adresse verwiesen werden konnte. Immerhin eröffnen sich gewisse Aussichten auf die Entfaltung einer neuen eigenen Initiative in der polnischen Außenpolitik, die an den verstorbenen Rapacki erinnert. Dazu ist ein Moskauer Einspruch nicht mehr zu erwarten, nachdem Breschnew die EWG als »Realität« anerkannt hat.

In der Übernahme des außenpolitischen Ressorts durch Olszowski konnte eine Garantie dafür gesehen werden, daß Polen genau auf dem durch die Ostblock-Räson vorgezeichneten Kurs verblieb. Die Außenpolitik schien ein von einem Führungswechsel unberührtes Reservat zu sein. In der Monitor-Sendung des Polnischen Fernsehens am 16. Oktober 1971 wurde eine Zuschauerfrage verlesen, ob, wenn in der Vergangenheit begangene Fehler in der Innenpolitik zugegeben würden, nicht auch in der Außenpolitik irgendwelche Fehler zu verzeichnen seien. Der Frager rechnete damit, daß er keine Antwort erhalten werde. Czyrek erwiderte, daß die Grundrichtung der polnischen Außenpolitik richtig gewesen sei und fortgesetzt werde. »Dies bedeutet jedoch nicht, daß es in der praktischen Realisierung dieser Grundrichtung keine Lücken gegeben oder sich nicht sogar gewisse Fehler aus subjektiven Gründen ergeben haben. Aber alle diese Unzulänglichkeiten wurden durch die neue Führung eliminiert, was zu einer rascheren und breiteren Entwicklung unserer internationalen Beziehungen beigetragen hat.« Das ist eine allgemeine, nur die diplomatische Technik betreffende Erklärung, die jeder Konkretisierung entbehrt. Wenn man einen Unterschied zur Gomułka-Zeit feststellen will, so ist es nur der, daß die Außenpolitik unter dem Wirtschaftspolitiker

Gierek an Bedeutung verloren hat. In den Beschlüssen des VI. Parteitages spielt sie nur bei »Sicherheit und Zusammenarbeit in Europa« eine Rolle.

Als einzige eigene Note auf einem der Außenpolitik benachbarten Gebiet, dem Außenhandel, könnte man allenfalls den Satz in den Parteitagsbeschlüssen ansehen: »Im Rahmen der Zusammenarbeit mit den sozialistischen Ländern soll man zur breitesten Entwicklung der Zusammenarbeit mit der UdSSR sowie der ČSSR und DDR streben.« In den häufigen Gesprächen zwischen Ostberlin und Warschau hat das Schwergewicht auf wirtschaftlichem Gebiet gelegen. Als Husak sich einschaltete, tauchte wieder das »Dreieck« Warschau – Ostberlin – Prag auf, nur dachte niemand daran, es noch als »eisernes Dreieck« zu bezeichnen, wie es früher geschehen war. Westliche Kommentare äußerten sogar die Vermutung, daß sowohl Polen wie der Tschechoslowakei an einem stillen Zweierbund als Gegengewicht zu dem wirtschaftlichen Überdruck der DDR gelegen sein könnte. Auf der anderen Seite hat der polnische Parteitag unter dem Begriff der Nachbarschaft sofort die Sowjetunion einbezogen, um das Odium eines wirtschaftlichen Partikularismus von der Idee regionaler Zusammenarbeit zu nehmen. So ängstlich-konventionell hatte sich Warschau früher nicht immer verhalten.

Keinesfalls wollte Polen in die gleiche Lage wie Ungarn geraten, dessen Spannungen mit der Vormacht des Ostblocks im Frühjahr 1972 auch der Öffentlichkeit nicht mehr verborgen werden konnten. Das Land mußte um die Versorgung mit sowjetischen Rohstoffen bangen, weil seine bescheidenen Reformen des Wirtschaftssystems und sein Wunsch, auch mit China Handel zu treiben, Unwillen im Kreml erregt hatten. Radio Warschau[34] brachte einen mahnenden Kommentar, beständig an der Ausmerzung von Schwierigkeiten zwischen den sozialistischen Ländern zu arbeiten und nicht zu versuchen, daraus Nutzen zu ziehen, um vom nationalen Egoismus diktierte Ziele zu erreichen. Der Platz der sozialistischen Länder in der Welt hänge in erster Linie von der wirtschaftlichen, politischen und militärischen Macht der Sowjetunion ab. »Das ist eines der Gesetze unserer Zeit.«

Wenn auch in dieser Lage der polnische Alpdruck vor einem

neuen Rapallo verschwand, so tauchte doch die neue Furcht auf, daß eine entscheidende Veränderung der weltpolitischen Kräfteverteilung durch eine Annäherung von Peking und Washington eintreten könnte. »Życie Warszawy«[35] behauptete, daß alle amerikanischen Kommentatoren, die vorausgesagt hätten, daß nach dem Nixon-Besuch in Peking eine neue Ära anbrechen werde, sich in einem schweren Irrtum befänden. Das Blatt versicherte, daß die Sowjetunion und die Vereinigten Staaten noch lange die Mächte mit dem größten Einfluß auf das Schicksal der Menschen sein würden. Die polnische Außenpolitik basierte auf dem Fortbestand des Gleichgewichts der beiden Supermächte und wäre durch ein neues politisches Kräftespiel gestört und beunruhigt worden. Übrigens wirkte der Rapallo-Komplex in Warschau noch so stark nach, daß im Unterschied zu Moskau im April 1972 keine Artikel zum 50. Jahrestag der Unterzeichnung dieses Vertrages erschienen.

Jędrychowski hatte mit seinem »Aufatmen« recht gehabt. Nur eine kurze Zeitspanne hatten im Ostblock Zweifel geherrscht, ob in Polen eine Art Systemzersetzung eintreten und eine Wiederholung des Interventionsfalles wie in der Tschechoslowakeit für nötig gehalten werden würde. Gierek zeigte den größten Eifer mit entsprechenden Beteuerungen in beinahe jeder Rede, dem Kreml seine Zuverlässigkeit zu beweisen. Er wollte sich damit Ruhe für seine Handlungen im Innern erkaufen. Den Sowjets wiederum hätte es gar nicht in ihr weltpolitisches Konzept gepaßt, auf die Position von 1968 zurückgeworfen zu werden. Die führenden Persönlichkeiten im Ostblock fanden sich einträchtig auf der Ebene der Restaurationspolitik, die sich nur durch kommunistische Vorzeichen von früheren Epochen dieser Art unterschied. Beiseite gedrängt waren in Polen wie in anderen Ländern die Reformer mit kühnen Ideen und die Liberalen, denen es um Schaffensfreiheit ging. In diesen Kreisen, denen der Dezember 1970 Auftrieb gegeben hatte, breitete sich wieder Resignation aus. Die italienische Zeitung »Il Manifesto«[36], die schon mehrfach kritische polnische Publizisten hatte zu Worte kommen lassen, brachte einen Aufsatz von dem trotzkistisch gesinnten K. S. Karol, der allerdings nicht mehr in Polen lebte. Seine Hoffnung war eine nicht organisierte »neue Linke« in Polen, deren Wirksamkeit dennoch schon zu spüren sei und die für Entbürokratisierung und radikale Veränderungen eintrete. Er träumte von einer echten »sozialistischen Revolution« in seiner Heimat. Nüchterner hatte Kołakowski den Wert des permanenten Widerstandes erkannt, bei dem erst auf lange Sicht mit Ergebnissen zu rechnen war. Die Zeit, da Polen in Osteuropa wieder einen avantgardistischen Rang erlangen konnte, war noch nicht gekommen.

Deutschlandpolitik in neuer Phase

Nur wenige Tage vor dem Führungswechsel ist in Warschau der Vertrag mit der Bundesrepublik unterzeichnet worden, der das Gierek-Regime der Notwendigkeit enthob, wegen einer Neuordnung des Verhältnisses zu dem bisher am schärfsten bekämpften Gegner langwierige Verhandlungen zu führen. Der Vertrag war erst ein Anfang, sollte es jedenfalls sein. Schwierigkeiten, auf dieser Basis weiterzubauen, gab es genügend. Ryszard Wojna, Deutschlandkommentator in Warschau, schrieb: »Zu viele Abgründe hat die Geschichte hier aufgetan, zu viel blieb im Gedächtnis der älteren Generation und im Bewußtsein der jüngeren haften, als daß sich die Beziehungen schon sofort so formen könnten wie zwischen zwei anderen Ländern[1].«

Wie war es zu dieser geschichtlichen Wende gekommen? Für die deutsche Seite bedeutete jeder Ausgleich mit Polen ein Sichabfinden mit dem durch das Kriegsende geschaffenen Zustande. Von dieser Erkenntnis mußte schon bei dem Entschluß zur Aufnahme von Verhandlungen ausgegangen werden. Das deutsch-französische Beispiel ist nur sehr bedingt für einen Vergleich verwendbar, denn hier war es nicht um territoriale Verluste gegangen, vielmehr hatte Frankreich an der Saar das Selbstbestimmungsrecht geachtet. In der ersten Periode nach dem Kriege waren die gefühlsmäßigen Widerstände der deutschen Bevölkerung gegen einen Schlußstrich unter eine in das Mittelalter zurückreichende deutsche Ostgeschichte viel zu groß, um sich an den Gedanken zu gewöhnen, daß eines Tages auch unter Anerkennung der Änderung der Landkarte Europas ein neues Verhältnis der beiden durch nationale Konflikte, verschiedene gesellschaftliche Systeme und Allianzen voneinander geschiedenen Länder um Rhein und Weichsel begründet werden mußte. Die Tatsache, daß der östlich der Elbe entstehende zweite deutsche Staat 1950 in Görlitz mit dem polnischen Nachbarn ein

Grenzabkommen schloß, wirkte in der Bundesrepublik nur verhärtend. Im Bundestag wies Alterspräsident Paul Löbe im Namen aller Fraktionen (mit Ausnahme der kommunistischen) feierlich die »Politik des Verzichtes« zurück und betonte, daß das Oder-Neiße-Gebiet »ein Teil Deutschlands« bleibe[2]. Obgleich dieser Standpunkt formal nicht geändert wurde, kamen 1958/59 zwei informelle Gespräche mit Vertretern Polens zustande, das erste 1958 durch den Gesandten von Kessel an der Botschaft in Washington und das zweite 1959 am Rande der Genfer Außenministerkonferenz durch Georg Ferdinand Duckwitz. Diese Verhandlung fand allerdings nicht unmittelbar mit polnischen Partnern statt, sondern durch Mittelsmänner. Das Ziel war der Abschluß eines Nichtangriffsvertrages und die Aufnahme diplomatischer Beziehungen[3]. Die Regelung der Grenzfrage war nicht eingeschlossen. Die Sondierungen wurden nicht fortgesetzt wegen eines Einspruchs des Bundeskanzleramts, das sich von Rücksichten auf die Hallstein-Doktrin leiten ließ. Ein weiteres Jahrzehnt verstrich, ehe das Thema wieder spruchreif wurde. Die Initiative ging von Warschau aus.

Vor der Sammelorganisation »Nationale Front« machte Gomułka am 17. Mai 1969, also zur Zeit der Großen Koalition in Bonn, ein in der Welt aufsehenerregendes Angebot. Er schlug den Abschluß eines Grenzvertrages mit der Bundesrepublik vor. Zur Begründung sagte er: »Es gibt kein Hindernis rechtlicher Natur, daß die BRD nicht die vorhandene Westgrenze Polens als endgültig anerkennen könnte. Jederzeit sind wir bereit, ein zwischenstaatliches Abkommen mit der BRD abzuschließen, wie wir vor 19 Jahren in dieser Sache ein Abkommen mit der DDR schlossen.« Sollte die Bundesrepublik darauf bestehen, daß ein solcher Vertrag vor Abschluß eines Friedensvertrages nicht mit dem Potsdamer Abkommen übereinstimme, so schlage er ihr vor, sich an die vier Großmächte mit der Frage zu wenden, ob sie das souveräne Recht zu einem Grenzvertrag mit Polen habe. Modell war für Gomułka das Görlitzer Abkommen mit der DDR. Polen würde zu keiner Vereinbarung bereit sein, die inhaltlich davon abwiche. Auch auf ein Grenzprovisorium würde es sich niemals einlassen. Darüber hinaus verlangte er von Bonn die Aufgabe des Alleinvertretungsanspruches, Anerkennung des zweiten deutschen Staates und Unterzeichnung des Vertrages über die Nichtverbreitung von Atomwaffen.

Mochten die Forderungen, die der deutschen Seite gestellt wurden, auch schwer sein, schon die sachliche Form, in der Gomułka sie vorbrachte, unterschied sich von seinen früheren Erklärungen, in denen er sich in Ausfällen gegen die »Wahnsinnigen«, die einen neuen Weltkrieg anzetteln wollten, überschlagen hatte. Die polnische Öffentlichkeit war ständige Angriffe und Verdächtigungen gegenüber der Bundesrepublik so gewohnt, daß auch ihr Gomułkas Vorschlag überraschend erschien. Zur Erklärung muß man sich daran erinnern, daß er seine Rede zwei Monate nach der Tagung des Politischen Konsultationsausschusses des Warschauer Paktes in Budapest hielt. Von ihr war ein Appell an alle europäischen Staaten gerichtet worden, gemeinsame Anstrengungen zur Gewährleistung der europäischen Sicherheit zu unternehmen. Für diesen Zweck wurde eine gesamteuropäische Konferenz angeregt, die auch Mittel und Wege »zur Beseitigung der Spaltung Europas in Militärgruppierungen finden sollte«. Auf Polemik verzichtete die Erklärung weitgehend, was im Westen auffiel. Auf Budapest hat sich Gomułka in seiner Mai-Rede bezogen und versichert, daß die Idee der Sicherheitskonferenz mit einem schon vor fünf Jahren gemachten Vorschlag Polens übereinstimme.

Unbestreitbar dürfte auf der bloß zwei Stunden dauernden Sitzung in der ungarischen Hauptstadt die Meinung der Sowjetunion ausschlaggebend gewesen sein, die ganz bestimmte Gründe hatte. Knapp zwei Wochen vorher waren am Ussuri Schüsse gefallen, die den Kreml nachdenklich gemacht hatten. Die Vermutung liegt nahe, daß der Grundgedanke für die in Budapest festgelegte Linie der Ostblockpolitik die Beseitigung von Spannungen und ungelösten Fragen im europäischen Frontabschnitt gewesen ist. In diesen Rahmen ordnet sich das Gomułkasche Angebot ein. Bisher hatte Polen jedes Gespräch mit der Bundesregierung ohne Vorleistungen abgelehnt. Hatte sich aber in Budapest eine Schwenkung der sowjetischen Europapolitik angekündigt, dann tat Warschau gut daran, sich rechtzeitig auf die neue Lage einzustellen und nicht von einer Verständigung zwischen Moskau und Bonn überrunden zu lassen, die sofort einen Rapallo-Komplex in Polen wachgerufen hätte. Am 16. Oktober 1969 – kurz vor der Brandtschen Regierungserklärung – äußerte sich Außenminister Jędrychowski im deutschen ARD-Fernsehen dahin, daß eine wirklich neue Ostpolitik der Bundesrepublik nur in der Bereitschaft bestehen könne, sich mit der jetzigen politischen Landkarte Europas abzufinden. Polen wünsche eine Grenzanerkennung, um jegliche Gefahr eines Weltkonfliktes in Europa zu beseitigen. Eine europäische Sicherheitskonzeption sei keineswegs gegen die Deutschen, sondern gegen den Krieg gerichtet. Wirtschaftliche Zusammenarbeit der beiden Länder würde einen nützlichen Beitrag sowohl zur Normalisierung der gegenseitigen wie auch der internationalen Beziehungen in Europa darstellen. Auf die Frage des Interviewers, ob Polen bereit sei, über alle zwischen Bonn und Warschau bestehenden Fragen zu verhandeln, antwortete Jędrychowski: »Jawohl[4].« Brandt sprach in seiner Regierungserklärung vor dem Bundestag davon, daß das deutsche Volk »Frieden im vollen Sinne dieses Wortes auch mit den Völkern der Sowjetunion und allen Völkern des europäischen Ostens« brauche. Er wies darauf hin, daß die Politik des Gewaltverzichts die territoriale Integrität des betreffenden Partners berücksichtige. Unter den von der Bundesregierung kurzfristig zu treffenden Entscheidungen nannte er einen Vorschlag an Polen zur Aufnahme von Gesprächen, »mit dem sie die Ausführungen Władysław Gomułkas vom 17. Mai 1969 beantwortete[5]«.

Sechs Gesprächsrunden, die im Februar 1970 begannen und sich fast das ganze Jahr hinzogen, waren nötig, ehe die eigentliche Verhandlung – die Polen hatten Wert darauf gelegt, vorher nur von einem »Dialog« zu sprechen – in Warschau beginnen konnte. Aber der Vertragstext war entworfen und brauchte nur unterzeichnet zu werden. Der Staatsakt im Radziwiłł-Palais am 7. Dezember 1970 sollte der letzte sein, an dem Gomułka in seiner Eigenschaft als polnischer Parteiführer teilnahm. Sein Nachfolger konnte da fortfahren, wo er aufgehört hatte. Gierek dachte – zunächst – an keine Kursänderung. Gleich bei seinem Amtsantritt sprach er sich dafür aus, gemeinsam mit anderen sozialistischen Ländern die Beziehungen zur Bundesrepublik zu normalisieren. Die publizistische Behandlung der Deutschlandpolitik erfuhr keinerlei Veränderung; es schrieben darüber die gleichen Journalisten wie zur Gomułkazeit.

Gierek wahrte genau das abgestufte Verhältnis zu den beiden deutschen Staaten, das die Blockpolitik verlangte. Nachdem er Anfang Januar 1971 zum ersten Mal in Moskau gewesen war, stattete er wenige Tage darauf Ostberlin einen Blitzbesuch ab[6]. Dort hatte gerade erst Jędrychowski Verhandlungen geführt. Es sollte aber kundgetan werden, daß für Polen der westliche Nachbar – wenn auch mit gebührendem Abstand – gleich hinter dem östlichen rangierte. Jędrychowski hatte bei seiner Besichtigung der Berliner Mauer in das Gästebuch des Ostberliner Stadtkommandanten eingetragen, die Mauer stelle »ein wirksames Hindernis für die imperialistische Diversion und Provokation« dar und schütze »nicht nur die Deutsche Demokratische Republik, sondern auch alle anderen Staaten der sozialistischen Gemeinschaft[7]«. In der polnischen Presse war bezeichnenderweise dieses Zitat nicht zu finden. Der von ihr abgedruckte PAP-Bericht erwähnte nur den Besuch an der »Staatsgrenze« am Brandenburger Tor und anerkennende Worte Jędrychowskis für die Soldaten an dieser Grenze wegen ihres »patriotischen und verantwortlichen Dienstes in der Verteidigung des Friedens und des Sozialismus[8]«. Die Eintragung war ein Rückfall in die Sprache des Kalten Krieges und mit dem Geist des Warschauer Vertrages nicht zu vereinbaren, ein Rückfall, den der polnische Außenminister auf Ostberliner Boden für angebracht gehalten hatte. Von Gierek sind keine Äußerungen dieser Art bekannt. In dem Kommuniqué über seinen Besuch wurde – wie kurz zuvor in Moskau – festgestellt, daß die Verträge der Bundesregierung mit der Sowjetunion und Polen eine »große positive Bedeutung« hätten[9]. Deswegen wurde aber von polnischer Seite nicht versäumt, die Übereinstimmung mit der SED-Politik regelmäßig zu unterstreichen und den DDR-Standpunkt in den Verhandlungen mit der Bonner Regierung und dem Berliner Senat durch entsprechende Kommentare in der Presse zu unterstützen.

In Giereks »Prawda«-Artikel zum XXIV. sowjetischen Parteitag hieß es: »Der weitere Fortschritt in der Liquidation des Kalten Krieges in Mitteleuropa hängt heute hauptsächlich von der Stellungnahme der BRD, vor allem von der Ratifizierung der geschlossenen Abkommen und Normalisierung der Beziehungen mit anderen sozialistischen Ländern, vornehmlich der DDR ab[10].« In seinem Bericht vor dem ZK in Warschau verschärfte er diese Formulierung dadurch, daß er betonte, der Normalisierungsfortschritt hänge »ausschließlich« von der Bundesrepublik ab[11]. Während Presse und Rundfunk in Polen wegen der Ratifizierung drängten und sich gegen eine Verknüpfung mit den Berlin-Verhandlungen wandten, sprach sich Gierek anläßlich des bulgarischen Parteitages in Sofia für eine gleichzeitige Ratifizierung der Ostverträge der Bundesrepublik aus[12]. Als im Laufe des Jahres 1971 die Erörterungen in der Bundesrepublik über die Verträge sich hinzogen und Mißverständnisse mit Polen über die Durchführung des Warschauer Vertrages auftraten, erklärte Gierek auf dem VI. polnischen Parteitag eine rasche Ratifizierung für unerläßlich, ebenso wie die Regulierung der Beziehungen Bonns zu Ostberlin und anderen sozialistischen Ländern. Er sprach von revisionistischen, revanchistischen und militaristischen Kräften, die weiterhin in der Bundesrepublik zur Untergrabung des territorialen polnischen Status tätig seien. Eine Verschärfung des Tones und Ungeduld waren in seinen Worten zu spüren. Mit der Verantwortung für die weitere Entwicklung hatte er die Bundesrepublik belastet.

Die Gespräche mit polnischen Unterhändlern in Bonn und deutschen in Warschau drehten sich hauptsächlich um Fragen der Wirtschaft, der Familienzusammenführung und der Behandlung von Geschichte und Geographie des anderen Landes. Der polnische Vizeaußenminister Willmann gab nach Rückkehr von einer Verhandlung in Bonn im Oktober 1971 in Warschau eine Erklärung ab, in der er die Wirtschaftsbeziehungen nach wie vor als ungenügend bezeichnete und auf die Wichtigkeit der industriellen Kooperation verwies, die langfristig geplant werden müsse. Für die künftige Gestaltung der Beziehungen erwartete er deutscherseits eine wahrheitsgemäße Unterrichtung in polnischen Fragen. »Sehr stark unterstrichen haben wir deshalb die Frage einer gewissen Revision von Schulbüchern, die auf dem Gebiet der deutschen Bundesrepublik verwendet werden, vor allem Geschichts- und Erdkundebüchern, die sich auf unser Land beziehen[13].«

Die Einstellung Polens zur Wirtschaft der Bundesrepublik hatte sich im Laufe der Nachkriegszeit erheblich geändert. Aus der Niederlage des Reiches zog die polnische Regierung zwei

Folgerungen: Einmal mußte ein beschleunigter Wirtschaftsaufbau Polens erfolgen, und zum anderen mußten die von Hitler angegriffenen Länder beim Wiederaufbau absolute Priorität vor dem Aggressor besitzen. In gewissem Umfang hätte die prinzipielle Anerkennung dieser These durch die polnische Teilnahme am Marshall-Plan durchgesetzt werden können, die vermutlich unter sowjetischem Druck unterblieb. Mit scheelen Augen, mit Beunruhigung, ja mit Empörung sah das polnische Regime dem wirtschaftlichen Aufblühen auf dem Boden der Bundesrepublik zu. Es empfand ihn fast als ein Unrecht am eigenen Lande, wo die Menschen schwer um ihre Existenz zu kämpfen hatten, während es den Besiegten schon wieder gutging. Gomułka pflegte den deutschen Wiederaufbau mit dem Wiedererwachen des deutschen Imperialismus und einer gegen die Lebensinteressen Polens gerichteten Politik gleichzusetzen. Das ist jahrelang polnische Grundeinstellung geblieben. Noch auf dem V. polnischen Parteitag im November 1968, als Brandt schon Außenminister war, behauptete Cyrankiewicz, nach der politischen Lehre Bonns sei die Bundesrepublik ein wirtschaftlicher Riese, aber ein politischer Zwerg. Heute Zwerg und morgen? fragte er. »Und morgen die ganze Welt!« in dieser Formulierung stecke Dynamit, sie bedeute nämlich, das wirtschaftliche Potential solle als Antrieb für die territoriale politische Expansion dienen. Das sei genau die gleiche wie die vom deutschen Imperialismus in der Wilhelminischen Ära vertretene Auffassung[14]. Ein Rest von diesem Komplex steckt noch in der polnischen Vorstellung, daß die Ostverträge andere für die »westdeutsche Expansion« entscheidende Faktoren nicht eliminiert hätten und von Bonn als »Faktor zur Aktivierung der Politik Westdeutschlands gegenüber der EWG benutzt« würden[15]. Jetzt suchte Polen aus der wirtschaftlichen Stärke der Bundesrepublik insofern Nutzen zu ziehen, als es eine weitgehende Liberalisierung seiner Einfuhr erreichen wollte, wobei ihm sehr daran lag, daß ihm mehr industrielle als agrarische Produkte abgenommen und durch Kooperation eine Erweiterung seiner eigenen industriellen Basis und damit neue Arbeitsplätze geschaffen wurden. Zwar ist Polen in der Ausfuhr von Maschinen, Ausrüstungen und Schiffen auf dem deutschen Markt gut vorangekommen, aber es möchte ebenso wie in der Koproduktion weit mehr erreichen. Es gibt schon betriebliche Zusammenarbeit bei der Textilbranche, im Bau von Maschinen, Motoren, Betonmischern und elektronischen Apparaturen, bei Haushaltsgeräten und einigen anderen Fertigungen. Es ist noch nicht lange her, daß der Gedanke einer Koproduktion mit der Bundesrepublik in Polen umstritten war, gegenwärtig kann es für Warschau nicht genug Koproduktion geben. Nach polnischer Meinung werden die vorhandenen Möglichkeiten – nicht nur auf dem Gebiet der Koproduktion – nicht genügend ausgenutzt. Klagen bringt ein planwirtschaftliches System gewöhnlich mit dem Unterton des moralischen Vorwurfs gegenüber dem Partner vor, der nicht die erwarteten Mengen abnimmt. Die polnische Unzufriedenheit mag einmal als ein taktisches Mittel für weitere Verhandlungen zu verstehen sein, zum anderen beruht sie aber auch auf einer Überschätzung der Marktchancen bei einigen Warschauer Stellen, die leicht dazu neigen, ihre Mißerfolge einem schlechten deutschen Willen zuzuschreiben. Die volle Verwirklichung der polnischen Pläne würde eine stärkere Verflechtung der eigenen Wirtschaft nicht nur mit der Bundesrepublik, sondern auch mit der EWG mit sich bringen. Es fragt sich, inwieweit sich dies mit dem Integrationsprozeß im Comecon und dem Übergewicht des polnisch-sowjetischen Handels verträgt. Wahrscheinlich glaubt man in Warschau, alle diese Probleme durch die europäische Sicherheitskonferenz lösen oder einer Lösung näherbringen zu können.

Im Vergleich zur Wirtschaft erscheint das Problem der Schulbücher gering, aber es hat einen weiten Hintergrund. Darüber hat im Rahmen der UNESCO ein Gedankenaustausch begonnen, der sich vermutlich lange hinziehen wird. Das Ziel der Gespräche ist, gemeinsame Empfehlungen für die Regierungen der beiden Länder zur inhaltlichen Gestaltung der Schulbücher zu formulieren. In Verhandlungen mit anderen Ländern hat das Internationale Schulbuchinstitut in Braunschweig schon gute Erfolge gehabt. Bei Polen handelt es sich um besonders schwierige Verhandlungen, die sich jedoch nicht schlecht angelassen haben. Der polnische Wunsch, die Angaben in deutschen Lehrbüchern über Geschichte und Kultur Polens möchten verbessert werden, ist berechtigt; was dort steht, ist im allgemeinen dürftig und einseitig, wenn man sich nicht schärferen polnischen

Auffassungen anschließen will. Es ist auch nicht mit einzelnen Korrekturen getan, denn das Rankesche Geschichtsbild der romanisch-germanischen Völkerfamilie schließt den slawischen Osten aus dem Abendland aus. Es hat auf die Europavorstellungen, nicht nur in Deutschland, bis zum heutigen Tage einen überragenden Einfluß ausgeübt. Erst allmählich setzt sich in der westlichen Wissenschaft eine neue Sicht durch, die der byzantinischen und slawischen Komponente im europäischen Geschichts- und Kulturraum gerecht wird. Ohne Anerkennung des polnisch-litauischen Beitrages zur Erhaltung und Bereicherung der geistigen und politischen Grundlagen des Kontinents kann die deutsche Seite nicht zu einem Verständnis des östlichen Nachbarn vordringen. Es bedarf eines Umdenkens, das die geschichtlichen Zusammenhänge in einem anderen Lichte erscheinen läßt.

In dem gemeinsamen Bemühen um Überwindung nationaler Blickbeschränkung könnten deutsch-polnische Historikergespräche außerordentlich fruchtbar werden[16]. Ein klassisches Beispiel dafür, daß beide Seiten Probleme auf gleicher nationalistischer Ebene nur mit verschiedenen Vorzeichen behandelt haben, ist die Bewertung des Aktes von Gnesen im Jahre 1000, die Begegnung Kaiser Ottos III. mit dem Polenherzog Bolesław Chrobry. Das deutsche historische Urteil ist dadurch bestimmt, daß als eine Folge dieses Ereignisses Polen kirchlich mit der Metropole Gnesen im Ostraum Magdeburg ausstechen und die deutsche Ostpolitik in ihrer Gesamtheit empfindlich schädigen konnte. Die Worte Fehler, Irrweg und Verhängnis fallen hier. Die polnische Geschichtsschreibung hat dagegen aus ihrer nationalen Grundeinstellung den Gnesener Akt begrüßt und Bolesławs baldige Lösung von der Bindung an das Imperium Romanum, die der Kaiser ihm auferlegt hatte, für selbstverständlich gehalten. Der deutsche Osthistoriker Ludat hat die Vorgänge unter dem Gesichtspunkt untersucht, daß die ottonische Politik allein als eine universale und nicht als eine national-deutsche verstanden werden darf[17]. Er hat nachgewiesen, daß es keine Verschlagenheit war, die Bolesław zu einem Eingehen auf die hochfliegenden Pläne des jungen Kaisers bewog, sondern daß er seine Rolle als Träger und Glied des ottonischen Universalreiches durchaus ernst genommen hat. Das Verhängnis war die Kehrtwendung der Ostpolitik unter Heinrich II. durch das Bündnis mit den heidnischen Elbslawen, den bisherigen Erzfeinden des Reiches. Dadurch trat der Bruch mit Polen ein, dessen Schwere kaum unterschätzt werden kann. Das Christianisierungswerk wurde unterbrochen, die heidnischen Landschaften zwischen Elbe und Osten konnten vor dem 12. Jahrhundert nicht pazifiziert und inkorporiert werden, das piastische Polen entglitt allen Bindungen an das Imperium, und die kulturelle und zivilisatorische Kluft zwischen dem westlichen und östlichen Mitteleuropa ist nie mehr voll überbrückt worden. Vielleicht hätte ohne diese Zäsur die umstrittene These von der deutsch-polnischen Erbfeindschaft überhaupt niemals auftauchen können.

Heute erscheint es möglich, über den universalen Charakter der ottonischen Politik, von der Bolesław sich angezogen fühlte, eine Annäherung der Standpunkte deutscher und polnischer Historiker zu erreichen. Über das Warschauer UNESCO-Gespräch vom 22. bis 26. Februar 1972 erschien in der »Trybuna Ludu« eine einspaltige Meldung »Verlegertreffen Polen und Bundesrepublik«, aber es war ein Gespräch der Historiker, das einen ganzen Schritt weitergeführt hat. Janusz Tazbir hat in einem Interview mit der Zeitung »Sztandar Młodych«[18] eine durch Objektivität und sachliche Mäßigung ausgezeichnete Schilderung vom Gang der Verhandlungen gegeben. Danach ist bei der Geschichte der Slawen und Germanen des Altertums und frühen Mittelalters, der Gründung europäischer Staaten im Mittelalter und der Frage der deutschen Siedler in Europa Übereinstimmung erzielt worden. Auch über die Beurteilung der Polenpolitik Bismarcks und die Ursachen der Teilung Polens einigte man sich. Die deutsche Delegation habe zugestimmt, »daß Polens Aufteilung als ein Ergebnis äußerer Gewaltanwendung und nicht als eine unvermeidliche Konsequenz der inneren Schwäche des polnischen Staates angesehen werden sollte«. Besonders psychologisch wichtig für die polnische Seite ist, daß auch über die Beurteilung der Nazipolitik in Polen während der Okkupation »volle Übereinstimmung« bestand. Die deutsche Delegation habe darum gebeten, die deutsche Widerstandsbewegung in den polnischen Lehrbüchern stärker in Erscheinung treten zu lassen. In anderen Fällen gingen die Auffassungen auseinander, z. B. über die Rolle des deutschen Ritterordens.

»Westdeutsche Lehrbücher betonen hauptsächlich die Zivilisierungsmission des Deutschritterordens, während wir erklären, daß der Orden eine militärische Organisation gewesen sei, ein Instrument der Expansion nach Osten.« Der polnischen Meinung, daß die Schule eine Schlüsselrolle bei der Vermittlung des Weltbildes der jungen Generation spiele, ist von deutscher Seite nicht widersprochen worden, es wurde aber auf den steigenden Einfluß des Fernsehens gerade auf die Jugend hingewiesen.

Fortgesetzt wurde der Gedankenaustausch durch eine am 15. April in Braunschweig abgeschlossene Konferenz, die ein Kommuniqué als erfolgreich bezeichnete. Eine PAP-Meldung hob die Wichtigkeit der unverzüglichen Anpassung der Schulbücher an die Vereinbarung der Historiker hervor. Auch sei eine weitgehende Übereinstimmung unter den Geographen erreicht worden. »Es wurde festgestellt, daß die Landkarten die Namensgebung respektieren sollen, die offiziell in dem betreffenden Lande verpflichtend ist.« Im englischen Dienst hat die polnische Agentur übersetzt, daß die Landkarten künftig »die im anderen Lande verwendeten offiziellen Namen tragen werden«. Es ist aber nicht gesagt, daß damit ausgeschlossen sein soll, daß beide Bezeichnungen nebeneinander gebraucht werden. Hier werden nationale Empfindlichkeiten berührt.

Als eine »Vorleistung« hat die Bundesregierung die Verpflichtung, die Grenzen von 1937 in den Atlanten festzuhalten, aufgehoben. Die polnische Reaktion darauf war, daß Bonn auf halbem Wege stehengeblieben sei, weil es keine neuen Namen an die Stelle der alten gesetzt habe. Radio Warschau kommentierte: »Eine weitere offizielle Duldung des propagandistischen Unfugs mit der [alten deutschen] Namensbezeichnung, die sich auf polnische Gebiete bezieht, müßte den Eindruck einer Zweideutigkeit der Ostpolitik erwecken[19].« Das ist eine eigenartige Behauptung. Jedes Volk spricht fremde geographische Namen in der ihm geläufigen Form aus. Die Polen bilden keine Ausnahme, sie sagen für Leipzig »Lipsk« und für München »Monachium«. Die offizielle außerordentlich enge Freundschaft zur Sowjetunion hindert sie nicht, weiterhin von Wilno statt von »Wilnois« und von Nowogródek statt von »Nowahagrudek« zu sprechen, wie die Städte heute amtlich heißen. Die Namen sind den Polen teuer, weil sie im Nationalepos »Pan Tadeusz« vorkommen, das mit den Worten beginnt: »Litauen, du mein Heimatland!« Es gibt keine Veranlassung, im Deutschen nicht mehr von Breslau, Stettin usf. zu sprechen, zumal die polnischen Bezeichnungen von einem Deutschen normalerweise gar nicht richtig ausgesprochen werden können. Im Besitze eines gesicherten territorialen Status hat Polen es gar nicht nötig, auf Eingriffe in die deutsche Sprechweise zu bestehen; die Begründung dafür wäre rein nationalistisch.

Es wird in den kommenden Gesprächen noch erhebliche Kontroversen geben, wenn über das Geschichtsbild gesprochen werden muß, das in den Milleniumsfeiern des polnischen Staates von höchster Stelle entworfen wurde. Der damalige Staatsratsvorsitzende Zawadzki hat das Programm für die mehrjährigen Feiern in einer Rede am 20. Februar 1960 bekanntgegeben. Er versuchte, nicht nur die Brücke zwischen der Vergangenheit und der sozialistischen Gegenwart zu schlagen, sondern übertrug auch die nationalstaatliche Konzeption auf die Entstehung des Staates. »Schon in seiner Frühzeit«, sagte er, »formte sich der polnische Staat innerhalb der ethnographischen Grenzen, und darin lag eine der Quellen seiner Kraft.« Die Klasseninteressen des Adels hätten Polen auf den verhängnisvollen Weg der Expansion nach Osten und der Unterdrückung der russischen Völker bei Verzicht auf Wiederherstellung der alten Westgrenzen getrieben. Erst die richtige Politik des polnischen Kommunismus habe im Bunde mit den Sowjets die Rückkehr in die uralten polnischen Gebiete an der Oder und Neiße ermöglicht. Aus dieser Sicht ist eine positive Einschätzung der großartigen jagiellonischen Reichsschöpfung, die das Polentum in eine fruchtbare Symbiose mit anderen Völkern brachte und nicht nur äußerlich, sondern auch innerlich über seine eigenen Grenzen hinaushob, unmöglich. Ebenso schaltet sie die Überlegung aus, ob nicht Polen etwa ohne das Ausgreifen nach Osten in einem noch stärkeren Maße deutschen Einflüssen erlegen und dem Westreich in einem Böhmen vergleichbaren Maße angegliedert worden wäre. Räumlich ist zwar die Rückkehr in die »piastischen Stammsitze«, häufiger »wiedergewonnene Gebiete« genannt, vollzogen worden. Geistig aber hat sich das Polentum von dem Nährboden seiner Geschichte und Kultur so weit wie nie zuvor entfernt.

Das Pochen auf die Ethnographie führt zu eifrigen Bemühungen polnischer Historiker, durch Ausgrabungen, nationale Interpretation von Bauwerken, Sammeln alter Verleihungsakte polnischer Könige, auch wenn sie sich nur auf Apotheken beziehen, und andere Einzelheiten einen »unveränderlichen slawischen Charakter« Schlesiens, Pommerns und Ostpreußens zu konstruieren. Auf die Kontinuität wird um so mehr Wert gelegt, als sie durch Menschen nur sehr begrenzt – in Westoberschlesien und Masuren – nachgewiesen werden kann. Eine – von wann eigentlich datierte? – Ethnograpie wird zur ewigen, gewissermaßen naturrechtlichen Grundlage der Staatspolitik erhoben, die schon vor einem Jahrtausend gegolten hat oder hätte gelten sollen. Verfolgt man den Gedankengang konsequent, so kann alles Land bis zur Elbe beansprucht werden. Es gab keine Begründung dafür, hinter Swinemünde und Stettin haltzumachen.

Das Gegenstück zu dieser Auffassung sind die alljährlich in den Oder-Neiße-Gebieten stattfindenden »Befreiungsfeiern«. Fragt man, was denn 1945 in Breslau oder Stettin, in Danzig oder Stolp »befreit« worden ist, kann die Antwort nur lauten: Die Stadt von ihren Bewohnern. Das aber ist der Tatbestand der Eroberung in Reinkultur. Hätte die polnische Seite den Mut, sich dazu zu bekennen, würde sie einen Beitrag zur Herstellung eines ehrlichen historischen Verständnisses zwischen beiden Völkern leisten. Dazu scheint sie aber unter keinen Umständen bereit zu sein, beharrt vielmehr auf einer unhaltbaren und innerlich unwahren Geschichtsdeutung. Sie ist deswegen auch zu einer Herabsetzung der Bedeutung und Motive der mittelalterlichen Kolonisation genötigt. Alles, was in diesem Rahmen geschah, gehört im Geiste der dogmatisierten Ethnographie in irgendeiner Weise in die Kategorie des Unrechts. Auf dem Kongreß der Wiedergewonnenen Gebiete in Breslau im September 1952 erklärte Cyrankiewicz: »Durch die Vertreibung der Kolonisatoren wurde die historische Gerechtigkeit wiederhergestellt.« Es entschlüpfte ihm an dieser Stelle das Wort »Vertreibung«, das offiziell in Polen strikt abgelehnt wird. Der »ewige deutsche Drang nach Osten« hat nach dieser Lesart zur Germanisierung der Oder-Neiße-Gebiete geführt. Um gegen ein erneutes Aufleben dieses »Dranges«, der in gerader Linie von

Barbarossa bis zu Hitler reicht, wie Cyrankiewicz 1968 allen Ernstes auf dem V. Parteitag verkündete, einen Damm zu errichten, ist das Deutschtum »auf seine Ausgangspunkte zurückgeworfen« worden. Er wiederholte im Grunde genommen nur, was in Polen jahraus jahrein zu lesen und hören gewesen ist, unzumutbar für die deutsche Seite, die nationale Selbstverleugnung begehen, das Verhältnis zur Geschichte verlieren und die geschichtliche Wahrheit entstellen müßte.

Gegenüber einer emotional geladenen und amtlich autorisierten Auffassung hat der Schriftsteller Antoni Gołubiew 1960 gewagt, in einer Artikelserie im Krakauer »Tygodnik Powszechny« den deutschen Drang nach Osten als »Mythos« zu bezeichnen. Er wies nach, daß es einen solchen in der Geschichte wirkenden, permanenten und zwangsläufigen Drang nicht gegeben habe. Die deutsche Ostkolonisation im Mittelalter sei ein vielschichtiger Prozeß, der verschiedene Lebensbereiche betroffen habe und oft von polnischer Seite veranlaßt worden sei. Die tausendjährigen deutsch-polnischen Beziehungen bildeten in ihrer Gesamtheit einen höchst komplexen, nicht durch geopolitische und unverrückbare Tendenzen bestimmten Vorgang. Das Schlagwort von dem »Drang nach Osten« sei erst eine Erfindung der Bismarck-Zeit, um dem deutschen Nationalismus eine Sendung gegenüber den Slawen zu verschaffen. Gołubiew machte auch darauf aufmerksam, wie falsch und gefährlich es sei, durch den Drang-Mythos Deutschland zu einer Bastion gegenüber dem Osten zu machen. Eine solche Bastion bedeute für Polen zugleich einen Riegel zum Westen, eine Trennung vom Abendland, mit dem es in seiner gesamten Geschichte verbunden gewesen ist. Bei seinen Landsleuten ist der Autor, den Radio Warschau[20] viele Jahre später, geraume Zeit nach Unterzeichnung des Warschauer Vertrages mit der Bundesrepublik, als »hervorragenden Prosaiker und Romanschriftsteller« sowie als Kenner der piastischen Geschichtsepoche anerkannte, auf heftige Ablehnung gestoßen, aber es waren mehr entrüstungsgeladene als sachlich fundierte Ausführungen, die ihm entgegengehalten wurden. Das Regime betonte unaufhörlich die Zugehörigkeit zum Osten. Es zog allerdings vor, weniger Polen selbst als der DDR die Rolle der »Barriere« gegenüber dem Westen zuzuschanzen.

Die polnische Argumentation wechselt mitunter von der Geschichte zur Strategie hinüber. Machejek hat in seiner Zeitschrift »Życie Literackie«[21] noch 1971 betont, es gehe nicht nur um das historische Recht, sondern auch um die Verteidigungsstärke zur Besiegelung der Unverletzlichkeit des polnischen Besitzstandes. Damit verbindet sich unvermeidlich die prinzipielle Ablehnung des Gedankens einer Wiederherstellung der deutschen Einheit. Ursprünglich hatte auch Gomułka den Deutschen das Recht auf Selbstbestimmung, wenn auch in ferner Zukunft, zugestanden, aber seit mehreren Jahren ist davon nicht mehr die Rede. Hingegen ist nach Abschluß der Berlin-Verhandlungen von Janusz Roszkowski, damals Warschauer Kommentator für deutsche Fragen, heute Leiter der PAP-Agentur, mit Genugtuung als »Tatsache von großer Bedeutung« hervorgehoben worden: »Deutschland als solches existiert nicht. Dieser Begriff ist schon nur und ausschließlich historisch[22].« Bei dieser Einstellung erscheint es ziemlich aussichtslos in dem Bemühen um einen Ausgleich, Verständnis für Empfindungen des deutschen Partners zu begegnen. Aber das wäre nach dem, was geschehen ist, auch zuviel verlangt.

Ohne Bezug auf Geschichte und Strategie wird die Gewinnung der deutschen Gebiete mit den Leiden begründet, die Polen im Kriege zugefügt worden sind. Cyrankiewicz hat auf dem ZBoWiD-Kongreß 1969 in Warschau nach Erwähnung der Verlustziffer von sechs Millionen Toten erklärt: »So bezahlten wir unser Recht auf das Vaterland, und das ist unserer Generation und der kommenden Generationen unantastbares Recht auf das Vaterland in seiner gegenwärtigen Gestalt und seinen gegenwärtigen Grenzen[23].« Das Militärblatt »Żolnierz Wolności« hat im April 1972 von der Bundesrepublik die Anerkennung der Auffassung verlangt, daß die Konsequenzen des Zweiten Weltkrieges eine »gerechte Bestrafung« für die begangenen Verbrechen seien. Der bundesdeutschen Seite stehen gegen eine solche Auffassung keine moralischen Argumente zur Verfügung. Deutschland hat den Krieg begonnen und als Besatzungsmacht Untaten begangen, die aufs schwerste jeden Versuch zur Aussöhnung der beiden Völker belasten; es muß die Folgen der Niederlagen tragen. Als Deutscher kann man lediglich erwidern, wenn es sich bei der Wegnahme der deutschen

Ostprovinzen um Vergeltung gehandelt habe, daß es dann schwer sei, eine revanchistische Grenze zu einer »Friedensgrenze« zu erheben, wie dies in der offiziellen polnischen Terminologie geschieht. Hingegen ist polnischerseits die Ummünzung der furchtbaren Sechs-Millionen-Ziffer in einen Territorialanspruch nicht unbedenklich, weil theoretisch dann auch das Judentum, das sich in Polen als nationale Minderheit empfunden hat und an den Blutopfern etwa zur Hälfte beteiligt ist, Forderungen geltend machen könnte.

Polens nationale Katastrophe im Kriege und die Spannung in der Nachkriegszeit sind in Warschau als eine Bestätigung der These vom deutschen Erbfeind aufgefaßt worden, der in der verketzerten Bundesrepublik weiterleben sollte. Aber auch gegenüber den Deutschen in der DDR, mit der schon 1950 das Görlitzer Abkommen geschlossen wurde, kamen keine warmen Gefühle auf. Zwanzig Jahre, bis zum 1. Januar 1972, ist die Oder-Neiße-Linie eine tote Grenze gewesen. Erst als Folge des Warschauer Vertrages zwischen Polen und der Bundesrepublik wurde sie endlich für den Reiseverkehr in beiden Richtungen freigegeben. Wegen der eingeleiteten Normalisierung der Beziehungen der Bundesrepublik zu Polen konnte das SED-Regime nicht gut länger gegenüber dem östlichen Nachbarn abgesperrt bleiben. Es mußten Unterschiede im Grenzverkehr in West und Ost in Erscheinung treten. Die offenbar polnische Reisende überraschenden günstigen Erfahrungen in der DDR kommentierte Radio Warschau mit der Bemerkung[24], man müsse eben bedenken, daß man es »zum ersten Mal mit anderen Deutschen« zu tun habe. Psychologisch wirkt gegenüber der Bundesrepublik die Kalte-Kriegs-Mentalität noch nach, die der polnischen Bevölkerung die Verschiedenartigkeit der Menschen in den beiden deutschen Staaten in dem Sinne von »gut« und »böse« zu erklären versucht hatte. Offiziell ist diese Unterscheidung zwar geleugnet, tatsächlich aber häufig gemacht worden. Es ist auch nicht leicht für die polnische Seite gegenüber der Bundesrepublik, die allein mit der deutschen Geschichte identifiziert wird, eine Revision ihrer einerseits durch schreckliche Erfahrungen mit dem Hitlerterror und andererseits durch das kommunistische Dogma begründeten historischen Vorstellungen zu vollziehen.

Die Ausflugsorte, namentlich in Schlesien, haben Mühe, mit dem deutschen Touristenstrom aus der DDR fertig zu werden. In entgegengesetzter Richtung erwies sich noch als hinderlich, daß die polnischen Reiselustigen bei dem Kauf von DM-Ost eine dreißigprozentige Abgabe an den polnischen Touristenfonds entrichten mußten. Die »Trybuna Ludu« hatte schon die Ermäßigung dieser Gebühr auf die Hälfte angekündigt, aber zwei Tage später dementierte das Blatt, die Herabsetzung werde erwogen, aber eine Entscheidung sei noch nicht gefallen[25]. Erst im April 1972 trat die Änderung ein. Zu dem Besucherstrom aus dem Osten bemerkte die »Stimme der DDR« (Ostberliner Rundfunk): »Natürlich geht es dabei auch um Einkaufsfahrten, aber, wie die Angaben aus Warschau besagen, trägt die überwiegende Mehrzahl aller Reisen typisch touristischen Charakter.« Hier wird die nichttouristische Seite bagatellisiert, jedoch ist es kein Geheimnis, daß die polnische »Einkaufsbewegung« von der deutschen Bevölkerung und den Wirtschaftstellen der DDR nicht mit ungetrübter Freude aufgenommen wird. Es ist sehr die Frage, ob auf diesem Wege die Beziehungen verbessert werden. Über den sehr in die Augen springenden Touristenverkehr hinaus gibt es zwar neue wirtschaftliche und kulturelle Abschlüsse zwischen beiden Staaten; dennoch ist keine Rede davon, der DDR wie der Tschechoslowakei einen Freihafen in Stettin zu gewähren.

Das Gebiet, das auch nach der deutschen Unterschrift im Dezember 1970 immer wieder zu Reibungen führt, ist die Familienzusammenführung. Die deutsche Seite hatte ein Thema auf die Tagesordnung gesetzt, an das der polnische Partner höchst widerstrebend heranging. Er berief sich darauf, daß es sich um eine innere polnische Angelegenheit handele, und hätte am liebsten jede Diskussion abgelehnt. Hier war aber eine Erbschaft des Krieges zu liquidieren, mit der sich viel menschliche Tragik verband. Das Zerreißen der Familien und die Zurückhaltung von Menschen, die nach der politischen Veränderung der Landkarte ausreisen wollten, konnte nicht bestehen bleiben, wenn zwischen beiden Ländern bereinigt werden sollte, was überhaupt zu bereinigen möglich war. Die Polen empfanden es als ein großes Zugeständnis, daß sie im Zusammenhang mit dem Warschauer Vertrag der Bundesregierung eine »Information«

erteilten, die zwar nicht Vertragsbestandteil war, aber am Tage der Paraphierung übergeben und in der Bundesrepublik – im Gegensatz zu Polen – veröffentlicht worden ist. Es wird darin von Personen mit »unbestreitbarer deutscher Volkszugehörigkeit« und Personen aus »gemischten Familien« gesprochen, die z. B. in Oberschlesien häufig anzutreffen sind. Die polnische Regierung versicherte, daß sie die Wünsche der Ausreisewilligen nach Prüfung in möglichst kurzer Zeit erfüllen werde. Seit Jahren lagerten viele Tausende von Anträgen, die unerledigt geblieben waren. In anderen Fällen war eine Zurückweisung erfolgt. Polen rechnete mit ungefähr 25 000 Personen, während die deutschen Schätzungen erheblich höher waren, nach den Unterlagen des Suchdienstes des Roten Kreuzes in die Hunderttausende gingen.

Vom ersten Tage an war die polnische Presseresonanz zur Familienzusammenführung unfreundlich, ja feindlich und voll bösartiger Unterstellungen. Die Leugnung, daß es überhaupt ein deutsches Problem in Polen gebe, die Behauptung, Polen habe in der Familienzusammenführung schon genug getan, höhnische Bemerkungen über »sogenannte Prediger des Humanismus«, die lediglich aus Menschenschicksalen politisches Kapital schlagen, bzw. die Normalisierung torpedieren wollten, erinnerten an die Zeit des Kalten Krieges.

Im Frühjahr 1971 war eine Nervosität auf polnischer Seite festzustellen, weil im Oppelner Schlesien Gerüchte umgingen, daß es zu einer Zwangsausweisung der sogenannten »Autochthonen«, d. h. der Einheimischen, kommen werde. Bauern waren bereit, ihren Besitz und ihre Habe vorher zu veräußern. Die polnische Propaganda hat für die Gerüchtebildung die deutsche Seite verantwortlich gemacht, aber sie hätte nicht um sich greifen können, wenn die »Information« in Polen im Wortlaut veröffentlicht worden wäre. Der Abgeordnete Osmańczyk richtete im Sejm am 19. März 1971 eine Anfrage an den Ministerpräsidenten, wie der feindlichen Propaganda im Zusammenhang mit der Ausreise in die Bundesrepublik zu begegnen sei. Über eine Antwort verlautete nichts. In der »Trybuna Opolska«[26] sprach Osmańczyk von dem Wiederaufleben der »demographischen Diversion« in der Bundesrepublik, von der alle Deutschen zur Rückkehr aufgerufen worden seien, als ob in

Polen eine Minderheit vorhanden wäre. Tatsächlich bewiesen die Anträge, daß hier ein Problem vorliegen mußte, das nicht einfach durch die Behauptung, es gebe »gewisse Ausnahmen«, aus der Welt geschafft werden konnte. Eine bedeutende Menschengruppe war nach Kriegsende für polnisch erklärt worden, infolgedessen kam ihr Minderheitenrecht nicht zu; sie hatte sich nur rasch zu assimilieren, stieß jedoch dabei auf Behörden, die ihr zu verstehen gaben, daß sie national noch nicht für voll genommen werden könnte. »Życie Warszawy«[27] hat das Thema vorsichtig in der Form angerührt, daß es ausführte, 1945 hätten viele Menschen auf ihrem Besitz bleiben wollen, um das väterliche Erbe zu behalten. Sie hätten geglaubt, daß die Grenze an der Oder und Neiße nicht endgültig sei. Zehn Jahre später, als sie sich davon überzeugten, daß sie einer Illusion erlegen seien, hätten sie massenweise von der Geste der polnischen Regierung Gebrauch gemacht, die ihnen nach 1956 die Ausreise ermöglicht habe. Diese Darstellung ist einseitig, denn auch nach 1956 wurden Ausreisegenehmigungen nur in einem sehr beschränkten Maße erteilt. Außerdem werden diejenigen übersehen, die ausreisen wollten, aber nicht durften, weil sie von der polnischen Regierung als Autochthone eingestuft worden waren. Über diese Kategorie von Menschen ist in Polen viel geschrieben worden, auch über bei ihrer Behandlung begangene Fehler. Cyrankiewicz hat im März 1971 in Oppeln sich mit der Lage in der Wojewodschaft in einer Weise beschäftigt, daß die Rede nur in knappen Auszügen veröffentlicht werden durfte. Sie hat also Spitzen gegen das Deutschtum und die Bundesrepublik enthalten, deren Bekanntgabe nicht opportun schien.

Zwei Äußerungen zeigen interessante Variationen in der polnischen Einstellung zu den Autochthonen. Der 1. KW-Sekretär des Oppelner Gebiets, Kardyś, erklärte vor einer Frauenversammlung: »Über eine halbe Million polnischer Bevölkerung sind Nachkommen derjenigen, die von Geschlecht zu Geschlecht auf diesem Boden lebten, als das Oppelner Land noch nicht zum Mutterlande gehörte[28].« Dagegen hat Anna Strońska in der Wochenschrift »Polityka« ausgeführt, als Polen 1945 Westoberschlesien erlangte, habe dort ungefähr eine halbe Million Menschen gelebt, »deren nationales Bewußtsein nicht geprägt war[29]«. Während Kardyś also von den bewußten Polen ausgeht, die der Germanisierung widerstanden, ist Anna Strońska wirklichkeitsnäher. Sie weiß von der nationalen Gespaltenheit in Oberschlesien, die sogar häufig familiäre Konflikte hervorrief. Es ist für die polnische Seite ärgerlich, daß die Familienzusammenführung die Diskussion über Autochthone neu aufgerollt hat.

In der Polemik trat in den Vordergrund die Anprangerung des »Volkswagendeutschen«, wie die »Trybuna Ludu«[30] in Abwandlung des in Polen an eine böse Vergangenheit erinnernden Begriffs »Volksdeutsche« sich ausdrückte. In einer Reportage der regimekatholischen Wochenzeitung »Kierunki«[31] hieß es: »Wieviel Autos ist das neue Vaterland wert? Wieviel Mark werden sie verdienen und für wieviel Mark werden sie neue Hemden, Strümpfe, Unterhosen, Farbfernseher usw. kaufen?« Für die Ausreisenden sei ihr frisches »Deutschtum« nur ein Vorwand. Es sei gewiß, daß sie nicht nach Deutschland führen, sondern »nach einem reichen Land Westeuropas«. »Życie Warszawy«[32] betonte, es gehe nicht um humanitäre Rücksichten, sondern um einen »gewöhnlichen politischen Humbug, um ein politisches Spiel mit dem Ziel, die Normalisierung der Beziehungen zwischen beiden Staaten zu stören«. Im gleichen Sinne stellte die »Trybuna Ludu« in ihrem vorhin erwähnten Artikel fest, »daß sich die ›humanitäre‹ Kampagne der BRD ins genaue Gegenteil verkehrt hat. Das Drängen zum Goldenen Kalb hat für viele in den Vorstadtslums, in Gettos für ›asoziale Elemente‹, in einem vorgespiegelten Pseudoüberfluß geendet, der für die gesellschaftliche und berufliche Degradierung, Frustrierung und Isolierung in einer fremden Umgebung kein Ausgleich ist.« Für das Traurigste hielt das Blatt, daß die Polen am leichtesten eine gemeinsame Sprache mit den Gastarbeitern aus Italien, Spanien oder Jugoslawien fänden.

Es gehörte zu dem System der polnischen Presse- und Rundfunkkampagne gegen die Ausreise, daß ständig Angaben über schlechte Behandlung der Umsiedler in der Bundesrepublik veröffentlicht wurden. Mit Vorliebe wurden kritische deutsche Artikel über bürokratische Schwierigkeiten bei der Eingliederung und über die innere Verfassung der Menschen, die in eine andere Welt hineinwachsen mußten, übernommen und mit entsprechenden Kommentaren versehen. Von Enttäuschungen und

Sehnsucht nach Polen wurde gesprochen, niemals aber von gelungener Eingliederung, die sowieso einen längeren Zeitraum erforderte. Der Höhepunkt war ein Bericht von »Życie Warszawy«, die Umsiedler hätten im Durchgangslager das Gefühl, »sich in einem Konzentrationslager zu befinden[33]«. In der Tendenz, die Ausreisebewegung zu stoppen, taten sich besonders Funktionäre in den Wojewodschaften Oppeln, Kattowitz und Allenstein hervor. Kardyś bezeichnete in der erwähnten Rede es als »patriotische Pflicht«, jede polnische Familie vor einer »übereilten Ausreiseentscheidung« zu warnen. »Was soll man wählen?«, fragte er, »die Fremde für ein paar Mark oder das noch im Aufbau begriffene Vaterland, das aber das eigene, schwer erkämpfte ist?« Er gab bekannt, daß er eine Massenregistrierung polnischer Bürger beim westdeutschen Roten Kreuz nicht erlauben werde. Auch dürfe zu diesem Zweck nicht in Häuser, bisweilen sogar bei Leuten, die überhaupt nicht an Ausreise dächten, eingedrungen werden, um Lügen über eine Erschwerung der Ausreise zu verbreiten. Wer diese der »Information« kraß widersprechenden Sätze zu lesen verstand, wußte, daß die Lokalbehörden damit eine Anweisung zur Unterbindung der Umsiedlung erhalten hatten. Mitte 1971 war die Lage so, daß Bonn den Eindruck erhielt, es werde jetzt mehr als die Hälfte der Anträge in Polen abgelehnt, obwohl sie im Sinne der »Information« ausreichend begründet seien[34]. Das Ergebnis war, daß 1971 etwas über 25 000 Aussiedler aus Polen in Friedland registriert wurden[35], soviel wie die polnischen Behörden ursprünglich veranschlagt hatten. Meistens hatten sie sich darauf beschränkt, schon lange vorliegende Anträge zu erledigen, neue wurden von ihnen dagegen kaum noch genehmigt. Anträge deutschstämmiger polnischer Staatsbürger, die keine Verwandten in der Bundesrepublik hatten, wurden nicht mehr entgegengenommen. Gegenüber dem Vertreter des Deutschen Roten Kreuzes wurde geltend gemacht, daß Polen bei massierter Ausreise von vorwiegend jungen Menschen aus Ostoberschlesien und Masuren mit erheblichen Engpässen in der Wirtschaftsplanung rechnen müsse[36]. Angesichts der polnischen Arbeitsmarktlage war das keine unbedingt überzeugende Begründung. Sie verdeckte nicht die Tatsache, daß polnische Zentralstellen, die bereit waren, loyal die in der »Information« gemachten Zusagen einzuhalten, mit Widerständen in der Provinz zu rechnen hatten. Herbert Wehner besuchte im Februar 1972 die polnische Hauptstadt, um die Familienzusammenführung wieder in Gang zu bringen. Im Gegensatz zu der Situation ein Jahr vorher hatte er Gelegenheit, Gierek zu sprechen. Aber der Zustand der Stagnation änderte sich nicht erheblich. An einer leichten Hebung der Ausreiseziffer blieb die Wojewodschaft Oppeln so gut wie unbeteiligt.

Die polnischen Stellen hielten Ausreisegenehmigungen für »Vorleistungen« zum noch nicht ratifizierten Warschauer Vertrag, während sie deutsche Vorleistungen durch Entgegenkommen auf wirtschaftlichem Gebiet vermißten. Dagegen ließ sich sagen, daß die Bundesrepublik mit der Anerkennung der Unverletzlichkeit des polnischen Territoriums den entscheidenden Beitrag zur Liquidation der Vergangenheit geleistet hatte, während Polen, was die menschliche Seite anbetraf, durch Verschleppung der Familienzusammenführung noch im Rückstand war. Welche Möglichkeit bestand auf deutscher Seite noch nach einer Ratifizierung, auf Fortführung der Aktion zu drängen? Die Interpretation der »Information« lag ganz im polnischen Ermessen. Die Erwartung des Deutschen Roten Kreuzes, daß 1972 etwa 60 000 bis 70 000 Aussiedler aus Polen in die Bundesrepublik kommen würden, kann sich nicht erfüllen, wenn es nicht noch gelingt, den Bestrebungen zur Herstellung geregelter Beziehungen zwischen beiden Staaten neue Impulse zu verleihen.

Ohne eine Änderung der polnischen Einstellung erscheint dies nicht möglich. »Żolnierz Wolności« machte Ende März 1972 im Anschluß an die Erwähnung der Tatsache, daß von 1956 bis 1969 im Rahmen der Familienzusammenführung über 400 000 Personen Polen verlassen hätten, die Bemerkung: »Keine dieser Personen war Vertreter einer angeblichen deutschen Minderheitsgruppe, deren Existenz von revisionistischen Kreisen in der BRD ausposaunt wurde[37].« Für den Versuch, Ausreisende als Deutsche hinzustellen, hatte das Blatt die Bezeichnung »antipolnische Kampagne«, »Lügen« und »Verleumdungen« zur Verfügung. Danach wären also unter den 400 000 überhaupt keine deutschstämmigen oder deutsch fühlenden Personen gewesen. Offenbar machte sich das Militärorgan nicht klar, wie leicht es widerlegt werden konnte. Im eigenen Lande hatte es Entgegnungen nicht zu fürchten.

Es gab politische Gründe für die polnische Verhärtung. Mit dem Anwachsen der Ratifizierungsschwierigkeiten in Bonn trat in Warschau ein Stimmungsumschwung ein. Man ließ gegenüber Ausländern durchblicken, daß der Vertrag vom 7. Dezember 1970 ein Werk Gomułkas gewesen sei und für Polen nicht die Bedeutung besitze, die er ihm zugemessen habe. Polen habe bedauerliche Konzessionen machen müssen, vor allem in der Familienzusammenführung, während die wirtschaftlichen Vorteile, die sich hätten ergeben können, von Gomułka weit überschätzt worden seien. Soweit es sich um den Westen handele, könnten andere Länder für Polen bessere Wirtschaftspartner sein. Vorrangige Wichtigkeit besitze die gesamteuropäische Sicherheitskonferenz. Dazu gehöre Entspannung, die nicht eintreten könne, wenn ein Staat wie die Bundesrepublik sich nicht zum Status quo bekennen wolle. Insofern sei die Ratifizierung nach wie vor wesentlich, nur besitze sie in der polnischen Einschätzung nicht mehr den früheren Stellenwert. Angedeutet wurde auch, daß Gomułka den Ehrgeiz zu einer eigenen Deutschlandpolitik besessen habe, auf den man verzichten könne.

Dieser Wandel in Warschau, über den einige ausländische Sender und Presseorgane im Frühjahr 1972 bruchstückhaft berichteten, war zwar die Reaktion auf die durch Bonn geschaffene Unsicherheit, entsprach aber auch einer Gierekschen Neigung zu außenpolitischer Passivität. Bei seinem Amtsantritt hatte er sich zu einem Weiterschreiten auf dem Wege der Normalisierung im Verhältnis zur Bundesrepublik bekannt. Heimliche oder offene Gegner der Politik mit Bonn, die mit Behagen die Gelegenheit ergriffen, den Dezember-Vertrag auf das Schuldkonto Gomułkas zu setzen, bestärkten Gierek in dem Bedenken, ob sich nicht unangenehme Konsequenzen nicht bloß in der Familienzusammenführung, sondern auch bei einem Kulturaustausch zeigen könnten. Möglicherweise entstanden dabei überdies Reibungen mit der DDR. Daher war es besser, nicht zuviel Gedanken an eine Normalisierung zu verschwenden und bei weiteren Schritten Vorsicht walten zu lassen, auch wenn die Ratifizierung erfolgte. Als Ausgangspunkt für eine historische Wende wollte Warschau den Vertrag nicht mehr ansehen, zumindest sollte dieser Eindruck nach außen hin erweckt werden.

Die Neigung, bei dem Erreichten stehenzubleiben, wurde stärker. Olszowski erklärte in Bromberg: »Mit Erfolg gekrönt wurde die Tätigkeit der Staaten des Warschauer Vertrages für die Anerkennung des als Ergebnis der Niederlage des Dritten Reiches entstandenen territorialen und politischen Status quo in Europa[38].« Er setzte also einen Punkt. Nur bedeutete dies kein Hindernis dafür, daß Polen in der Ratifizierungsfrage drängender wurde. Gierek betonte in der Eröffnungssitzung des neuen Sejms, es gehe jetzt darum, ob die BRD an der Entwicklung friedlicher Beziehungen auf dem Kontinent beteiligt sein oder auf den Irrweg des Kalten Krieges zurückkehren werde. Er ließ keinen Zweifel darüber, daß es erneute Verhandlungen nicht geben werde und die Plattform für eine Normalisierung der Beziehungen zwischen beiden Ländern einzig und allein die schon unterschriebenen Verträge sein könnten. »Eine Ablehnung dieser Verträge wäre gleichbedeutend mit der Ablehnung der Normalisierung[39].« Nach der »Trybuna Ludu«[40] würde eine Ablehnung die Folge haben, daß die europäische Entspannungspolitik, wenn auch mit Komplikationen, ohne die Bundesrepublik bzw. über sie hinweg fortgesetzt würde. Soviel auch vom falschen Polenbild der Deutschen gesprochen wurde, das nach Radio Warschau[41] fortlebt als Ergebnis »einer systematischen Gehirnwäsche für Generationen, die ihr Werk der Völkerverhetzung nicht aufgeben wollen«, sowenig war von einem Bemühen zur Überprüfung des Bildes vom Deutschen und von der deutschen Geschichte zu spüren, das die polnische Publizistik zeichnete. An das Wort »Versöhnung« wollte man nach wie vor nicht heran. Wojna meinte, dies sei ein großes Wort. »Man kann zögern, es schon heute zu akzeptieren[42].« Nur zwischen Polen und der DDR habe Versöhnung konkrete Gestalt angenommen, obwohl dabei mit diesem Begriff nicht operiert werde. Er sei unnötig gewesen, weil der sozialistische deutsche Staat Polen eine Bürgschaft geliefert habe. Es sei Freundschaft gewachsen, zu der gehöre, daß jeder mit sich selbst abrechne, um aufzuhören, gegenüber dem anderen abzurechnen. »Das Fehlen der Abrechnung mit sich selbst und mit der eigenen Vergangenheit gab im gleichen Zeitraum den Ausschlag für die Haltung der BRD gegenüber Polen und den Polen[43].« Hat sich in der Bundesrepublik nichts geändert? Wäre es sonst zum Warschauer Vertrag gekommen? Ist es nur notwendig, daß die deutsche Seite neue Einsichten gegenüber dem polnischen Volke gewinnt, die andere Seite aber einer Selbstkritik enthoben ist? Solange es nötig ist, derartige Fragen überhaupt aufzuwerfen, befindet sich der Prozeß der Normalisierung und Aussöhnung immer noch im Anfangsstadium.

Am 25. Mai 1972 ratifizierte der polnische Staatsrat den Warschauer Vertrag. Die »Trybuna Ludu« überschrieb einen im Siegerton gehaltenen Kommentar zu dem Ereignis mit »Unverletzlich und unabänderlich«. Sie betonte, daß es keine territorialen Ansprüche mehr gegenüber Polen gebe und das polnische Volk in »gerechten Grenzen« lebe. Angesichts der geschaffenen guten Bedingungen für eine Normalisierung der Beziehungen, die eine Niederlage der revanchistischen und revisionistischen Kräfte bedeuteten, müsse die Bonner Regierung in Übereinstimmung mit dem Buchstaben und Geist des Vertrages tätig werden wie auch Polen. Das Blatt erinnerte daran, daß Außenminister Olszowski die Bundestagsentschließung zur Ratifizierung der Ostverträge für einen einseitigen und völkerrechtlich bedeutungslosen Akt erklärt habe. Ausblicke darauf, wie sich die Normalisierung gestalten und welche Bedeutung sie für ein neues Verhältnis der beiden Völker gewinnen könne, enthielt der Artikel nicht.

In einer Rezension des Buches von Ryszard Wojna »Ruhig fließt der Rhein« schrieb Janusz Roszkowski in »Życie Warszawy«[44], daß ein »Trend zur Akzeptierung der Europavision von Jalta mit allen sich daraus ergebenden Konsequenzen« zu beobachten sei. Ausgerechnet die »Vision von Jalta« wurde von ihm als Leitbild für die europäische Zukunft heraufbeschworen. Der ungeheuerliche Gedanke Stalins, Deutschland die Ostprovinzen unter Vertreibung seiner Bevölkerung zu entreißen, um Polen eine Kompensation dafür zu geben, daß er die Osthälfte des früheren polnischen Staates in Besitz nahm, soll über einem neuen Europa stehen. Das katastrophale Geschehen hat sich abgespielt, neue Ordnungen sind geschaffen worden, aber müssen deswegen der Schatten Stalins und eine rückwärtsgewandte Betrachtungsweise den Kontinent weiterhin verdunkeln? Gilt es nicht vielmehr um der Versöhnung und des Zusammenlebens der Völker willen, sich von dem Geist von Jalta zu lösen, wo im Rausch des kommenden Sieges maßlose Gebietsforderungen zur Sprache kamen, die aus Menschenverachtung geborene Idee der Völkerverschiebung Triumphe feierte und die Grundlagen zur Spaltung Europas gelegt wurden? Durch Jalta sind Polen und Deutsche in gleicher Weise zu Schachbrettfiguren erniedrigt worden. Unter anderen Umständen hätte diese Behandlung eine Gemeinsamkeit des geistigen Widerspruchs gegen das zynische Prinzip der Entwurzelung der Völker nach wechselnden Machtbedürfnissen begründen müssen. Ein Neubeginn kann nur unter positiven Vorzeichen stehen. Wenn er an die Vergangenheit anknüpft, dann an eine tausendjährige europäische Überlieferung, in der es auch zwischen Polen und Deutschen weit mehr friedlichen Austausch auf wirtschaftlichem und kulturellem Gebiet und konstruktive Zusammenarbeit als militärische Konflikte gegeben hat.

Anmerkungen

Aufruhr an der Küste

1 Angabe von Rumiński auf dem VIII. ZK-Plenum, Februar 1971, Sonderheft »Nowe Drogi«, undatiert. Alle weiteren Zitate über das VIII. Plenum entstammen dem Sonderheft.
2 »Trybuna Ludu« (in Zukunft immer TL abgekürzt) 14. 12. 1970
3 Programmrede Giereks auf dem VI. Parteitag, TL 7. 12. 1971. Alle weiteren Angaben über den Kongreß sind, soweit nicht andere Quellen genannt werden, der TL v. 5., 7. bis 12. 12. 1971 und der Broschüre »Uchwała VI-go Zjazdu Polskiej Zjednoczonej Partii Robotniczej«, Verlag »Trybuna Ludu«, entnommen.
4 TL 15. 12. 1970
5 TL 21. 2. 1971
6 Georg Strobel »Vorgeschichte und Ursachen der polnischen Krise vom Dezember 1970«, »Europa-Archiv«, H. 8, 1971, S. 293 ff.
7 Polnisches Fernsehen 5. 3. 1971
8 Die folgende Schilderung der Unruhen stützt sich, soweit nicht andere Quellen erwähnt werden, auf die Chronik der Danziger Parteizeitung »Głos Wybrzeża« (28. 12. 1970), das Material des Politbüros für das VIII. Plenum im »Nowe-Drogi«-Sonderheft und die »Kronika wydarzeń« von Kazimierz Zamorski in dem Dokumentenband »Poznań 1956 – Grudzień 1970«, Paris 1971.
9 TL 8. 2. 1971
10 »Gdańsk-Gdynia: Grudzień-Luty« in »Życie Literackie«, 21. 2. 1971
11 Amtliches PAP-Kommuniqué, veröffentlicht 28. 6. 1956
12 TL 21. 10. 1956
13 Erwin Weit »Ostblock intern. Dolmetscher für die polnische Partei- und Statsführung«, Hamburg 1970, S. 245
14 Risto Bajalski in Belgrader »Politika« 23. 2. 1971
15 »Dziennik Bałtycki« 10. 12. 1971
16 »Głos Wybrzeża« 11. 2. 1971
17 »Na Antenie«, London, Nr. 94, Januar 1971
18 Rede in Danzig, »Głos Wybrzeża« 9./10. 1. 1971
19 ebenda
20 Rede vor den Werftarbeitern in Stettin in »Rewolta Szczecińska i jej znaczenie«, bearbeitet von Ewa Wacowska, Paris 1971
21 »Głos Szczeciński« 19./20. 12. 1970
22 Bernhard Heimrich »Die ›unmöglichen Leute‹ von Stettin«, FAZ 23. 10. 1971

23 »Politika«, Belgrad, 1. 1. 1971
24 »Wieczór Wybrzeża« 19. 1. 1971
25 Datum des Kommuniqués: 16. 1. 1971, vom »Głos Szczeciński« 18. 4. 1971 veröffentlicht
26 Rede in Danzig 8. 1. 1971
27 TL 11. 2. 1971
28 »Gazeta Poznańska« 11. 2. 1971
29 TL 11. 2. 1971
30 »Tezy o nadziei i beznadziejności« in »Kultura«, Paris, 6/1971
31 Nr. v. 25. 6. 1971
32 Märzheft 1971
33 »Il Manifesto« 18. 12. 1971
34 2. 5. 1971

Ende einer Herrschaft

1 Rede v. 8. 1. 1971, Übertragung von Radio Danzig
2 Weit »Ostblock intern«, S. 32
3 TL 5. 11. 1952
4 TL 29. 3. 1953
5 »Nowe Drogi«, Sonderheft, Quelle auch für alle folgenden Äußerungen auf dem VIII. Plenum
6 »Dagens Nyheter«, 21. 12. 1970
7 TL 17. 12. 1970
8 15. 12. 1970
9 TL 17. 12. 1970
10 ebenda
11 TL 8. 2. 1971
12 »Poznań 1956 – Grudzień 1970«, S. 98
13 Nr. 20, 1957
14 St. Brzezinski »Der Sowjetblock. Einheit und Konflikt«, Köln-Berlin 1962, S. 266 f.
15 Żołnierz Wolności« 5. 2. 1971
16 4. 3. 1971
17 Peter Raina »Gomułka«, Köln 1970
18 TL 18. 12. 1970
19 »Corriere della Sera« 21. 12. 1970 u. »Neue Zürcher Zeitung« 21. 1. 1971
20 31. 1./1. 2. 1971
21 Wacowska, »Rewolta Szczecińska« S. 37
22 FAZ 9. 1. 1971
23 Nr. v. 13. 2. 1971
24 TL 21. 12. 1970
25 ebenda
26 ebenda
27 TL 20. 3. 1971

28 Beratung mit den Chefredakteuren 27. 9. 1971, »Prasa Polska« Nr. 11/1971
29 »Trybuna Mazowiecka« 11. 1. 1971
30 Kuroń-Modzelewski »Monopolsozialismus«, Hamburg 1969
31 Brzezinski, Sowjetblock, S. 279
32 Fernsehrede, TL 7. 2. 1971
33 »Życie Literackie« 21. 2. 1971
34 »Żołnierz Wolności« 13./14. 3. 1971
35 Bogdan Chocianowicz in der »Kronika Szczecińska« des polnischen Fernsehens 20. 2. 1971
36 Szydlak in Stettin, Radio Stettin 11. 2. 1971
37 Gewerkschaftssekretär Popieszyński, »Głos Pracy «13./14. 3. 1971
38 »ITD« (deutsch: Und so weiter) 7. 3. 1971
39 »Głos Robotnicza« 19. 2. 1971
40 TL 8. 2. 1971
41 XIII. ZK-Plenum. TL 6. 7. 1963
42 Raina »Die Krise der Intellektuellen«, Olten 1968, S. 67 ff.
43 Mitteilung von Szydlak, Radio Stettin 11. 2. 1971
44 TL 8. 2. 1971
45 TL 21. 5. 1971
46 TL 18. 9. 1971
47 Nr. 2, 1971
48 Radio Warschau 11. 6. 1971
49 »›Poprawiacze‹ na censurowanym. Wydawcy o sobie« in »Życie Literackie«, 21. 11. 1971
50 Meldung aus Warschau v. 15. 6. 1971
51 Polnisches Fernsehen 3. 6. 1971
52 TL 2. 3. 1971

Der neue Mann

1 12. 1. 1971
2 27. 2. 1971, deutsche Übersetzung in »Osteuropa«, 7/1971
3 Radio Warschau 19. 3. 1971
4 »Metalowiec«, I, 15. 3. 1971
5 Ulrich Haustein »Sozialismus und nationale Frage in Polen«, Köln-Wien, 1969, S. 105 ff., und Christoph Kleßmann »Die Selbstbehauptung einer Nation«, Düsseldorf 1971, S. 110 f.
6 Lebenslauf von Gierek in TL 21. 12. 1970, außerdem Wacowska »Sylwetki Nowej Ekipej« in »Poznań 1956 – Grudzień 1970«. Größere und verläßliche Untersuchungen über seine Person fehlen noch.
7 Die Minderheitenorganisation »Zgoda« in Bochum hat ihre Kontakte mit dem gleichartigen Verband im belgischen Limburg verstärkt, weil Gierek dort vor und nach dem Krieg tätig war. (»Głos polski«, Bochum, Nr. 37, 13. 11. 1971)

8 Über Giereks Anwesenheit in Posen: Wacowska in »Poznań 1956 – Grudzień 1970«, S. 153 ff.
9 TL 15. 3. 1968
10 Wahl auf dem III. Parteikongreß am 19. 3. 1959
11 TL 22. 1. 1960
12 »Le Monde« 20. u. 26. 1. 1971
13 »Trybuna Robotnicza« 1. 4. 1968
14 Übertragung v. Radio Warschau 9. 5. 1968
15 TL 8. 6. 1968
16 »Trybuna Robotnicza« 14. 3. 1964
17 TL 9. 7. 1968
18 »Trybuna Robotnicza« 17./18. 8. 1968
19 Radio Warschau 14. 9. 1968
20 beide Zeitungen 15. 9. 1968
21 TL 12. 11. 1968
22 Radio Warschau 23. 12. 1969
23 TL 24.–26. 12. 1969
24 TL 16. 1. 1971
25 Rede vor dem Warschauer Parteiaktiv, TL 10. 2. 1971
26 TL 8. 2. 1971, ebenso folgende Zitate über VIII. Plenum, soweit nicht das Sonderheft von »Nowe Drogi« als Quelle dient
27 Raina »Die Krise der Intellektuellen«, Olten 1968
28 TL 19. 6. 1971
29 AFP 8. 2. 1929
30 TL 19. 5. 1971
31 TL 20. 5. 1971
32 Personalveränderungen TL 12. 12. 1971
33 TL 12. 2. 1971
34 TL 23. 12. 1971
35 TL 24. 4. 1968
36 Radio Warschau, Sendung »Czas i Ludzie«, 18. 12. 1971
37 »Poznań 1956 – Grudzień 1970«
38 Rede in Stettin, 11. 2. 1971
39 »Poznań 1956 – Grudzień 1970«, S. 112
40 TL 11. 7. 1968
41 Weit S. 92 ff.
42 TL meldet 23. 1. 1971 Jagielskis Eintreffen in Moskau als ständiger Comecon-Vertreter Polens. Am gleichen Tage gibt PAP seine Ernennung für diesen Posten bekannt.
43 TL 27. 3. 1971
44 »Prawda« 22. 2. 1971
45 TL 27. 10. 1971
46 »Miesięcznik Literacki«, Juni 1968
47 »Dziennik Baltycki«, 10. 2. 1971
48 TL 14. 12. 1968
49 TL 14. 2. 1971
50 Rede in Krakau, »Głos Pracy« 1. 3. 1971

51 TL 11. 3. 1971
52 Andrzej Chilecki in »Polska w Europie«, Paris, 4–5/1971, S. 3.
53 TL 27. 3. 1971
54 FAZ 3. 7. 1971
55 »Świadomość intelligencka« in »Kultura«, Paris, 7/8, 1971
56 FAZ 21. 8. 1971

Veränderter Stil

1 Nr. 6, 1971; deutsche, nicht vollständige Übersetzung in »Neues Forum«, Oktober/November 1971
2 AP 18. 1. 1971
3 »Polityka« 6. 2. 1971
4 »Kierunki« 7. 2. 1971
5 Wacowska: »Rewolta Szczecińska«. Auf diese Dokumentation stützt sich die Schilderung des Gesprächs Giereks mit den Werftarbeitern
6 »Panorama Północy« 7. 2. 1971
7 »Metalowiec« 16.–28. 2. 1971
8 TL 27. 1. 1971
9 Barbara Seidler in »Życie Literackie« 21. 2. 1971
10 »Głos Wybrzeża« 11. 2. 1971
11 »Metalowiec« 1./15. 3. 1971
12 TL 26.–30. 1. 1971
13 Radio Warschau 30. 1. 1971
14 »Borba« 5. 2. 1971
15 Radio Warschau 7. 9. 1971
16 19. 2. 1971
17 TL 15. 2. 1971
18 »Poznań 1956 – Grudzień 1970« S. 64
19 TL 16. 2. 1971
20 TL 16. 4. 1971
21 UPI 17. 2. 1971
22 Bernard Margueritte in »Le Monde« 21.–22.2.1971 und Radio Warschau 17. 2. 1971
23 Polnisches Fernsehen 16. 2. 1971
24 Radio Warschau 16. 2. 1971
25 Radio Warschau 19. 6. 1971
26 Übertragung von Radio Warschau 22. 3. 1971
27 Radio Warschau 25. 7. 1971
28 Wojewodschaftsparteikonferenz in Grünberg, TL 21. 11. 1971
29 »Życie Literackie« 7. 11. 1971
30 TL 1. 3. 1971
31 »Głos Pracy« 24. 2. 1971
32 Radio Warschau 15. 11. 1971
33 TL 8. 2. 1971
34 TL 10. 9. 1971

35 Nr. v. 31. 10. 1971
36 Radio Warschau 14. 11. 1971
37 »Życie Warszawy« 19. 2. 1971
38 »Głos Wybrzeża« 14. 6. 1971
39 »ITD« 7. 3. 1971
40 31. 5. 1971
41 »Prasa Polska«, 11/1971
42 »Nowiny Rzeszowskie« 30. 9. 1971
43 »Zagadnienia i Materiały« 22. 9. 1971
44 4. 4. 1971
45 5. 4. 1971
46 TL 18. 4. 1971
47 Voller Wortlaut in »Głos Szczeciński« 21. 10. 1971
48 TL 17. 11. 1971
49 Nr. v. 20. 11. 1971
50 Rede in Kattowitz, TL 13. 10. 1971
51 TL 21. 4. 1971
52 TL 26. 8. 1971
53 Radio Warschau 15. 11. 1971
54 TL 10. 6. 1971
55 TL 14. 3. 1971
56 Rede in Kattowitz, TL 14. 10. 1971
57 Nr. v. 29. 6. 1971
58 23. 10. 1971
59 Interview mit »Trybuna Mazowiecka« 13. 11. 1971
60 TL 14. 10. 1971
61 Rede vor dem III. ZK-Plenum, TL 10. 2. 1972
62 TL 14. 10. 1971
63 TL 14. 2. 1972
64 Rede in Rzeszów, »Nowiny Rzeszowskie« 30. 9. 1971
65 4. 2. 1971
66 Henryk Król, Direktor d. Poln. Arbeitsinstituts, in TL 15. 2. 1971
67 Agencja Robotnicza 15. 3. 1971
68 Nr. 77, 1971
69 Jerzy Kleer »Nie przekraczać granicy«, Nr. v. 5. 2. 1972
70 TL 10. 2. 1972
71 TL 13. 2. 1972
72 »Perspektiwy mieszkanowe lat 1971–1975«, 9/1971
73 TL 22. 2. 1972
74 20. 2. 1972
75 Rubrik »Obraz Tygodnia« 6. 2. 1972
76 Pressekonferenz im Warschauer Verkehrsministerium, TL 10. 6. 1971
77 30. 1. 1972
78 TL 4., 5. u. 6. 1972
79 »Dziennik Łodzki« 4. 2. 1972
80 Nr. v. 1. 1. 1972
81 RFE 9. 12. 1971

82 TL 14. 10. 1971
83 TL 24.–27. 12. 1970
84 10. 2. 1971
85 PAP 26. 6. 1971
86 PAP 19. 10. 1971
87 Nr. v. 24. 10. 1971
88 Karl Hartmann »Staat und Kirche nach dem Machtwechsel in Polen« in »Osteuropa« 2/1972
89 8. 2. 1972
90 15. 1. 1972
91 7.–8. 12. 1971
92 Radio Warschau 10. 12. 1971
93 »Głos Szczeciński« 11. 12. 1971
94 ebenda, 12. 12. 1971
95 »Słowo« in »Kultura«, Paris, 7/1971
96 »O nadziejach Leszka Kołakowskiego« in »Kultura« 9/1971
97 »Proszę o coś nowego« in »Kultura« 9/1971
98 »Umilknięcie« in »Kultura« 7/1971
99 1. 4. 1972

Moczars Entmachtung

1 TL 22. 12. 1970
2 Nr. v. 21.–27. 8. 1957
3 So Marcin Wyziembło in der Pariser »Kultura« 12/1971, S. 21 ff.
4 Raina, Krise der Intellektuellen, S. 98 ff.
5 TL 20. 3. 1968
6 Nr. v. 24. 3. 1968
7 TL 13.–15. 4. 1968
8 Józef Kogutek in Radio Warschau 8. 1. 1972
9 ZBoWiD-Vorstandsitzung, Radio Warschau 4. 5. 1968
10 Radio Warschau 9. 6. 1968
11 Angabe eines jüdischen Auswanderers, dpa-Meldung Tel Aviv, 5. 4. 1971
12 TL 10. 7. 1968
13 TL 14. 2. 1969
14 TL 2. 3. 1971
15 3. 3. 1971
16 »Sztandar Młodych« 13./14. 2. 1971
17 TL 7. 3. 1971
18 Sejmsitzung am 22. 6. 1971
19 Józef Światło »Za kulisami bezpieki i partii«, S. 13 u. 18, ohne Erscheinungsort und -jahr, Radio Free Europe
20 TL 12. 3. 1971
21 TL 15. 4. 1971
22 Regierungszeitung »El-Moudjahir«, Algier 23. 10. 1971
23 TL 25. u. 26. 3. 1971

24 TL 3. u. 4. 4. 1971
25 Radio Warschau 31. 3. 1971
26 TL 30. 3. 1971
27 10.–12. 4. 1971
28 TL 17. 4. 1971
29 Reuter 24. 4. 1971
30 TL 28. 5. 1971
31 »Neue Zürcher Zeitung« 19. 2. 1972
32 TL 27. 7. 1971
33 »Życie Warszawy« 6. 7. 1971
34 TL 18. 6. 1971
35 TL 23. 6. 1971
36 Sejmbeschluß v. 22. 6. 1971
37 X. ZK-Plenum, TL 26. 6. 1971
38 TL 27. 6. 1971
39 TL 7. 1. 1971
40 »Głos Pracy« 13./14. 11. 1971
41 TL 15. 6. 1971
42 7. 6. 1971
43 15. 6. 1971
44 NZZ 19. 2. 1971
45 TL 10. 6. 1971
46 Radio Moskau 24. 6. 1971
47 Radio Warschau 29. 1. 1971
48 TL 6. 2. 1972
49 Heft 9/1971
50 Nr. v. 1. 8. 1971
51 Nr. v. 1.–14. 11. u. Nr. 13 v. 15.–30. 11. 1971
52 26. 12. 1971 u. 9. 1. 1972
53 23. 4. 1972

Agrarsozialismus ohne Kollektiv

1 Radio Warschau 17. 4. 1971
2 Politbürobericht an das ZK: »Kierunki zmian w systemie planowania i zarządziania gospodarkę narodową w latach 1966–1970«, TL 30. 7. 1965
3 »Wytyczne Komitetu d/s rolnictwa przy KC PZPR w sprawie realisacji uchwały Biura Politycznego KC PZPR i Prezydium NK ZSL«, »Dziennik Ludowy« 1., 2., 3., 4.–5. und 6./7. 1965
4 »Życie Warszawy« 7. 9. 1965
5 Rede zum Erntefest, TL 6. 9. 1965
6 »Dziennik Ludowy« 20. 4. 1971
7 Stanisław W. Wichna: »O situacji w Związku Kół Rolniczych« in TL 6. 2. 1957
8 Rundfunkrede v. 19. 3. 1957

9 Vorsitzender der ZSL, Guwca, in Allenstein, »Dziennik Ludowy« 31. 5. 1971
10 Radio Warschau 27. 11. 1959
11 »Nowe Drogi« 11/1970
12 »Polityka« 20. 2. 1971
13 19. 4. 1971
14 Übertragung von Radio Warschau 5. 11. 1971
15 Kreistagung d. ZSL in Krasnymstaw, »Dziennik Ludowy« 5. 4. 1971
16 »Dziennik Ludowy« 16. 4. 1971
17 Abg. Cabaj (ZSL) im Sejm, TL 26. 10. 1971
18 »Kto za to płaci . . .« in »Życie Literackie« 15. 12. 1971
19 TL 5. 3. 1971
20 TL 18. 4. 1971
21 TL 24., 27. 12. 1970
22 Übertragung von Radio Warschau 30. 3. 1971
23 »Dziennik Ludowy« 23. 4. 1971
24 Radio Warschau 9. 7. 1971
25 »Dziennik Ludowy« 6. 5. 1971
26 »Dziennik Ludowy« 22. 6. 1971
27 Polnisches Fernsehen 14. 7. 1971
28 »Życie Warszawy« 15. 1. 1971
29 »Życie Warszawy« 14.–15. 11. 1971
30 28. 10. 1971
31 TL 27. 10. 1971
32 28. 10. 1971
33 Prof. Wyrozembski in Radio Warschau 5. 2. 1954
34 Jerzy Tepicht in TL 31. 12. 1953
35 ZK-Beschluß Juli 1956, TL 31. 7. 1956
36 »Rumiankowa Odpowieść« in Radio Warschau 23. 7. 1956
37 TL 29. 6. 1965
38 TL 7. 7. 1965
39 TL 19. 12. 1971
40 ebenda
41 »Głos Szczeciński« 12. 12. 1971
42 17. 4. 1972

Resonanz im Ostblock

1 Radio Warschau 14. 3. 1971
2 15. 3. 1971
3 Radio Warschau 30. 3. 1971
4 »Neues Deutschland« 31. 1. 1971
5 Radio Bukarest 12. 2. 1971
6 »Scanteia« 25. 3. 1971
7 ebenda 20. 3. 1971
8 Vorstandssitzung am 9. 3. 1971

9 »Rabotnitschesko Delo« 4. 3. 1971
10 10. 3. 1971
11 Eröffnungsrede auf dem X. KP-Kongreß in Sofia 20. 4. 1971
12 Janko Klikować in »Socijalizam«, Februarheft 1971
13 Januarheft 1971
14 »Vjesnik u Srijedu«, Zagreb, 30. 12. 1970
15 Radio Belgrad 19. 10. 1971
16 Radio Prag 17. 2. 1971
17 Nr., 24. 2. 1971
18 20. 3. 1971
19 TASS 5. 1. 1971
20 29. 3. 1971
21 »Prawda« 31. 3. 1971
22 23. 1. 1971
23 29. 1. 1971
24 FAZ 26. 3. 1971
25 TL 17. 4. 1971
26 TL 8. 12. 1971
27 22. 12. 1970
28 23. 12. 1970
29 30. 1. 1971
30 Nr. v. 30. 9. 1971
31 24. 1. 1972
32 27. 1. 1972
33 Sendereihe »Kennzeichen D« 10. 2. 1972
34 22. 3. 1972
35 28. 3. 1972
36 18. 12. 1971

Deutschlandpolitik in neuer Phase

1 »Polnische Perspektiven«, Warschau, Dezember 1970, deutschsprachig
2 am 13. 6. 1950
3 briefliche Mitteilung von Staatssekretär a. D. Duckwitz an den Verfasser
4 Presse-Information der Polnischen Militärmission in Berlin. Nr. 9/10, 1969
5 Bulletin d. Presse- u. Informationsamtes d. Bundesregierung Nr. 132, 29. 10. 1969
6 am 11. 1. 1971
7 ADN 8. 1. 1971
8 TL 9. 1. 1971
9 TL 12. 1. 1971
10 »Prawda« 29. 3. 1971
11 TL 17. 4. 1971
12 »Rabotnitschesko Delo« 24. 4. 1971

13 Radio Warschau 27. 10. 1971
14 Rede auf dem V. Parteitag, TL 16. 11. 1968
15 Ignacy Krasicki in »Agencja Robotnicza« 4. 8. 1971
16 Angeregt durch Thesen, die Enno Meyer 1956 »Über die Darstellung der deutsch-polnischen Beziehungen im Geschichtsunterricht« aufgestellt hat, entwickelte sich in Zeitschriften eine Diskussion zwischen polnischen und deutschen Historikern, die in einer vom Internationalen Schulbuchinstitut herausgegebenen Schrift (2. Auflage Braunschweig 1958) zusammengefaßt wurde. Dadurch sind zum ersten Mal für die breite Öffentlichkeit die gegensätzlichen Standpunkte, aber auch die Möglichkeiten der Klärung und Erzielung von Übereinstimmungen deutlich gemacht worden. In der Schrift werden Oder-Neiße-Grenze und Vertreibung nur am Rande berührt. Auf die bei den Milleniumsfeiern vorgetragene polnische Geschichtskonzeption konnte sich die Diskussion noch nicht erstrecken.
17 »An Elbe und Oder um das Jahr 1000«, Köln-Wien 1971
18 13. 3. 1972
19 Jan Zadora in Radio Warschau 17. 7. 1971
20 25. 2. 1972
21 Nr. v. 23. 7. 1971
22 »Kultura«, Warschau, Nr. 38, September 1971
23 TL 20. 9. 1969
24 19. 1. 1972
25 TL 4. 3. 1972
26 8. 3. 1971
27 20. 4. 1971
28 »Trybuna Opolska« 8. 3. 1971
29 Nr. v. 19. 6. 1971
30 27. 11. 1971
31 Romuald Teyszerski »Opolszczyzna 1971 Bez retuszu« in »Kierunki« 22. 8. 1971
32 22. 6. 1971
33 23. 11. 1971
34 AP 13. 6. 1971
35 Mitteilung d. nieders. Ministeriums f. Bundesangelegenheiten 3. 1. 1972
36 Interview des DRK-Suchdienstleiters Wagner mit »Rheinischer Post«, Düsseldorf, 28. 2. 1972
37 29. 3. 1972
38 TL 2. 3. 1972
39 TL 29. 3. 1972
40 28. 3. 1972
41 7. 4. 1972
42 »Życie Warszawy« 20. 4. 1972
43 »Życie Warszawy« 25. 4. 1972
44 10. 8. 1971

Personenregister